Heibonsha Library

［増補］ヨーロッパとは何か

L'Europe et ses nations

平凡社ライブラリー

Krzysztof Pomian
L'Europe et ses nations
Éditions Gallimard, 1990

Translated by Takeshi Matsumura
Printed and bound in Japan

Heibonsha Library

［増補］ヨーロッパとは何か

L'Europe et ses nations

分裂と統合の一五〇〇年

クシシトフ・ポミアン著
松村剛訳

平凡社

本著作は一九九三年九月、平凡社より刊行されたものです。
「平凡社ライブラリー版のための追記」は新たに書き下ろされたものです。

日本語版への序文

スコットランドの歴史家ウィリアム・ロバートソンは、一七六九年、『皇帝カール五世の治世の歴史』全三巻を出版した。その第一巻全体は、「ヨーロッパにおける社会の進歩に関する私見——ローマ帝国の転覆から十六世紀初頭まで」を扱っていた。この一七六九年という時点以降、ヨーロッパは歴史学の対象になり、ヨーロッパ大陸全土を巻き込む大事件が起こるたびに、その事件にいたる道のりならびにその後の余波に関して歴史的反省が行なわれることになった。たとえば、私にとって模範であると同時に発想源であり続けている例を二点だけ引こう。フランソワ・ギゾーは、ローマ帝国の衰亡からフランス革命にいたる『ヨーロッパ文明史』と題する一八二八年の講義〔ソルボンヌ大学〕において、フランス革命をヨーロッパ史の流れのなかに統合することに成功しており、他方、一世紀後、ベネデット・クローチェは、『十九世紀ヨーロッパ史』（一九三二年）のなかで、第一次世界大戦と、大戦が引き起こした分裂、全体主義政体の出現を十九世紀の歴史との関連で位置づけている。

本書は、ヨーロッパ史を文化と政治を分離させずに概観し、この視点にたったうえで、ヨーロッパ史の本質をなすものを明らかにしようという試みである。その本質とは、統合と分裂、すなわち時代によって外部との境界も内部の国境も変化するヨーロッパというひとつの空間の相次ぐ統合と分裂であり、また、ヨーロッパに込められたさまざまな内容である。この概観を通じて、ヨーロッパ石炭鉄鋼共同体（ECSC）（一九五一年）に始まりヨーロッパ経済共同体（EEC）（一九五七年）、そして修飾語なしのヨーロッパ共同体（EC）になりつつある西ヨーロッパ地域の統合を、ひとつの包括的なヨーロッパ史の視野のなかに組み込むことをめざしている。

「ひとつの包括的な視野」というのは、ヨーロッパが古代から——新石器時代からとはいわなくとも——存在したと見なす人たちとは異なり、私は、前記の先駆者たちやモンテスキューとともに、ローマ帝国に異民族《バルバロイ》が侵入してきたときからヨーロッパが歴史的存在となったと考えているからである。しかし、本書は、西ヨーロッパがヨーロッパのすべてではなく、主権的存在への権利を主張する民族《ネイション》が大陸のその他の地域にいるということを一瞬たりとも忘れはしない。だからこそ、本書の表題には『ヨーロッパとその諸民族』*L'Europe et ses nations* とふたつの名詞が並置してあり、対立的な共存というべき様式によってヨーロッパ史のなかにつねに存在する二極である〈統一性〉と〈多様性〉を、結びつけつつ対比させているのである。

本書の構想を練りはじめたのは、かなり以前である。しかし、ようやく執筆を決意したのは、ヨーロッパ史上の「驚愕の年（annus mirabilis）」と呼ぶべき一九八九年のことであった。この年、ポーランドで最初の自由選挙が実施され、ベルリンの壁が崩壊し、中央・東ヨーロッパのほとんどすべての国で共産主義体制が崩れた。それと同時に、セルビア人とトルコ軍とのコソヴォの戦いの六百周年を記念する式典も挙行され、それはユーゴスラヴィアの将来に関してきわめて強い憂慮の念を引き起こすものであった。当時は毎日、われわれは新聞をひろげるたびに、ヨーロッパ統合が前進している証拠の数々と、統合を引き裂く危険をはらむ紛争の前触れとなる兆候とを目にしたのだった。しかし、皆が幸福感にひたっていたため、前進の証拠ばかりが記憶されていた。

四年後の今日、情勢はあらゆる点で陶酔から憂鬱へと転じてしまった。民族主義《ナショナリズム》の再燃の可能性を懸念する本書の結びは、執筆当時は過剰な悲観主義のあらわれではないかと自問したほどであるが、最悪の予想をすべて越えるような状況の出現によって、それがはからずも実証される結果となった。それだけではない。以前のヨーロッパ統合とは異なり、われわれが現在まさに体験しつつある統合は、エリートだけのものではなく民衆にもかかわるものだと述べた四年前の確信もまた、問い直さなくてはならなくなった。実際、われわれは、ヨーロッパ統合にあらがう運動に直面しており、それは、民族主義《ナショナリズム》と民衆主義《ポピュリズム》を旗印にしているのである。

＊

本書がヨーロッパ以外の言語のうち最初に日本語に翻訳されるのは、私にとって大変な名誉であり、心から嬉しく思っている。私は、本書が、ヨーロッパで作用し続けている統合への動きを理解し、また、そうした動きに逆らう運動も存在することを知るための一助となることを願う。本書をとおして、一世紀以上前から日本と密接な関係をもち続けてきたヨーロッパ大陸の現在と未来を読みとっていただければ望外の喜びである。

一九九三年五月二十四日、パリにて

クシシトフ・ポミアン

序

もしもヨーロッパに固定した境界を与える者がいるとすれば、それは、時間を考慮にいれない劣悪な地理学だけであろう。実際、ヨーロッパの境界線は、おおいに移動してきたではないか。他方、ヨーロッパの宗教・法制・経済・倫理・文化のいずれの分野に関しても、唯一不変の内容をそれに付与する者がいるとすれば、それは、みずからの原則を忘れた歴史学だけであろう。なぜなら、多様な異なる要素、ときには相容れないような要素がつねにヨーロッパには入ってきたのであり、それらの要素のひとつひとつがもつ重み、発現形態、影響力は、時間とともに変容し、空間とともに変化するからである。

ヨーロッパの歴史とは、国境の歴史にほかならない。そして同時に、行為と言葉によって強要されてきた構成要素の歴史でもある。したがって、それは、意識的・無意識的のいかんを問わず、当初は細分されていた地域空間を統合する方向に向かって作用してきた諸力の歴史といえる一方で、逆に、それら諸力が作りあげたものを解体してゆく、分裂の方向に働く諸要素の歴史でもある。すなわち、紛争の歴史なのである。紛争という場合、それは、ヨーロッパと、外部からヨーロッパを押さえつけたり抑制したりしようとする勢力との間の紛争であるばかりでなく、ヨーロッパ内部における、統合・一元化へ向かわせようとする傾向と、分割・多様化をめざす傾向との間の紛争でもある。こうした視点にたって、本書の内容をなす諸々の事象は選択されている。

私が最初にヨーロッパに遭遇したのは、一九四六年の四月か五月のことである。それは、家畜運搬用の列車——人間の輸送用に改造されてはいた——が、北カザフスタンから来てヴォルガ河を渡っていたときだった。再建されたばかりの橋のうえを、汽車はゆっくりと走っていた。感動する大人たちのうちのひとりがいった。「やった、ついにヨーロッパに来た」と。そのとき、われわれは本当の境界線を通過したのだ、と私は理解したのだった。もちろん、越えるのがさらに困難なソ連国境に到達するには、なお何日も旅を続ける必要があったのだが。

こうして故郷ワルシャワに戻ったときに見出したヨーロッパは、瓦礫の山と化していた。その後ほどなくして夏季学校のおりにおとずれたプラハではじめて、戦前のワルシャワのおぼろげな記憶を喚起するような街に出会ったといえる。そこで見たのは、ヴァーツラフ広場のネオン、自動車の頻繁な往来、それまで私が存在すら知らなかったような品々を飾ったショーウィンドーといった光景であった。その後私は、ブリュッセル滞在を経て、ワルシャワに戻り、そこに長い間暮らした。パリに来たのは、十六年前〔一九七三年〕のことである。パリでは、歴史家として、主としてフランス、ポーランド、イタリアの社会＝文化史の研究を行なっているが、ときに、その他の国々を研究対象にすることもある。つまり、私にとってヨーロッパとは、自分の生涯の与件であると同時に知的冒険の場でもあるのだ。

本書は、ヨーロッパの歴史を一望のもとに収められるようなかたちで書いてみようとする試みである。その目的は、細部を詳述することではなく、ひとつの包括的な視野を与えようとするところにある。さまざまな事象の理解の助けになるような枠組みを提出してみる、といいかえてもよいだろう。したがって、人名は最小限にとどめたし、年代の最小の単位は十年とした。しかし、いくつかの年代は索引に掲げてあり、索引は年表も兼ねたものとなっている。

本書でヨーロッパの歴史に向けた視線が、ポーランド中心でもフランス中心でもない立場にたって実現されたとすれば、つまりヨーロッパの立場にたっているならば、私にとってそれ以上の幸せはない。

クシシトフ・ポミアン

目次

凡例

一、本書は Krzysztof Pomian, *L'Europe et ses nations*, Éditions Gallimard, 1990 の全訳である。

一、原著の（　）と［　］は、おおむねそのまま訳文でも使用した。

一、訳者による補足ならびに注記は訳文中に〔　〕によって示した。

第一章　ローマと異民族

ローマは地中海を中心にした世界を支配しており、外界に対しては「境界線《リメス》」によって防衛していた。この境界線を北から見てゆくと、まずブリテン島を通り、北海から黒海にわたるヨーロッパ大陸を、ほぼライン河とドナウ河に沿って二分していた。こうして、境界線の南側にローマ人、北側に異民族《バルバロイ》がいたのである。

さて、この線の南側では、農業に基づきながらも都市型の文明が栄え、少数の大都市と数百の町が散在していた。それらの都市は、規模こそまちまちだとはいえ、いずれも自由に政務官を選出し、内部運営を管理することができ、広場（フォルム、アゴラ）で市民活動は展開されるのであった。また、同じくこの境界線の南側には、大領地であるウィラがあったが、それは小規模農地以上に普及しており、留守がちな領主に属するものであった。そこで働く労働力は、奴隷と小作人からなっていた。さらに、この地域では、おもに奴隷によって金属と建築材料の採掘が行なわれていたほか、武器、陶器、ガラス器、贅沢品が工業的に生産され、近距離・遠距離の流通網が敷かれており、小麦、ぶどう酒、油の消費に基づいた共通の食習慣が存在するだけでなく、少なくとも都市では、衣服と衛生の慣習と、より一般的に身体の手入れに関する共通性が実現されていた。

境界線の南側にひろがるこの世界では、ラテン語とギリシア語が使用されていた。ラテン語は西方、ギリシア語は東方で話されていたが、都市市民だけが用いる地域もあれば、全住民が使う地域もあった。また、数千の碑文が証言するように文字もひろく流通していた。闘技場、円形劇場、神殿、共同浴場、水道橋、軍事的標石のおかれた道路と橋、柱、彫像といった遺蹟に現在でもなお見られるように、石造建築が流布していた。さらにつけ加えれば、中央権力——官僚機構と軍団をもつ皇帝——が存在し、時代により実現の程度に差はあれ、境界線の防衛を保障しようとし、人間の移動、商品の流通、信仰や流行の普及を可能にする内部の平和をめざしていた。金貨・銀貨は領土全体で通用し、各地の暦・時代区分・崇拝のうえに、帝国の暦・時代区分、皇帝崇拝がおかれ、同様に、全員に共通な成文法としてのローマ法が、各地方・都市の慣習法のうえに重ねられていたのである。

ところで境界線の北側、ゲルマニアとスキタイでは、森と平地に住む者たちがいたが、彼らのなかには流浪の民もいれば、定住して森のなかの村落に居住する者もいた。農業は森の空き地で営まれ、手工業生産は土地の需要に応えるだけであり、通商は物々交換の段階にとどまっていた。食事は基本的に、ライ麦、ビール、大麦ビール、バターが中心であった。部族は多様に分かれ、それぞれ異なる言語を用い、いつでも戦闘に繰り出す用意があり、それぞれの部族に首領、戦士、祭司がおり、口頭でのみ代々伝えられてきた習慣、風習、信仰を別々にもっていた。「境界線《リメス》」を監視し、異民族《バルバロイ》の侵入を防ぐ任務を負ったローマ軍の野営地は、平時には、両世界の遭遇と交換の場になった。しかしそれだけでは、ふたつの世界の差を縮めるには十分ではなかった。ローマ人の目から見れば、両世界の差異はきわめて大きく、人間と獣をへだてる相違とまではゆかなくとも、文化と自然を分ける距離に匹敵した。とはいえ、「境界線《リメス》」は、文明世界にとっても異民族の世界にとっても、浸透不可能な線ではなかった。南側は北に向けて、おもに贅沢品とぶどう酒を輸出し、まれには、貧窮にあえぐ友好民に小麦を供出することもあった。北側は、とりわけ奴隷をもって支払ったが、一次産品と、琥珀をはじめとする産物で払うこともあった。これらすべては、ローマの影響下に直接おかれた諸民族の生活様式を変え、さらに遠方にも作用を及ぼしたのであった。

ローマは絶頂期には、東はユーフラテス河にいたるまで版図を拡大してカフカス地方に接するほどであり、南はベルベル人のアフリカとエジプトを包含するにいたった。また、シルクロードを通じて中国、インド、さらにはインドシナやスマトラとも交易をもった。しかし、互いを認めあうことのない文明間のこうした通商、しかも間接的な通商は、ごく限定された意義しかもたず、文明の安定を崩すものではなかった。異民族との関係は、そうではなかった。異民族がローマ風の贅沢で身を包むには、代償としてローマ人に奴隷を供給しなくてはならなかった。なぜなら、それ以外に支払う手段はほとんどなかったからである。さて、奴隷を入手するには、戦争を行なう必要があった。しかし戦争を行なうには、戦士と武器が欠かせなかったが、その量は増大する一方であった。つまり、武器を購入し、戦士に給金を支払わなくてはならなかったのだが、そのために十分な財源を維持するには、ふたつの道しか開かれてはいなかった。場合によって相互補完的にもなれば排他的にもなるその道とは、つまり、内部の不平等を増大させるか、異邦人を隷属させること、換言すれば、戦争状態の維持を可能にするために戦争を遂行することであった。ローマの軍団が「境界線《リメス》」周辺でどれほど和平を実現したところで、遠方では戦争、それも慢性的な戦争が猛威をふるっていた。戦闘ゆえに、流浪の民は、通常の季節ごとの移動地域から離れてゆかざるをえなかったし、定住民も、父祖伝来の住居から追放され、安住の地を求めてさまよう集団になった。彼らもまた、土地を見つけるまでは、戦争で暮らすほかはなかったのである。

北は大洋、東は中国――中国の国境である「万里の長城」もローマの「境界線《リメス》」と同様の効果をもたらしていた――にまでひろがった異民族の世界は、人口の均衡の地域的な崩壊、戦争、飢饉、あるいは文明世界に容易に獲得できる魅力的な獲物があるという評判といった原因がひきおこす波に、定期的に揺さぶられていた。それまでおとなしかった民族を目覚めさせるこれらの波自体、なんら目新しいものではない。しかし、安定を崩す効果のある文明との接触の影響によって、東側でも西側でも、その波の規模は拡大する一方だったようである。三世紀、ローマ帝国の西部地域は、最初の重大な局面を迎えた。中央権力は平和を回復し、一時、事態は収拾されたかに見えた。しかしながら、とりわけドナウ河に沿った「境界線《リメス》」の地域では、ほかの異民族に追われた異民族が、隷属を回避するため、ローマ人のもとに避難すべく到来しつづけ、帝国内に定住し、その土地を耕し、帝国防衛に参加する権利を求めるのであった。こういった要求は、贈り物であると同時に脅威でもあった。権力が強大で、軍団が勢力をもっているかぎり、これらの要求を満足させ、徐々に彼らがローマ化するのを容認することはできよう。しかし、制度的枠組みがひとたび弱体化するやいなや、異民族の到来を許容することは、帝国内を荒らしまわる機会を彼らに与えることになり、すべてが順調であっても、帝国自体が徐々に野蛮化することは妨げられないであろう。ところで、内部の係争が深刻化するにつれ、制度的枠組みはゆるみ、帝国の自衛能力は減退していった。それと同時に、外部からの圧力は増大する一方だったのである。

第二章　異教、キリスト教、ローマ帝国

異教とキリスト教。これは、相異なるふたつの宗教信仰の複合体、個人に関しても社会についても異なる二種の生活様式、ふたつの文化型と呼んでも過言ではない。両者の係争は、最初は周縁地域にとどまり、ローマ帝国のエリートに無視されていたとはいえ、三世紀以降、中心的な問題になってきた。しかし、ここで衝突するのは、ふたつの同質的集団ではない。異教とは、遠い過去から伝えられた多神教であり——とりわけ知識人においては占星術に基づく運命観が浸透していた——、その内部では、霊的革新の試みと秘教的流派にこと欠かなかった。他方、おもに東方に起源をもつ新たな流派、たとえばミトラ崇拝、マニ教、グノーシス説といった参入者も、競争相手として存在していた。キリスト教に関しても同様であった。多くの障害を乗り越えてユダヤ教の伝統に対する独自性を打ちだす試練を終え、啓示による書物を聖典化し、新約聖書とりわけ福音書が成就すべき対象として従来の聖書を旧約聖

書と定めた後に、キリスト教にとって、異教文化との共存は容易ではなかった。異教の精神はきわめて異質だったとはいえ、信徒のなかで、とりわけ知識階層に属する者たちには、異教を放棄することができなかったからである。なぜ放棄しかねたかといえば、まず第一に、知識人にとっては、修辞、哲学、芸術、あるいは伝統的な「パイデイア〔教育、教養〕」が教えてくれる生活様式全体こそが、なによりも文化だったからである。つまり、人間を動物から区別する文化である。第二に、キリスト教徒は、異教の思想を理詰めで打破し、しばしば彼ら自身を苦しめていた問題を解決するにあたり、敵方に固有の論理と弁証法に頼らざるをえず、新たな信仰に役立ちうる要素をすべて、過去の師――タレスからプロティノスにいたるまで――の教えから抽出しなくてはならなかったからである。

つまり、キリスト教内部においてさえも、異教文化との全面的な決別を強硬に主張する者と、異教の要素のいくつかを、従属的な立場におきつつ、必要とあらば浄化してからでも保持しようとする者と、あるいは、さらに柔軟な態度を示し、古来の思考様式と生活習慣をあまり変えようとしない者との対立が見られるのである。アテネかイェルサレムか、という二者択一である。異教文化に対していかなる態度をとるべきかという選択により、司教――彼らも全員が一致していたわけではなかった――と隠者とが分けられる。すなわち、より散文的な言いまわしを使うなら、信徒たちを分裂させたのである。実際この問題は、祝祭にも日常生活にもかかわりがあり、食事に関する禁止事項、外面的装飾、身体についての態度、両性間の関係、新生児の扱い、成人の娯楽といった諸相にかかわっていた。ときには社会的な次元をもつこともあった。それは、財産に支えられた生活様式をもつ裕福なエリートの文化が、キリスト教徒の特徴となるはずの現世の富の拒否、民衆の簡素さとは相容れないと見なされる場合である。さらには、ひとつの誘惑、ジレンマ、ないしは分裂として個人が異教文化を体験するに及んでは、霊的・実存的な次元にまで到達するのであった。

四世紀には、キリスト教が教会制度をもちはじめて久しく、教会は、それぞれ司教を頭にいただく地域的共同体に分けられており、司教は、信徒集団とは明確に区別されて階級的に組織された聖職者たちを支配していた。司教のなかには、特別の地位をもつ者もいた。西方ではローマ、エジプトではアレクサンドリア、アフリカではカルタゴの司教がそうであったが、しかし、全員に認められた唯一の権力中枢があったわけではない。さて、異教文化との関係、それほどではないが無視できないユダヤ教の伝統との関係、というふたつの問題は、規律と組織と教義――とりわけ、三位一体の位格間の関係、キリストの神性と人性の関係、人間の自由、原罪と恩寵に関する解釈――についての問題をめぐる対立が教会内部で出現することと無関係ではなかった。こういった衝突においては、教会組織内の諸機構の間の食い違いや個人的ないさかいのはけ口として本来の神学的な対立が使われる場合もあったが、ともかく、言葉の暴力だけでなく、肉体的暴力の使用も辞さない抗争をひきおこし、教会の統一を危うくすることさえあった。とりわけ、異端アリウス主義――父なる神と子なるキリストの関係が同質であることを否定する――の場合がそうであり、その説は、公式に断罪され打破されたにもかかわらず〔三二五年、第一回ニカエア公会議〕、拡大し、長期にわたり永らえつづけたのであった。

皇帝権力そのものをキリスト教化することになったコンスタンティヌス帝の改宗〔三一三年、ミラノ勅令〕は、キリスト教と異教の紛争ならびに教会と異端の係争において、新たな転回点をなすものであった。教会は、ここで獲得した特権的地位を、以後、短い例外的な期間を除いて、つねに維持することになる。少し前まではまだ迫害されていたキリスト教は、わずか数十年のうちに、古来の国家宗教としての皇帝崇拝に、事実上とって代わったのである。四世紀末、異教崇拝は公式に禁止され〔三九一年〕、神殿は閉鎖ないし破壊された。たしかに、それで異教崇拝が消滅することはなかったが、しかしいまや、ローマ帝国の各地方にキリスト教教会があまねく存在するようになった。そして、教会は、都市に十分に根をはった後、田園地帯の征服に乗り出すことになる。それには、古来のキリスト教世界の領域内においてすら何世紀もかかるとはいえ。

他方、教会の内部抗争は、コンスタンティヌス帝以降、国家の問題になった。それゆえ、司教を集めて教会の信仰箇条を定義させる場である公会議を招集するのは、皇帝権力なのである。そこで決められた教義体系を各信徒は受け入れなくてはならず、それにそむけば破門される。とりわけ、三位一体とキリストの神性・人性という紛糾点に関する正統の解答は、ニカエア公会議とカルケドン公会議〔四五一年〕で決定された。信徒の共同体から排除された異端分子は、教会機構によって打倒され、三八〇年代以降、ローマ帝国当局の迫害にあった。こうして帝国当局は教会機構のために働くことになったが、教会を統治の道具のひとつとして扱い、教会活動にときとして重圧となるような介入をすることさえあった。それは、とりわけ帝国の首都〔コンスタンティノポリス〕およびその近郊において顕著であった。

皇帝機能の二分化〔三九五年、ローマ帝国を東西に二分し、分割統治〕は、効果的な防衛の要請ゆえに必要だったのだが、それまではおもに言語的・経済的なものであったローマ帝国の二重性——ギリシア語圏の裕福さはラテン語圏と対照的である——に、政治的・軍事的な次元を与えることになった。しかし、早くも三世紀から、皇帝がローマを離れて異民族《バルバロイ》がおびやかす辺境近くまで赴くことがあったとしても、それは、一時的な現象、例外的状況にすぎなかった。そういったなかでローマ帝国の首都をボスポラス海峡沿岸に移転した〔三三〇年〕コンスタンティヌス帝は、帝国の二重性を深刻化させ、定着させたのである。それは同時に、古来の異教ラテン世界の首都であったローマの政治的役割をその後長期にわたって縮小し、ギリシアの新しいキリスト教世界の首都コンスタンティノポリスを強化する行為でもあった。ローマが衰退する一方、コンスタンティノポリスは威光を増してゆく。異民族《バルバロイ》と文明人を対照させる南北の分割と並んで、こうしてローマ文明そのものの内部で、東西の亀裂の兆候があらわれたのである。

それはまた、キリスト教世界内部の亀裂でもあった。なぜなら、新たに創設されたコンスタンティノポリス総大主教座は、かなり早い時期から、聖ペテロの手で創建された点を根拠に卓越性を主張するローマの好敵手になってゆき、ギリシア人とラテン人の変遷の分岐を示す現象は、ふえる一方だったからである。しかしながら、分裂の兆候にすぎなかった状態を運命の対立へと転換させたのは、五世紀に始まる状況の変化であった。西ローマ帝国がゲルマン人の餌食になっているとき、東方では、ゴート族、ブルガル族、スラヴ人の攻撃があったとはいえ、東ローマ帝国はゴート族を潰滅させることに成功し、その他の民族も、トラキアとイリュリクムに定住させることで帝国内の中枢から遠ざけ、同様にペルシア人も撃退した。七世紀にイスラム教徒アラブ人の侵入を受けてはじめて、東ローマ帝国は、エジプト、パレスティナ、シリアの喪失により、大規模な領土縮小を経験するのであった。しかし、そのとき始まる一連の敗北――そこには、さらに重大な事件も含まれる――にもかかわらず、東ローマ帝国は、つねにローマの後裔を自認するビザンティウム帝国として十五世紀まで存続する。そこは、ギリシアの帝国ではあるが、キリスト教化され変貌をとげながら、本質的には古代ローマ文明とディオクレティアヌス帝とコンスタンティヌス帝の時代の権力組織が生きつづける地であった。

第三章　新たなラテン世界

五世紀初頭、「境界線《リメス》」を越えることに成功した異民族《バルバロイ》は、大挙して西ローマ帝国に侵入した。ヴァンダル族がアフリカを征服すれば、西ゴート族はスペインに定着し、東ゴート族がイタリアに入る一方、ブルグント族とフランク族はガリアに居を構え、アングル族とサクソン族はブリテン諸島に住みついた。その後、フン族、アラン人、ランゴバルド族がやってくるが、フン族とアラン人が通過しただけなのに対し、ランゴバルド族はイタリアを占拠することになる。この時代の歴史は、荒廃の歴史である。なぜなら、首長の指導のもとに小集団で到来し、独自の農業形態と住居様式をもたらす新参者は、戦争をしかけ、それまでの土地の主人から所有物を略奪したり（地域によってかなり異なるが）、都市を荒らして破壊したりするばかりで、文明は全体的に後退したからである。

しかしそれは同時に、こういったさまざまな災難の過程で、ローマ帝国の廃墟のうえに異民族の王国が形成される歴史でもあった。それはまた、異教徒であった異民族のキリスト教化、あるいは、当初アリウス主義を採用していたゴート族、ヴァンダル族、ランゴバルド族などの場合には、正統への改宗の歴史でもある。他方、それまで敵対していた諸社会が、いまや共存せざるをえなくなったため、上層部から住民が混ぜあわされ、何世紀にもまたがることになるがイタリア、スペイン、ガリア――ベルギー北部は除く――の侵入者たちの漸進的なラテン化が進み、同時に、「ローマ人」と征服者にそれぞれ固有な法的地位の相違が、長期間のうちに徐々に風化してゆく時代でもあった。これらすべては、部族により、きわめて異なるリズムで進行した。たとえば、ブルグント族はローマ化を受け入れたが、ランゴバルド族は抵抗を示した、という具合である。とはいえ、八世紀初頭には、「ローマ世界《ロマニア》」の新旧の住民の統合は、基本的に、ほぼどこでも完了したといえる。

こうして新しくできた社会には、新たな文明があった。それは根本的に農村文明であり、都市はまれで、イタリアとラインラントでは都市が比較的密集しているとはいえ、そこでさえも司教ないし伯の権力の中枢として、最小限の経済的役割をもつにすぎず、支配者に対する自立はまったく存在しなかった。この文明においては、生産は交換目的ではなく、みずから消費するためになされ、貨幣は稀少で、狭い範囲しか流通せず、人口密度は低く、それぞれ閉鎖的な小共同体に分かれて人々は暮らしていた。この文明の中心的な役割は、教会が演じている。教会こそが、その枠組みと構造を保持しえたために、過去との継続性を維持し、世俗権力の不足ないし不在をおぎない、新たな権力者に教育を与えることのできる、ローマ世界が残した唯一の組織だったのである。それゆえ、司教が君主に意見し、人々の防衛を率先して指揮し、都市の食糧補給に従事している姿を見ることができる。とりわけ、文化は聖職者の占有物となり、イタリアとガリア南部の書記・法律家を除けば、文字文化は教会人の独占となった。というのは、この文明は読み書きのできない者たちの文明だったのである。それゆえ、聖職者の教養程度が目立って低下し、古来の学校制度が崩壊したため、司教たちは、読み書きのできる司祭を養成するために学校を開設しなくてはならなくなった。他方、この文明の〈俗〉の領域の筆頭は、戦士が占めていた。それは、たしかにゲルマン民族の伝統が存在したためではあるが、同時に、侵入の危険が恒常的にあり、国家が弱体化したことから、いかなる生産活動や社会生活にも武装防衛が必須の条件になったためでもある。

この文明の枠組みが形成されるのと並行して、新しいラテン世界が、その範囲を徐々に画定していった。アラブ人が地中海南岸とスペインの大部分を征服した結果、この世界は、アフリカ・中東《オリエント》とは切り離されたため、南側の地域との交流を失った。それと同時に、長期にわたる戦争の末、ビザンティウム帝国が、ヴェネト地方、ラヴェンナ、ローマ、南部を除いてイタリアの大半の領地を完全に喪失したために、東南の地域とも疎遠になった。つまり、ラテン世界は、いまやいかなる境界も隔てることのない北方にこそ開かれた空間となったのである。ローマ帝国が地中海に向いていたのに対し、民族大移動の結果生まれたラテン世界は、北海とゲルマニアの方に顔を向けていた。その北部地方からは、なお新しい侵略者の波が押し寄せることになる。

しかし、文化的には、相変わらずローマこそが魅惑の的であった。ローマは西欧の宗教的な都としての役割を保持するばかりか、強化さえしていた。しかも、内紛や、都市を取り巻く脅威、新しくできた諸王国との接触の困難さ――たしかに、政治的・軍事的状況に応じてその度合は異なってはいたが――といった障害に妨げられることはなかったのである。イングランドやアイルランドのような遠方の国も含めて、各地から司教や、王も含めた巡礼者が集まるのはローマであったし、北方の異教徒に向けた伝道をこころざす者たちも、教皇の祝別を受けるためにローマを訪れた。また、国王と高位聖職者に向けた教皇の書簡が送られたのも、ローマからであった。その書簡とは、正しき道を辛抱強く進むようにという激励であったり、意見や叱責、司牧上・教義上の諸問題に関する解決策、あるいは聖書解釈の模範であったりした。さらにつけ加えれば、聖人の聖遺物を求めて人々がやってくるのもローマであったし、教会建築だけでなくキリスト教芸術全般の雛型が普及する場合の出発点も、ローマであった。

このラテン世界のなかに、新たな文化が開花し、政治的・部族的な単位が新しく形成されていった。まさにこの空間を起点として、ローマ帝国の旧来の境界を越えたキリスト教の発展が開始されるのであった。

新しい文化の誕生とは、まず第一に、キリスト教のラテン化の完成にほかならない。その内容として挙げるべきは、最終的には西欧全体の典礼にまでなる、ローマ典礼の形成であろう。しかし同時に、聖ヒエロニムスが聖書をラテン語訳したこと〔ウルガタ聖書、三八二–四〇五年頃完成〕、ならびに、聖アウグスティヌス、ボエティウス、カッシオドルス、セビーリャのイシドルスらの仕事により、異教伝統の重要な要素をラテン・キリスト教が同化したことも忘れてはならない。ここに列挙した五名の著述家は、その後何世紀もの間、あらゆる図書館、あらゆる高等教育の基本となる。さらに、ラテン化のなかには、キリスト降誕紀元の定義〔五二五年、ディオニュシウス・エクシグウスが提案〕、復活の祭を頂点とする祝日のサイクルからなるキリスト教暦の確定も含まれている。この点で、ローマとコンスタンティノポリスの際立った相違が、明確になるからである。また、カッシオドルス〔五四〇年頃、ウィウァリウム修道院建立〕——ここでも彼の役割は大きい——と聖ベネディクトゥス〔五二九年、モンテ＝カッシーノ修道院創設〕による修道院制度の創始も、注目すべき出来事であった。「写字室《スクリプトリウム》」を備えたこの修道院とは、神を崇拝するための制度であるだけでなく、都市の衰退と学校の消滅が生みだした新たな条件下における文化遺産の継承に従事するものであった。聖性の名のもとにすべての社会関係と文化を拒否していた隠者たちは、いまや、「文芸への愛と神を欲する意志」〔一九五七年刊のジャン・ルクレールの著書の表題〕をひとつの信念のうちに結びつけた修道士たちに、とって代わられたのである。

この時代のもうひとつの大きな文化的革新は、ヨルダネス〔『ゴート人の起源と活動について』〕をはじめとする教養を得ようとする異民族の年代記作者が導入したものであったが、過去を記録する人々に固有の、俗語の口伝による部族的伝承を、ラテン語で書かれた二種の世界史、すなわち、聖ヒエロニムスが並行関係を樹立した旧約聖書という聖なる歴史とローマの世俗の歴史のなかに統合することであった。それぞれの民族に関して、彼らの歴史と世界史の二種の軌跡との結合を保証すると見なされた民族起源伝説が、こうして作りあげられていった。それは、その民族がいずれの世界史のなかでも、ある位置を占めていることを示し、彼らがどこから来たか、誰と血縁関係にあるかを明らかにするためであり、また、過去は知られており――栄光に満ちあふれた過去である――、偉大なる運命を担うはずである以上、じつは蛮族などではなかったと主張するためでもあった。このように自民族の歴史を書く歴史家の方法は、形成途上にあった新文化の重要な構成要素として、この新文化と同時に普及し、修道院制度のおかげで旧ローマ帝国の西側にもアイルランドにも伝播し、いくつかの頂点をきわめるにいたったのである。

政治的・部族的な新たな単位とは、まず、イタリア・プロヴァンス地方・アキテーヌ地方・スペインにおけるゴート族、ガリアのフランク族、ブリテン島のアングル族・サクソン族の王国である。イタリアのゴート族〔東ゴート王国〕は、ビザンティウム勢力が滅ぼしたが〔五五三年〕、ビザンティウム勢力もまた、ランゴバルド族によってイタリアの大半から追放された。しかしその後、ランゴバルド王国は、教皇の呼びかけで到来したフランク族により、八世紀には破壊されることになる〔七七四年〕。スペインのゴート王国〔西ゴート王国〕は、八世紀初頭、アラブ人に潰滅させられるが〔七一一年〕、その歴史は記憶のなかに長く残るであろう。プロヴァンス地方とアキテーヌ地方のゴート王国も、フランク族の手に落ちてしまった。ブリテン島は、十一世紀〔一〇六六年、ノルマン・コンクェスト〕までアングロ・サクソンの諸王の支配下にあった。最後にガリアに関していえば、この地域は徐々にフランク族によって統一され、八世紀には、地方貴族から生まれた家系が、シャルルマーニュ〔カール大帝〕の下、まだなお厳密には「ヨーロッパ」と呼ぶことはできないが、いずれその組織の核になるであろう地域を政治的に統合する最初の試みに打ってでるとき、拠点の役を演じるのであった。

第四章　カロリング朝の組織の核

ポワティエの戦い〔七三二年〕に参加したキリスト教徒側の戦士を指すのに、当時のある文献〔イシドルス・パケンシス〕にたしかに「エウロペエンセス（europeenses）」という語があらわれているとはいえ、カロリング朝の版図を「ヨーロッパ」と呼ぶことはできないであろう。ゲルマン人の大部分や、スカンディナヴィア人、スラヴ人、バルト人といった民族が、カロリング朝の支配の外にいただけではない。それは、当時のラテン・キリスト教世界の全体を含んでさえもいなかったのである。すなわち、スペインのなかでアラブ人の統治を免れていた部分と、イングランド・スコットランド・アイルランドという地域を、カロリング圏外として挙げることができよう。しかしながら、ほぼ四世紀後にヨーロッパとなるだろうものを、いくつかの点で示唆していたことはたしかである。ローマ世界と異なり北方と東方に開かれていたカロリング世界は、事実、北東に版図を拡大した。それとあわせて、西欧でかつてローマ帝国に属していた地帯全体を統合しようとする意志も失いはしなかった。その証拠に、カロリング朝はイタリアに何度も遠征を行なっただけでなく、スペインにも進出しようとした。しかし、スペイン遠征の試みは、『ロランの歌』として何世紀にもわたって反響を残すことになる敗戦〔七七八年、ロンセスバリエスの戦い〕で幕を閉じることになる。他方、これもローマ世界と異なる点であるが、カロリング朝は、その内部の言語的・部族的相違を保持しつづけたため、たちまちその相違は表面化し、政治的分裂をひきおこした。しかし、カロリング朝の特徴の根底というべき宗教信仰と文明の統一が破壊されたり、新民族を同化する能力が弱まったりすることはなかった。これらすべての点から、カロリング朝の領土は、ヨーロッパを予告するものといえよう。ヨーロッパの将来の到来を準備しているのである。というのは、ガリア、ゲルマニアの一部、イタリア北部――ヴェネツィアは除く――といった地域を同一の支配の下におさめ、それと同時に、教皇によって聖別される帝権を西欧に復活させたことは、まずこれら三つの地域に、ついでヨーロッパ大陸のその他の地帯に対して、短期的にも長期的にも、いくつもの重要な影響を及ぼしたからである。

しかしながら、この影響を語るまえに、もうひとつの政治的単位をここで登場させる必要がある。こちらもまた、長い準備期間を経て、やはり八世紀に誕生した。じつに、この八世紀とは、以後いくつか変更をこうむりながらも、千年以上にわたって通用するだろうヨーロッパ諸権力の分配の概要を素描した、ヨーロッパ史の大転換点といっても過言でない。いま問題の、新たに登場した政治的単位は、ローマとその周辺を含んでおり、これこそ、のちに教皇領となるものの中枢にほかならない。この単位の源は、ローマ帝国の旧都の運営を教皇が担わざるをえなくなった混乱の時代にさかのぼる。そのとき教皇は、行政を組織し、食糧を確保し、土地整備に目を光らせ、防衛に従事しなくてはならなかった。この方向で行なわれた教皇グレゴリウス一世の措置は、後継者たちによって強化され、彼らは、まさしくローマの統治者になったのであった。しかし、それでもなお教皇は、バシレウス〔東ローマ帝国皇帝〕に従属しつづけていた。この従属関係を示す事実としては、教皇選挙の結果が有効と認められるにはバシレウスの認証が必要であった点や、ローマでは公（dux）が、ラヴェンナでは一軍を率いた総督（exarchos）がバシレウスの代理をつとめていた点が挙げられよう。

しかし、八世紀初頭以降、この絆は緩みはじめた。七二〇年代末には、聖像をめぐる論争――ビザンティウムは当時、聖像破壊論争の危機の渦中にあった――を通じて、教皇グレゴリウス二世がバシレウスの脅迫に脅迫をもって応え、その際、みずからを西欧の霊的指導者として西欧全体の名の下に行動する様を見ることができる。さらに十年後には、ランゴバルド族の侵略によってラヴェンナを喪失したビザンティウム帝国の弱体化につけこみ、教皇選挙の結果はバシレウスの認証を必要とするという伝統が破棄された（七四一年即位した教皇ザカリアスによる）。十二年後、ランゴバルド軍の危険からローマを解放しに来てくれるように要請するため、教皇ステファヌス二世はフランク人のもとに走った（七五四年）。これこそ、東方ではなく西欧を、ギリシア人ではなくラテン人を、旧来の帝国ではなく新しい王国を選択する行動であった。さてそのとき、フランク人はイタリアに攻めこみ、ランゴバルド軍を打破し、ラヴェンナ支配を諦めさせた。しかし、ビザンティウム帝国がそのために利益を得ることはまったくなかった。なぜなら、勝利軍は、征服した土地を教皇側に「返還」（ピピンの寄進）したからである——もっとも、教皇が実際の所有権を行使するには、なお何世紀もかかった。さて、いまやローマ周辺の地域は、聖ペテロの相続地たる教皇領になった。教皇の側近のなかには、教皇を西欧の皇帝というべき存在と見なしはじめる者さえいた。だれもが認めるとおり教皇は宗教権力すべての上位にあるばかりか、現世の権力のいずれよりも高位にいるというのだ。実際これこそ、西欧史上最も有名な偽造文書『コンスタンティヌス帝寄進状』の意味するものである。この文書は、ほぼ間違いなく八世紀後半にローマで捏造されたのだが、西欧に関する諸権力全般ならびにイタリアの相当部分の所有権を教皇に賦与する寄進状が皇帝コンスタンティヌス一世から発せられたという内容であった。

シャルルマーニュの前任者たちが開始し、大帝が完成した、ラテン・キリスト教世界の中心部をなす諸国の軍事的・政治的統合によって、平和と相対的繁栄の時代が幕を開け、そこで行なわれた制度的革新は、「ローマ帝政の再興（renovatio imperii romani）」ととらえられ、西欧における帝権の復活で頂点をきわめた〔八〇〇年、教皇レオ三世によりシャルルマーニュが皇帝に戴冠される〕。こうして、ローマ帝国の嫡流を自任する権力が確立し、世俗の領域に関しては、領土内に存在しうるその他の権力のいずれよりも上位に位置すると主張していた。つまり、この権力は、ラテン世界とゲルマニアという居住空間の半分――残り半分はビザンティウムに任せてある――に住む民族すべてを支配する運命を担っていると自負し、その意味で、普遍的な役割を賦与されていると断言するのである。あらゆる民族を支配することで、この権力は部族的相違を超越するといえるが、それは、ローマ世界つまり人類全体を体現しており、聖性を帯びた神々しい使命をもつからである。こうしていま、ローマ教皇庁がいだく新たな野心――当面はまだ秘められた夢にすぎず、明確な政治的綱領になるにはほぼ二百五十年待たなくてはならない――に対抗して、その好敵手が立ち上がったのであった。教皇側と同じような野心に動かされているとはいえ、教皇側とは異なり、この世俗権力には、間もなく野心を実現させるだけの手段が備わっていた。この時代にこそ、十一世紀に暴発するであろう紛争の種子があったのである。

「ローマ帝政の再興」は政治現象であるばかりでなく、文化現象でもあった。その立役者としては、一方に皇帝の文書庁と宮廷学校《スコラ・パラティナ》があり、他方に、ベネディクト会の一連の大修道院があった。この修道院には、かならず「写字室」があり、指導にあたる修道院長はいずれも上流身分の出身で、なかには真の教養人も含まれていた。彼らは、詩・年代記・書簡・文法・百科全書を執筆したのだった。さらにこの「再興」には、長い低迷期を経た後、古代文学を再発見したという意味もあった。たしかに、ラテン語で書かれた作品で、しかもその枠のなかの特定の著作家たちだけに限定されていたとはいえ、この再発見がヨーロッパの将来にとってもつ意義は、いくら評価してもしすぎることはあるまい。もちろん、修道院の図書室で筆写し保存した作品のほうが、実際に読まれた作品よりも多かった。しかし、古代著作家たちの作品の相当数が消失から救出されたのは、八、九世紀に新たに作られた筆写のおかげなのである。他方、古代文学への回帰は、文化の〈聖の極〉と〈世俗の極〉の間の緊張、すなわち〈キリスト教・聖書・教父の伝統〉と、そもそも異教的であった〈修辞・哲学の伝統〉との間の緊張を活性化した。少なくとも十六世紀まで続く文化的創造性の起源は、この緊張、ならびに緊張から生まれる係争にあるといえよう。古代芸術もまた、同じような再発見の対象になり、建築、写本画、象牙、宝飾などにその痕跡を残し、エリートの表現形式のなかに世俗的表象——異教の神々と英雄、風景、アレゴリー——を再度導入したのであった。

カロリング朝の空間がヨーロッパを組織する核だといえるのは、たんに、いくつかの点でヨーロッパを縮小したかたちで予告しているからばかりではない。教皇と帝国という二極分化体制の刻印をしるし、こうして以後数世紀の間ヨーロッパを分裂させる諸紛争の主要な軸を決定したからでもある。さらには、再発見した古代著作家の作品とラテン教父の著作とならんで、あらゆるジャンルの文学作品の遺産を後代に残したこと、古代の反映として長い間ノスタルジーを何度もかきたてるであろう芸術作品を残したことも理由として挙げられよう。それればかりではない。カロリング朝による統合は、ビザンティウムと西欧の分裂を深刻化した。それゆえ、世俗の領域では、ビザンティウムがつねにもちつづけ、唯一の正当な保有者と自負していた地位に匹敵する地位を西欧は獲得し、宗教的領域でも、東方の総主教を従属させつづけていたコンスタンティノポリスの皇帝の監督から脱皮したのであった。最後に指摘すべきは、この時代こそ、ヨーロッパの政治的統一の神話が誕生した時期だという点であろう。この神話は、伝説と歴史のなかに生きつづけ、何世紀にもわたってヨーロッパ政治全体を左右し、帝権をめぐる競合関係をひきおこし、ローマでの戴冠をめざして勝者をイタリア遠征に向かわせたのであった。

第五章　ヨーロッパの出現

教会は、早くも六世紀以降、最初の暫定的な小康状態に乗じて、民族大移動によりキリスト教が消し去られてしまった地域を奪還する事業に乗り出していった。その後、フランク王政の安定化にともない、北方と東方の異教民族に向けて、布教ならびに軍事的拡張が行なわれた。六三〇年代にフランク族はボヘミア地方のスラヴ人と衝突した。その約六十年後には、フリーシー人のキリスト教化が始まり〔六九〇年頃、ユトレヒト司教座、エヒテルナハ修道院の創設〕、七二〇年代には聖ボニファティウスはキリスト教伝道のためにテューリンゲン地方に赴いたのであった。シャルルマーニュの相次ぐ遠征により、異教世界との境界線は、北はユトランド地方周辺、東はサクソニア地方周辺にまで押しやられ、中央では、バヴァリア地方の占領の後、ボヘミア地方周辺に境界が引かれることになった。とはいえ、カロリング朝の領土は、外部からのさまざまの攻撃にさらされており、ある地域全体が略奪と無人化の憂き目にあうことさえあった。そういった侵略に対してシャルルマーニュの後継者たちは、たがいに争いあうことが多く、有効な防衛策を講じられなかった。ノルマン人——彼らは、百五十年にわたる略奪の後、フランク族支配下のガリア地方西部に公領を創設した（九一一年、サン＝クレール＝シュル＝エプトの協定）——、スカンディナヴィア人を含むゲルマン人、ボヘミアとポーランドのスラヴ人、さらには、あらゆる方面を襲撃してきた後パンノニア地方に定住したハンガリー人（マジャール人）といった者たちのキリスト教への改宗を、武器と説教の力によって実現させるには——殉教者が出る場合もあった——、ほぼ二世紀の歳月がなお必要であった。

さて、民族の改宗には、教会制度内での従属関係ならびに、政治的・文化的従属関係の網の目に統合されることがともなう。ところが、この従属の網にはローマとコンスタンティノポリスの二種類があった。キリスト教世界の両首都は、いくつもの点で異なり、違う方向に向かっていた。たとえば、宗教的領域と世俗的領域の関係をとらえる場合、ビザンティウムでは伝統的に前者が後者に従属しているのに対し、西欧では宗教的領域が自律性を主張し、『コンスタンティヌス帝寄進状』以降は、この文書を根拠に、明らかに宗教的領域が世俗的領域よりも上位に位置するという説が唱えられていた。また、教会と帝国の言語——ラテン語とギリシア語――ならびに俗語にそれぞれ与えられていた役割についても異なっており、西欧では典礼と教会文化から俗語が放逐されていたのに対し、東方では、いずれの領域でも俗語に重要な位置が認められていた。さらに、教皇の権威、復活祭の日付、ある種の儀式に関しても同様であった。

こうして、キリスト教化が諸民族に強制され、多くの抵抗を経てから実現した場合、それがローマとコンスタンティノポリスのいずれに由来するかによって、異なった結果が生まれたのである。どちらの教会に属するかは、選択しなくてはならなかった。なぜなら、互いに上層部が破門しあうまえから、底辺において両者は競合関係にあり、各地の指導者は、自分が属するか仕えているかする帝国の利益を守ろうとしていたからである。それを示す好例として、モラヴィア地方のスラヴ人に対する聖キュリロス（コンスタンティノス）と聖メトディオスの布教に反抗したバヴァリア地方の司教たちの争いを挙げることができよう。この布教活動はビザンティウムの指揮下に始められたが（八六三－八六八年）、ローマの祝福によって続行され、ビザンティウム本来の影響は結局のところ消滅してしまったのであった。ともかく、どちらの型のキリスト教化であったかによって、後代にまでその結果が響いたのはたしかである。カトリックの民族で正教に改宗したものはないし、正教の民族でカトリックに改宗したものもないからである。したがって、ヨーロッパ大陸の地図の上に、一本の線が引かれたのである。それは、十一世紀中葉以降、はっきりと敵対関係に入った二種のキリスト教を分ける境界線になった（一〇五四年、東西両教会が最終的に分離）。しかし、それ以前から、ボヘミア、ポーランド、ハンガリーのローマ式洗礼と、ブルガリアとそれに続くキエフ・ルーシのビザンティウム式洗礼により、付随的変化を除けば今日まで継続するであろう軌跡が、この境界線に与えられたのであった。

新たな部族集団の発生をひきおこしたローマ人と異民族《バルバロイ》の混合によって西ローマ帝国の瓦礫の上で出現しはじめたヨーロッパは、南から北へ向かう軸に沿って形成されつづけ、八世紀には東に向かって分かれていった。イタリアからガリア、ブリテン島、アイルランドをへてゲルマニアに達した後、そこから、一方でスカンディナヴィアに向かい、他方でポーランド、ボヘミア、パンノニアへと進んだのである。ヨーロッパの出現とは、つまり、この時点では、古代の「境界線《リメス》」の外部にとどまっていた民族――じつは、当初は君主と貴族と戦士に限られてはいたが――の、ローマ・キリスト教、ラテン語、文字へという、三つの改宗を意味する。これによって、ローマ人と異民族の間にあった相違は完全に廃棄され、多数の部族が宗教的に統合され、唯一の普遍的教会と唯一の世俗文化に共通して所属する事実に継承されているとおり、共通の起源を彼ら全員がもつのだという意識が植えつけられたのである。こうしたヨーロッパの来たるべき文化的統合の宗教的基盤の形成は五世紀に始まったが、その完遂は、リトアニア人とプロイセン人のキリスト教化が実現する十四世紀まで、ほぼ九百年を要した。しかも、それぞれの民族を個別に取り上げた場合、全民衆をキリスト教と文字へ改宗させ、そして、つねに少数派であったラテン語とはいわなくとも、その後を継いだ文学言語への改宗を成就するには、さらに長い歳月が必要で、ほとんど今日までかかっているのである。

しかしながら、この運動が開始されただけで、キリスト教への改宗はいわば連鎖反応を起こし、社会全体と個人の生活が大変動を経験したのであった。事実、この改宗により、古来の崇拝の場にして対象であった神殿は破壊され、伝統的な祭暦は廃止され、キリスト教の司祭が異教の祭司にとって代わり、最初の段階では、新しい司祭は外部から来るほかはなかった。祖先伝来の習慣のうち、とくに結婚と葬儀に関する風習は禁止され、一年のある期間ないし特定の日には断食をし、性の交わりを控えるといった新しい習慣が強制された。毎日とはいわなくとも、毎週の各自の生活の流れに、時間的・空間的な新たな枠組みが導入されたのである。

他方、不可視の世界——彼岸、過去、未来——に関する信仰の全体的変容をひきおこしたことで、この改宗は、権力の座にあった家系の権威の想像的基盤を改革したともいえる。家系の誕生にかかわっていると見なされていた古来の神々が、神格化された英雄ないしは悪魔の位置に落とされる一方で、王権の新たな正当性は、聖職者だけが遂行する即位の儀式に根拠を置くようになったのである。王権は、性質を変えながらも、聖性の霊気をこうして維持することができた。しかし、王の義務は以前と同じというわけではなかった。実際、改宗により、王は教会と修道院の建設を援助し、その生活手段を保障しなくてはならなかった。つまり、土地と、土地を耕すための奴隷または農奴を与えなくてはならなかったのである。同様に、新たな交換経路を開設する必要もあった。なぜなら、外部から司祭と修道士を招聘しなくてはならなかっただけでなく、典礼の執行に不可欠な聖的知識と世俗的知識を獲得できるように若者を遠方に派遣しなくてはならなかったからである。さらには、教会を建立するために必要な聖遺物を輸入し、典礼の用具と書物を集め、ぶどうの木が育たない地域ではぶどう酒さえも運んでくる義務が生じたのだった。

それだけではない。キリスト教への改宗によって、諸部族の王はローマ教皇と帝国に対する政治的な姿勢を明確にする必要が生まれた。教皇も皇帝もともに、しばしば対立しながら、みずからの至上権を主張しており、あらゆるキリスト教君主たちにそれを認めさせようと努力していたからである。新たなカトリック諸王国とその王たちにとって、どの権威から王冠を受け、どちらに宣誓をするかにより、その結果は異なっていた。それゆえ、帝国に従属しないために、教皇と直接交渉しようとしたのだった。王の権力と民族が、聖書の聖なる歴史とローマの世俗の歴史のなかでいかなる位置を占めているかを、知的・政治的な配慮によって決定するのは、権力者の側近の聖職者の役割であった。彼らはこうして、民衆が口頭で伝えてきた伝承に加工、解釈、洗練を施したうえでラテン語の歴史を著し、二種の世界史のなかにその個別史を挿入するように既存の民族起源伝説を改変したのである。つまり、キリスト教への改宗とは、人間生活の枠組みを総合的に改革する行為にほかならず、こうして数十年のうちに、日常生活、社会、政治、さらに経済組織までもが変貌をとげたのであった。

第六章　内部破裂から拡大へ

カロリング朝の統一は、百年と続かなかった。九世紀中葉から、将来のフランスに相当する西フランキアは、はるか後にドイツになるであろう東フランキアと分かれ〔八四三年ヴェルダン条約、八七〇年メルセン条約〕、後者の王は、皇帝の称号をもつ権利を保持した。しかしながら、いまからは、これらの国について、時代錯誤とはいえ、簡略である以上、現代の名称を用いることにしよう。とはいえ、独仏両国の間には、長期間変化しつづける境界線をもつ、三つの領地が形成されていた。それは、ロートリンゲン（ロレーヌ）とブルグント（ブルゴーニュ）、および、シャルルマーニュが〔七七四年に〕併合したランゴバルド王国の新たな産物としてのイタリア王国である。これらの国々の運命は、じきに帝国の運命に結びつけられることになった。さて、こうしたカロリング朝の領土の分裂は、より低い次元でも繰り返されていた。どこでも権力は細分化され、相続、結婚、征服などの状況に応じて、異なる位階の単位がいくつも出現したり消滅したりすることは、随所に見られた。西欧では、ただ王国の数だけが、ほぼ安定していたといえよう。新たな王国が形成されるには、スカンディナヴィア人（デンマークとスウェーデン）と西スラヴ人（ポーランド）とハンガリー人のキリスト教化を待たなくてはならない。その際、スラヴ人とハンガリー人とは、ボヘミアのように帝国の従属下に入らないために、教皇に王冠を求めるのであった。

民族大移動の結果生まれた社会のあらゆる階層では、権力者に保護してもらう代わりに、低身分の者は個人的自由を委譲する、そして運のよい者は、ある奉仕を提供する義務を果たすとする契約を結んで自由を部分的に譲渡する、という習慣がひろまっていた。ローマの伝統もガリアやゲルマニアの伝統も、この習慣が普及するのを容易にしたことはまちがいない。しかし、状況の圧力こそが決定的であった。戦争や混乱、民衆の保護にあたる当局の衰退といった理由が挙げられるであろう。だが、保護を提供する権力者たちもまた、奉仕者、とくに武装した奉仕者を必要としていた。それには、歩兵が騎馬兵に代えられたため戦争様式が変化したことも重要な要因であるし、新しい戦法を身につけ、それゆえ領土内の和平と対外的征服のすぐれた道具であった職業戦士をあやつる必要に、権力者が誰でもかられていた点もあずかっていた。しかし、職業戦士は、武具や武器、生活の糧をもたないではいられない。

それゆえ、彼らから奉仕を受ける者たちは、土地とともに、土地を耕す者たちを、彼らに譲渡する必要があった。

従属関係の網の目を構成してゆく自然発生的な社会運動と、それを使おうとする政治的意図との遭遇は、カロリング朝の時代に起こった。そもそもカロリング朝の成功は、この主従関係の絆を利用し、それによって、各主君に家臣の責任をもつ軍隊を組織させたこと、また、国家の運営においても、官僚を君主の家臣に変えたことに、おそらく多くを負っているのであろう。勢いを盛り返した外圧と、組織内部の遠心的傾向とにカロリング朝国家が敗れたとき、ある者たちに保護を探させ、別の者たちに奉仕者を求めさせる要因は、いちだんと力をもったのであった。

こうして最終的には、私的な領域においても公的な制度においても同一の従属関係をもつ体系が生まれたのである。公私の区別は、もはやなくなった。国家や司教区の運営に関しても、個人財産の管理に関しても、国王、権力者、司教は領地に根拠をおき、それによって宮廷と軍隊を維持するだけでなく、必要とあらば暴力によって封臣に自分の意志を強制するのであった。封臣は、主君からは土地を封土として受け、その代わりに誓いをたて、とりわけ武装による援助と服従を約束する。封臣には、みずから受けた土地の一部を、自分の封臣たちに与えることも許されていた。その流れは、さらに下に続いてゆく。武力によって守り労働によって耕す者たちから土地を切り離せない以上、土地を封土として与えることは、罰令権と裁判権の一部を封臣に委ねてしまうことにほかならず、封臣が自分の所有物としてそれらの権限を扱う傾向は不可避であった。とりわけ、遅かれ早かれ各地で起こったように、この権利を子孫に遺贈することができる場合はそうであった。ここから、国家と教会の諸機構の世襲財産化、主君に対する封臣の自立化傾向、権力の不可避の細分化があらわれたのである。階層の最も低い部分である農村領地においても、土地は、領主留保地と農民保有地の二種類に分かれていた。領主留保地の産物は主君に捧げられ、主君に労働と賦課租を提供する農民は、その代わり、自分のために活用することのできる農民保有地をもらう。ただし、消滅しつつある身分ではあったが、奴隷は例外であった。

当時の見方では、封土と農民保有地の相違は、雲泥の差といっても過言ではなかった。武器を用いる仕事に結びついた封土が高貴であるのに対し、農民保有地は、卑しい営みである土地の耕作を余儀なくするからである。封主と封臣は同じ性質である以上、彼らの関係は契約によって規定され、それは相互の義務と、契約破棄の条件を定義していた。ところが、農民は、農奴として主君に一方的に従属しているのである。しかしながら、この区別は一般論にすぎず、実際には多数の変形と例外が見受けられる。自由農民が完全に消滅することはなかったし、だれにも従属しない自由保有地が消えることもなかった。それは、北フランス、ロートリンゲン、ブルグント、ノルマンディ——ノルマン人が征服したイングランドとシチリアと南イタリアにも封建制は移植された——といった、封建制が最も強力に根づいた土地でさえ、同様である。カロリング帝国のかつての中心地帯から遠ざかれば遠ざかるほど、この体制は弱まっていった。なかには、スカンディナヴィア、フリースラント、アイルランドのように、遅い時期に部分的なかたちでしか封建制が実現しなかった地域もある。また、ボヘミアとハンガリーとポーランドは、キリスト教に改宗した後も、公《こう》の権利の体制下に生き続けた。そこでは、ほとんどすべての土地は最高権力の保持者に属しており、農村人口の大多数も彼に所属し、彼が農民から徴収する農産物の一部が軍人や役人たちに現物支給されるのであった。これらの国々で封建制が浸透するのは、十二世紀になってからであり、それにはキリスト教化の効果が大きかった。司教に土地、住民ならびに免除特権を与え、役人と戦士に同様の報酬を与えることによって、封建的主従関係と権力の細分化を、主君は導入したのである。

十世紀に、西欧における民族大移動は終息した。ただ、中央・東ヨーロッパのみが、十三世紀のモンゴル人と十四世紀以降のトルコ人の攻撃に直面することになるだけである。それまでの時代に比べればはるかに穏やかな、こうした新しい条件のもとで、その他の発展をすべて可能にする現象が発生した。それは、人口の増大にほかならない。これは十四世紀初頭まで続いたが、その後、人口増大は停止し、ペストの結果、人口は減少してしまう。しかし、ペストが猛威をふるったヨーロッパとは、あらゆる点で変貌をとげた後のヨーロッパであり、人口の低減が全体的な退行をひきおこすことはなかったのである。

実際、十一世紀から十三世紀にかけて、ヨーロッパでは空前絶後の大開拓が行なわれた。開拓活動には、移民の動きも密接に関係している。しばしば大きくふくらむ集団が、出身地から遠く離れた地域に定住しようと移動していったため、ヨーロッパ全土が、以前より密度の高い規則的な村落の網におおわれるようになったのである。他方、人口の流動性の増大と金銭の新しい役割により、時期と度合はさまざまとはいえ、夫役が減り、農奴制が衰退し、村落共同体の自主管理能力がある程度認められるといった変化に拍車がかけられたことも忘れてはならない。それまで未開拓であった地域への植民活動のおかげで、侵略によって荒れはてていた古来のローマのウィラは息をふきかえし、司教座や城の周囲を囲んでいた集落は都市に変貌し、また、たとえば道路の交叉している土地といった、市《いち》の設営に好都合な場所も都市化をとげた。こうして、小規模の市から国際的な巨大な市も含めた通商の発展によって、都市が重要な収入源になった。いまや、都市を利用しようとする領主と、領主の監督からの解放をめざす市民との間の紛争は、避けられない段階に達したのである。

この同じ十一世紀から十三世紀にかけての時期に、ヨーロッパには都市の帯が形成され、そのかたちは産業革命期にいたるまで変わらないであろう。その帯は、ブリュージュとガン、そして英仏海峡の対岸にあるロンドンを中心としたイングランド諸都市を起点とし、ライン河沿岸、南ドイツ、スイス、イタリアの湖水地帯をとおって、ジェノヴァ、フィレンツェ、ヴェネツィアに達する。ライン河畔の都市からは、この帯は三つに分かれ、一方は北方のハンザ同盟加盟都市（ハンブルク、ブレーメン、リューベック、グダニスク〔ダンツィヒ〕）へと向かい、第二は南方へ向かい、パリ、ディジョン、ローヌ河畔をとおって、マルセーユ、バルセロナ、バレンシアに達する。分岐した帯の三番目は、東方へ向かい、ドイツをとおってプラハ、クラクフ、リヴォフ、ウィーン、ブダに達する。

さらに、これだけでは不十分であるかのように、ヨーロッパの国境も拡大された。南西部では、スペインがそうである。十一世紀以降キリスト教徒はスペインの大部分を奪回し、以後、それはポルトガル、カスティーリャ、ナバラ、アラゴンの諸王国に分割されることになり、アラブ人は、十四、十五世紀にはわずかグラナダのナスル朝を保持するだけであった〔一四九二年、グラナダ陥落〕。北東部も同様である。十四世紀には、プロイセンに定着したドイツ騎士団のおかげで、当地の最後の異教徒がキリスト教に改宗したほか、リトアニア〔一三七〇年〕とサマイテン〔一四〇四年〕の改宗も終了した。北極地方ですら、ヴァイキングはアイスランドに入植し、グリーンランドにまで到達していた。他方、早くも十一世紀に始まった十字軍運動により、南東ヨーロッパの陸路と地中海東部の海路には、イェルサレムと聖地征服をめざす軍勢がひしめきあい、聖地にはイェルサレム王国が創設された〔一〇九九年〕。十三世紀初頭、十字軍はコンスタンティノポリスを攻撃し〔一二〇四年〕、東方のラテン帝国の首都をそこに定めた。しかしこの帝国は、最盛時にはギリシアと周辺諸島を含んでいたものの、十二世紀末にはパレスティナから追放され、一二六〇年代以降、ビザンティウムからも放逐されたのであった〔一二六一年〕。

第七章　封建社会から身分社会へ

諸民族が混交し、世界が外に向けて開放される。人間、商品、芸術作品、写本が、より敏速に、より遠距離まで流通する。市《いち》、大貿易商会、保険、為替手形などが発展する。まずは高額銀貨、ついで高額金貨の鋳造が再開され、いずれもジェノヴァ、フィレンツェ、ヴェネツィアを出発点にして、十三世紀から十六世紀にかけて、南から北へ、西から東へと各国に普及する。これらの事象でわかるとおり、長期間続いた人口増大と領土拡大により、ヨーロッパ世界には、十八世紀まで変わることのない国境が与えられ、ヨーロッパ史において統合的役割を長く演じるであろう経済制度の数々がととのえられ、大筋が今日でもなお生き続けているような内部の整備――都市や道路――が形成されたのであった。

この同じ時代は、ヨーロッパに、政治制度――官僚・軍事的組織としての国家、代議制議会――とともに、新しい社会構造も遺産として残した。つまり、身分《オルドル》である。いずれの遺産も、アンシャン・レジーム末期まで生き続けることになる。たしかに、十一世紀以降生まれた社会のなかでは、封建性の要素がいくつも活力を保ってはいる。しかし徐々に封建制度は、社会関係の主要部を規定する力をもたなくなってきた。こういった封建性の後退が開始されたのは、まずは教会内部からであった。教会では、早くも十世紀から、終末論的な期待や黙示録的不安にかられて、宗教の世界を世俗の世界の介入から守ろうとする意志が目立ちはじめる。それを表現したのは、まずクリュニーの修道院改革であり、ついでシトー会の革新、そして、戦士に支配された社会に平和を強制しようとする一連の試みであった。こういった意志は、まさしく教会上層部の変化と一致するものであった。なぜなら、教皇の被選挙権が枢機卿だけに認められるようになったことで、教皇はローマ貴族や皇帝の監督から解放され、強大な権力をたてに、かつての教皇たちの野心をふたたび抱きはじめていたからである。

キリスト教徒の自発的運動と教皇の政治的意志とが十一世紀中葉に合致したことから、つぎつぎと事件が発生した。まずは東方教会との断絶が表面化し（一〇五四年）、ついで、聖職者の妻帯禁止でとりわけ知られる、教皇グレゴリウス七世の一連の決議を指す「グレゴリウス改革」がなされ、叙任権闘争が勃発した（一〇七五‐一一二二年）。そこで、『コンスタンティヌス帝寄進状』が再び持ち出され、長く重要な役割を演じることになる。教皇側と皇帝側との紛争は、武力衝突と鎮静化を繰り返しながら継続し、十四世紀にはフランスが教皇をアヴィニョンに捕囚したことで〔一三〇九－七七年〕、西欧の教会の大分裂《シスマ》が始まった。しかし、こういった世俗の諸権力との衝突があったからこそ、長いこと曖昧であった聖職者と俗人の境界が明確になり、聖職者の生活様式と特権が定義され、教会の問題の決定権を教会機構が独占するようになった。要するに、聖職者がひとつの身分《オルド》として形成されたのである。

キリストの神秘体としての教会は、世俗の諸制度を根本的に超越しており、それゆえに、教会の自律性と優越性は保証される。これこそ、聖職者階級を封建制度から引き離そうとする闘争の過程で教皇の側近の神学者たちが練り上げていった理論であった。もちろん、封建制度との妥協は数々あり、そのなかには十九世紀まで効力を持ち続けるものもあった。さて、社会全体の状況の好転を利用して、封臣たちに奪取された古来の至高権力の諸特権を奪還しはじめた王権もまた、似たような理論を作り出すようになっていた。フランスとイングランドにおける〈王のふたつの身体〉理論、ドイツの「帝政西漸（translatio imperii）」説、ヴェネツィアにおける聖マルコ共和制論、「ポーランド王国（Corona regni Poloniae）」理念などはいずれも、国家を体現する生身の個人――国家に仕える者たちはいうまでもない――に対する国家の超越性に関する新しい思想を思考可能にし、それに説得力を与えようとするものであった。つまり、不可視性・持続性・有効性のある地位を国家に賦与し、こうして官僚が獲得しつつあった自律性を神聖化するのである。十一世紀末に再発見されたローマ法も、同じ方向に作用していた。

いまや国家は、みずからが統治する人民に対して、その外部にある存在として振る舞いはじめたのである。それは、イングランド、フランス、カスティーリャ、アラゴン、デンマーク、スウェーデンでは、紆余曲折を経た後に成功をおさめた。同様に、イタリアにおいては、教皇領、ヴェネツィア、両シチリア王国――ただしここでは、支配者の家系交替が起こったが――でも、この運動は首尾よく実現した。教皇側との闘争と内部抗争に疲弊した神聖ローマ帝国は、十二世紀には勢力を回復したものの、最高権力者である皇帝に法制上は従属しているはずの領土を領邦諸侯が分割する動きを妨げることはできず、領邦諸侯のなかには、独自の領邦国家を形成する者もいた。たとえば、バイエルン公領、ザクセン公領、王国〔一二一二年〕に昇格したボヘミアがそうである。しかし、ボヘミア王国は、ポーランドやハンガリー王国と同じく、一時は栄華を極めたものの、その後は自国領内ですら行動力を制限されてしまった。

これらの諸国家は、活動の自由を享受したため、社会変化の強力な動因になった。もちろん、変化を無から創造したという意味ではない。すでに社会を動かしはじめていたような傾向に、いわば道を作ってやり、法的な規制によって制限したり、国家の利益のために活用したりしたのである。十一世紀後半、戦士集団は騎士集団に変貌し、独自の叙任式をもち、騎士の息子でなければ加入を認められないという閉鎖性が生まれてきていた。さて、社会の流れの産物であるこの事実上の貴族身分に対して、国家は、法律を発布して、この身分に所属するためにはいかなる制限と基準が必要であるかを定め、貴族身分を、法が定義する特権を備えた法的地位、つまり身分《オルド》とした。さらに、事情が許せば、貴族になる権利を平民に売るという方法などによって、貴族化の独占権を確保し、この身分への道を明確化した。だからこそ、国家と、国家が形成に貢献しつつも逆に圧力を受けもする貴族身分との力関係に応じて、貴族身分の境界線や加入方法は、国ごとに大いに異なっているのである。国家がきわめて強力であったイングランドでは、貴族として認められるには、事実上、富裕であれば十分であった。しかし逆に、ポーランドでは、貴族身分が国家を従属させてゆくにつれ、この身分に属することは、少なくとも理論上は、出自がもたらす特権となったのである。

武将たる国王にとって、貴族とは、封臣であるか、封臣の封臣であった。彼らを国王に結びつけるのは、主君が義務を遂行しない場合には不服従の権利を従属者に与える、封建的契約であった。これは、封建関係が完全には発展しなかった国に関しても同様である。ところが逆に、形成途上にあった国家の君主としての国王にとっては、貴族とは国家機構の軍事的構成要素にほかならず、ローマ法が浸透していた文書庁、収税局、裁判所に対して貴族は優越的な地位にあるとはいえ、これらの機関がいずれも相互補完的な関係にあることは否めなかった。伝統的と機能的というこのふたつの理由から、王権は貴族身分を無視することはできなかった。しかし、貴族の要求をすべてかなえることもまた、できることではなかった。なぜなら、まず第一に、中心的な核——法的特権、あらゆる課税の免除——を除けば、彼らの要求は相容れない場合が多かったからである。小貴族が大封臣の放埒からの保護や、都市の寡占支配者との競争における支援を王に期待する以上、大封臣と王は競合関係に入るほかはないではないか。また、王が貴族に譲歩し、完全な行動の自由を喪失してしまった場合、王は、いわば人質にとられる危険があったからでもある。たとえば、十四世紀のボヘミア王〔ヴァーツラフ四世。在位一三七八‐一四一九年〕は、諸侯に投獄され、彼らの要求を呑んではじめて解放されたのだが、同じ運命をたどるおそれが、どの国王にもあったのである。

つまり、王政と大小貴族との関係は、連合と緊張というふたつの刻印を押されており、緊張した場合には、明らかな紛争となって爆発することがあった。各地に存在するこの基本条件から出発して、それぞれの王権は政策を遂行してゆくのであるが、その場合、影響力のある言葉をもち武器も備えた聖職者と貴族との関係や、税金の財源と同時に砦でもある都市の比重、外部の圧力といった要素も考慮にいれた。一般的にいって、外部の圧迫が強ければ強いほど、「その他の条件が同一なら（ceteris paribus）」、貴族身分に対する譲歩は大きくなった。暫定的な概観にすぎないが、まずはこの点こそが、各国における譲歩の時期と規模を説明してくれるのであり、ラテン・キリスト教世界の東方の辺境に位置する王国において、西欧の貴族には到底獲得不可能であった特権を貴族が王から授与されたのも、同じ理由である。

十一世紀後半はまた、都市の政治的覚醒の時代でもある。ある都市は領主の権力濫用に反抗して起ち上がり、別の都市は、のしかかる隷属を廃止させるか、金銭的に解決しようとした。また、他の都市は、行政官の選出、独自の運営管理、軍隊組織による自衛といった権利や、裁判権、周辺地域の支配権を要求した。北イタリアでは、この時期よりも早くから、いくつもの都市が独立国家を構成する試みを行ない、成功していた。ジェノヴァとヴェネツィアは十八世紀（一七九七年）まで独立を保つであろうし、フィレンツェも十六世紀まで独立を保ちつづけ、その後トスカナ大公国の首都になった（一五六九年）。これらのイタリア都市国家は、土地所有による富を誇る古来の家系と、商人や職人など新興家系との間の激しい内部抗争によって分裂する場合が多く、その結果、一時的にせよ持続的にせよ、独裁政治が確立されることになった。ただヴェネツィアだけが、この変遷をまぬかれる。

イタリアの都市国家以外では、都市の運命は三者の関係に左右される。まず、都市自体、より正確には、その寡占的支配者ないし都市貴族。つぎに、教会領主ないし世俗領主。そして王政、すなわち国家である。ナポリ王国、征服地スペイン、南フランス、イングランド、ノルマンディ、アキテーヌといった地域では、国家は主導権を握り続けた。ときには、国家の側から都市に自治を与えたが、つねに限定された自治であった。他方、北フランスとフランドルでは、発議は都市からなされ、いくつもの都市が、相互扶助の誓いにより結ばれた市民の連合であるコミューヌを形成する権利を求めた。領主たちとの抗争には、市民に対して国王からの援助が加わる場合もあったが、たいていは、都市に自治をもつコミューヌを許可し、領主が軍隊、上級裁判権、城、税を保持するという妥協によって解決された。国王都市は、ほとんどつねに自由権《フランシーズ》しか受けることができなかった。ドイツでは、ラインラントとバルト海沿岸のいくつかの都市が、ある面では都市共和国として強力な地位を獲得するにいたったが、皇帝の従属下におかれていた点に変わりはなかった。それ以外の都市は、皇帝・諸侯・司教に支配され、東に行けば行くほど、支配者の権力は重くなるのであった。ボヘミアも同様である。なお、ハンガリーとポーランドの諸都市が真の自治を要求しはじめるのは、ようやく十四世紀のことである。

地位と政治体制がいかなるものであれ、この時代のヨーロッパ都市は、いずれも同じ原則に基づいて都市空間を整備していた。都市空間にこうして押された刻印は、十八世紀まで存続し、その後ようやく消えはじめる。夜間は閉鎖される門と塔を配する外壁に囲まれた都市には、どこでも中心がふたつあった。一方が、司教座聖堂の体現する宗教的中心であり、他方が、場合に応じて、時代が下れば館ともなりうる城塞か、あるいはコミューヌでは、自由の象徴としての鐘楼が隣接する市庁舎の形態をとる世俗的中心である。十二世紀以降、イル＝ド＝フランスを皮切りに司教座聖堂は天高く伸びるシルエットをもつ大型の大聖堂《カテドラル》になり、その動きは、抵抗や遅延はあるものの、ラテン・キリスト教世界のすべての司教座に浸透していった。これらの大聖堂は、交叉リブの名人芸的な使用によって聳え立ち、高所に開けられてステンドグラスで飾られることも多い窓をとおして、色鮮やかな光線が堂内を通過するようになった。神学の革新を建築として表現した大聖堂は、増すばかりの都市の比重、都市に集中する富の増加、司教権力の強化を示すものでもある。しかしとりわけ、王から商人にいたる、住民それぞれの信仰心を表現するものでもあった。彼らにとって、現世の生活は永遠の生命への旅にすぎないのである。だからこそ、寄進と施しによって、石に凝縮した集合的祈禱といえる大聖堂の建築に、住民は寄与したのである。大聖堂がいつまでも工事中なのは、人間の作品が完璧に到達することの不可能性を永劫の未完成によって見せるかのようではないか。

中世都市のそれぞれには教会が数十もあったが、それと同様に、大聖堂の内部構造は、身分《オルド》に分割された社会の態様を再現していた。聖職者の場と俗人の場が分けられ、俗人の場には、貴族、市民、下層民それぞれの場が確保されていた。教会と同じく、大聖堂はすべての人々、キリストを時の向こう側に運ぶ人民全部に開かれており、そのため、入口の近くでは、しばしば、民衆は巨大な聖クリストフォルスによって表現されていたのである〔クリストフォルスは〈キリストを運ぶ者〉の意〕。礼拝の場であるだけでなく、すぐれて公共の場でもあった大聖堂は、その点で、領主の住居である城や館、都市役人の拠点であり平民は暴動の際にしか入れない市庁舎とは異なっていた。これらの建物のそれぞれの規模は、諸権力の階層や、優越をめざす聖職者たちの主張を目に見えるかたちで表現していた。それはちょうど、一般人の住宅の規模が社会階層——それは、各自の帰属を一目でわからせるべき服装上の習慣にも示される――を具体的に表象するのと同じである。

封建社会では、個人どうしの関係は本質的に、階層化されていた。平等が通用するのは、社会組織の最下部、ほとんど価値がないために誰の目にもとまらないような者たちの世界だけであった。それに対して、聖職者層と貴族身分の形成ならびに公共の場面への都市の参入から生まれた新しい社会は、身分《オルド》の階層をなしており、身分のうち貴族と市民のふたつは、同輩からなる層に分けられていた。たしかに、封建的関係、主君と封臣の相互義務の観念、つまりいずれかが契約事項に違反した場合は不服従の権利が生まれるという思想は、けっして消滅することはなかった。しかし、最も重要な革新は、同輩からなる集団の発生である。この現象には、教会内での服従関係の変化がともなっていた。この関係はいまや、自然人を結ぶ絆ではなく、階層内での役割や地位を結ぶ絆として構想されるようになったのである。誕生期にあった国家官僚についても同様である。こうして、代議制が可能になったといえよう。

十三世紀以降、ヨーロッパ諸国では、聖俗双方の大封臣の定期的集会がつぎつぎと行なわれるようになった。この集会では、王権の伝統的な役割を超える措置に抵抗するという封建的な権利を楯に、力関係によって規模が決定されるような譲歩ないし特権と交換に、国庫がこれこれの税を徴収してもよいと許可されるのだった。その種の集会に続いては、同輩から選出される貴族と都市の代表者の集会が結成されたが、それは、王権よりは大諸侯がおびやかす彼らの共通の利害を守るためであった。ここから、二院制ないし三分割組織による代議制が生まれ、以来、国家に対して彼らの特権、いや存在自体を防衛する役割を演じることになる。この係争において、代議制が体現する選挙原則は、顕在的に階層構造をもつ同輩推挙の原則とは異なって潜在的に民主主義的であるとはいえ、ともかく、この原則は国家組織そのもののなかに組み込まれてゆき、こうして、今日でもなおヨーロッパ諸国の政治活動の中心をなす軸が形成されたのである。

第八章　最初のヨーロッパ統合

十二世紀以降、ヨーロッパは、ラテン・キリスト教世界と同じ範囲に及ぶ、統一的な存在となった。しかし、生まれたばかりのこの統一とは、政治的なものではない。ラテン世界は、相変わらずさまざまな規模の単位からできた継ぎ接ぎであり、それらの単位は、政略結婚の偶然によって結びついたり離れたりする、多様な地位の諸権力に従属しており、それらの相互関係は、けっして一般的な図式にくくられるものではなかった。関係が明らかに闘争になる場合も多かった。たとえば、周期的に繰り返された教皇と神聖ローマ帝国の衝突や、神聖ローマ帝国とフランスの戦闘は、長い間国際関係の中心課題であり続け、その後は、ブルゴーニュ公領を巻き込んで行なわれた、終わることのない英仏間の戦争〔百年戦争。一三三九―一四五三年〕に舞台を譲ることになった。また、ボヘミア王国は、手痛い敗北〔一〇五四年〕の後、ポーランド征服を試みるために、オーストリアへ版図を拡大してゆこうとした〔一二五一年）。他方、地中海では、ジェノヴァとヴェネツィアが死闘を繰り広げる一方で、地域的な小型の戦闘が、無数に勃発したり鎮静したりしていた、という具合である。

しかし、第一次十字軍（一〇九六 - 九九年）以降、異教徒に対して一致団結するという神話は、人々をとらえるようになっていた。とはいえ、それぞれの王政は、聖地奪還を自己の利益のために利用しようとし、奪還のために考案された多くの計画はいずれも成功にはいたらなかった。ヨーロッパ人全員が遂行した最後の作戦（第四次十字軍。一二〇二 - 〇四年）でも、コンスタンティノポリスを奪取して、六十年たらずしか続かなかったラテン帝国（一二〇四 - 六一年）を創設したことが直接的な結果であり、他方、カトリック教徒に対して正教徒が憎悪を抱き――これは何世紀も続き、あらゆる統一の試みを阻止するであろう――、以後長い間トルコの攻勢を抑える力を失うほど、ビザンティウム帝国が弱化するという永続的な結果がもたらされたのだった。さてトルコ人は、バルカン半島に侵攻し、十四世紀末には、四十年ほど前に帝国主義的な姿勢さえ表明していたセルビアを征服し、ブルガリアを破壊し、ボスニアとアルバニアを従属させ、ルーマニアに位置するモルダヴィアとヴァラキアの両侯国を強制的に支配した。さらに十五世紀中葉、ヨーロッパは驚愕とともに、コンスタンティノポリス陥落の報を聞いたのであった（一四五三年五月二十九日）。しかも、十六世紀前半には、決定的な勝利〔モハーチの戦い。一五二六年〕によってトルコがハンガリーを占領したため、ハンガリーは、西部がハプスブルク家の手に落ち、トランシルヴァニアが限定的な主権とはいえ独立を保ったにすぎない。これらすべてによって、北イタリア、オーストリア、ポーランドは直接の危険にさらされることになった。しかし、歴代教皇の危急の呼びかけや論客たちの文書も、ポーランドとハプスブルク家の外交の援助を受けたヴェネツィア外交の努力も、オスマン・トルコに対してヨーロッパの諸国民を連合させることはできず、フランスと神聖ローマ帝国の戦争が再開されてからはなおさらであった。この二国の婚姻政策と継承政策とによって、十六世紀以降、新たな世界的勢力となったスペインとフランスの戦争が行なわれることになる。

こういった政治的分割と恒常的な戦争状態と際立って対照的なのが、ラテン・キリスト教世界の、宗教・社会・文化面での異論の余地のない統一である。それは、信仰と教会制度、典礼、教会暦の統一であり、社会の身分構造《オルド》の統一でもあり、また、いくつかの都市国家を除けば同じ雛型からなる国家に対して構成された身分代表制の類似性でもある。さらに、知識人が用いる言語や文字、教育と世俗知識、建築と造形芸術――地域的な変化はたしかにあるとはいえ――にも統一性が見られる。ヨーロッパ世界全域にわたり、司教座聖堂・図書館・学校を備えた司教座都市を中心とした司教区の網と、基礎教育の支えの役を演じる、さらに緊密な教区の網がはりめぐらされていた。いずれの網の目も、都市の発展と国内移民の波とに徐々に適応してきたのである。

このヨーロッパ世界には、宗教的な中心があった。教皇の玉座ローマにほかならない。ローマは、教皇のアヴィニョン捕囚の六十九年間〔一三〇九－七七年〕はその役割を喪失していたとはいえ、古代将軍《カエサル》と聖ペテロの都市、聖俗双方の世界史の十字路としてヨーロッパで唯一の地位を持ち続けていた。また、ヨーロッパ世界にはきわだった崇拝の場所として、多数の巡礼が集まる土地があった。たとえばサンティアゴ・デ・コンポステラがそうである。他方、知的な拠点としてはパリとボローニャがあり、大学の拠点は十三、十四世紀に増加し、なかには国外まで名声をとどろかせた大学――モンペリエ、オックスフォード、パドヴァ、サラマンカ、プラハ、クラクフ、ハイデルベルク――もあった。これらの大学は同じ原則に基づいて組織されており、全員に認められた規範的文献の注釈が行なわれていた。集まる学生の出身地《ナティオネス》は多様であり、彼らは、勉学期間中はあちこちの大学を遍歴する場合があった。教師もまた、異なった民族の出身であった。だからこそ大学はヨーロッパのエリート集団を形成したといえるのである。なぜなら、その成員は、多様な機関で勉強したとはいえ、それぞれの学科で同一の課程を修め、同じ著作家を読み、同じ知的習慣を身につけた者たちだからである。より低いレヴェルでは、学校においては同じ教科書が使われ、同一の種類の基礎文献が、ある程度の図書館ならばどこにでも存在していた。ポルトガルからポーフンド、南イタリアからノルウェーにいたるまで、いかなる民族の年代記も、自民族をヤペテとトロイア人の後裔として提示し、それゆえ聖俗二種の世界史上にしかるべき位置を占めているとするのであった。

このような形態で十六世紀まで続くことになった文化的統一を可能にしたのは、全体的な人口増大の産物としての聖職者層の膨張、新しい要求に応えるための彼らの知的レヴェルの上昇、都市勢力の伸張であり、また、ヨーロッパ世界拡張の間接的な結果として起こった、ギリシア゠アラブの哲学・科学との遭遇であった。早くも十世紀から、西欧では司教座付属学校が増加し、なかには名声を馳せる学校も登場しはじめ、従来の修道院に代わって教会文化を保存・再生する中心的な役割を司教座聖堂が演じるようになり、こうして、数世紀の空白期間を経た後、都市に文化が戻ってきたのである。これらの司教座付属学校のいくつかから は大学が生まれるのだが、大学のなかには、法律学校――まず第一にローマ法の学校である――を出発点にしている場合もある。実際、成文法の地域で始まり、ついでゲルマン慣習法が支配する北部へと広がった公証人層の解放と世俗化にともない、法律の重要性は増すばかりであった。公証人の地位の上昇と、文書資料をしきりに用いるようになった都市の発展との間には、直接の関連があった。

たとえ部分的ではあれ拠点と制度的枠組みを変更した教会文化は、模範と形態も同じように革新していった。その際、再びまた、古代異教世界のほうを向いた。流通経路に再度乗り、教育に導入されるようになった古代ラテン語著作家の幅はひろがり、彼らの著作の写本は以前よりも広汎に普及し、こうして、彼らを範として、著作家たちは、いかなる素材を扱い、いかなるジャンルを実践しようとも、高度の文学性をめざしたのであった。カロリング朝時代の「再興（renovatio）」と同じように、この風潮によって視線もまた変化し、古代の遺蹟に対して敏感になり、例外的ではあるが、古代遺蹟が北方に運ばれる場合――それまでは、聖人の聖遺物だけが移送の対象になっていた――さえあった。かくして、まず北フランスとブルゴーニュの造形芸術がこうした運動の影響を受け、そこから新しい形態がヨーロッパ各地にひろがったのである。ただし、南イタリアは例外である。なぜならば、アルプス以北で古代の著作が称賛されるようになっていたちょうどそのとき、古代の芸術作品に関しても、ノルマン公領シチリアでは同じような扱いがなされており、それはフリードリヒ二世の治世において、さらに大きな規模で実現したからである。

フリードリヒ二世の場合にはしかし、この作戦には明確な政治的意味があった。なぜなら、教皇と神聖ローマ帝国との闘争が背景にあったからである。しかしながら、異教的古代への回帰が、各地で教会文化における〈聖の極〉と〈俗の極〉との緊張を高めたのはたしかである。それは当時、都市で暮らす在俗聖職者と修道院にこもる律修聖職者との間に生じる緊張関係と部分的に重なるようになっていただけに、なおさらであった。しかし、在俗聖職者が都市世界を独占する状態は、そう長くは続かなかった。当時としては莫大な人口をかかえた都市は、一触即発といっても過言ではなく、いつでも暴動やパニックを起こしかねず、異端の影響を受けやすかった。したがって、すでに十三世紀初頭から、伝統的な組織の不備に対する方策が創出されていた。それは都市生活に適応した托鉢《たくはつ》修道会の創設であり、なかでもフランシスコ会〔一二〇九年創設、一二二三年正式認可〕とドミニコ会〔一二一五年創設、翌一二一六年正式認可〕は、ヨーロッパ全土に急速にひろまっていった。彼らはわずか数十年のうちに、スカンディナヴィア、ポーランド、ボヘミア、ハンガリーなどの国々に定着した。いたるところで民衆への説教を行ない、告解を聴き、死者を葬り、学校を創設した彼らは、これらすべての領域で教区司祭の好敵手になった。しかし、土地によっては強烈な反発があったにもかかわらず、托鉢修道会は大学にさえ入り込み、神学教育に多大の影響を及ぼしたのである。とりわけ、聖ボナヴェントゥラとドゥンス・スコトゥスを擁するフランシスコ会と、聖トマス・アクイナスを輩出したドミニコ会の活躍が目立ったといえよう。

大学は、徐々に形成されてゆくにしたがい、前代未聞の類いの聖職者を生み出すことになった。それは教育と研究の専門家、すなわち、聖書、教父、四世紀のラテン語訳で知られたプラトンの『ティマイオス』、ボエティウスが翻訳したアリストテレスの論理学に関する著作といった、伝統によって継承されてきた文献の注釈にたずさわる者たちである。法律学校では、『ローマ法大全《コルプス・ユリス》』ならびに、教会活動を規定する教会法が注釈の対象になった。こういった活動から、アベラールのように、多様な典拠の間の矛盾を明確化してゆく傾向が生まれた。しかしまた、伝統に共通して見られる教えだと思われる点を引き出すために、権威ある文献の数々を研究して一致させる方向がとられることもあった。それこそ、教会法に関してグラティアヌスが行ない、神学においてペトルス・ロンバルドゥスが『命題集』〔十二世紀半ば〕で実現したことであった。『命題集』は、あらゆる大学で使われる教科書となり、何世紀もの間、注釈が施され続けた。しかし、入手可能な文献は、周知のとおり、古代に書かれた著作の一部にすぎない。したがって、おのずから好奇心は手に入らない文献へと向かい、そういった著作がどこかに埋もれているのではないか、きっと発見できるにちがいないという希望がひろく見られるのであった。

そうした動機があったために、アラブ人から奪還したトレドや、ノルマン人が征服したシチリアに移り住む者たちが何人もおり、ギリシア人とアラブ人の著作を探し求めたのである。十二世紀をとおして、翻訳は徐々に多く普及するようになり、アヴェロエス（イブン・ルシュド）の注釈つきのアリストテレス諸著、エウクレイデス、プラトンの対話篇、アルキメデスの著作、ガレノスの数篇の著書、アラビア医学の業績のなかではとくにアヴィケンナ（イブン・スィーナー）の著述、プトレマイオスとアブー・マアシャルをはじめとする天文学者・占星術師の研究や瞑想といったものが、ほぼ百五十年後には知識人の読めるかたちになった。こうして、十二世紀から早くも、翻訳されたばかりの文献に基づいて、医学の新しい教育が形成された。それは、まずサレルノで始まり、ついでモンペリエ、ボローニャ、パリでも行なわれるようになった。他方、相次ぐ衝突、破門や禁止令――とくにパリで激しかった――を経て、アリストテレスの著作は大学教育に浸透していった。十三世紀末、この闘争は基本的には完了していたが、それはだれよりもまず、聖トマス・アクイナスのおかげである。彼は、物理学を形而上学を介して神学に従属させ、アリストテレスを聖アウグスティヌスを介して聖書に従属させるという強力な綜合を実現したのであった。

　こうして述べてきたすべての変化の結果、ヨーロッパの知的エリートの新しい文化は、十一世紀までの文化とは大いに異なったものになった。それは、典礼・聖書・教父を中心において補足として新旧ラテン語作家たちを援用するといった修道院文化ではもはやなかった。たしかに旧来の文化も存続はするものの、もう主流ではない。スコラ文化と呼ぶべき新しい知的エリート文化は、教育制度を基盤とし、大学と同じように四種の領域に分かれている。つまり上から順に、神学、哲学、法学、医学であり、最後のふたつは相互の上位権を争っていた。なお、この文化は、歴史学も含めて文学には副次的な位置しか与えていなかったが、ただこの点について、地域的な差異が大きかったのはたしかである。同様に、造形芸術にはほとんど関心を示していない。この新文化は、〈信じられるもの〉をまず上位におき、その下に〈知りうるもの〉、さらに下位に〈見えるもの〉をおく。ただし、存在のこの三種の領域間の関係や、それぞれに対応する知識獲得の手段については、はげしく議論が戦わされていた。その到達点と呼べるのが、十四世紀に出現する批判的・懐疑的な潮流であった。つまり、知的な知識のみならずすべての知識の有効性に疑問をいだき、それゆえ、〈信じられるもの〉と〈知りうるもの〉を切り離してしまう、オッカムをはじめとした傾向である。さらに付け加えるなら、スコラ文化の担い手は大半が僧侶を含む聖職者であったとはいえ、世俗化の進む法学者と医者の姿も見受けられることを忘れてはならない。

修道院文化は戦士の文化と共存していた。他方スコラ文化は、貴族身分になりつつあった騎士の文化と対立していた。身体と魂あわせた人間の最高の成就としての戦争に捧げられた生涯を基礎とする騎士文化には、それを特徴づけるために、文化の権威――国王、君主、紋章官――、制度と儀式――騎士叙任式、騎士団、騎馬試合――、名誉の規律、行動の模範、評価の基準といったものがあったが、キリスト教倫理の要請と合致させるには、深刻な問題があった。また、文化を習得し集団に順応することは、学校の枠のなかではなく、武器の実際の行使をとおして行なわれ、最も上位に位置する者たちの場合には、宮廷が学校であった。さらにいえば、そこで培われる美徳は、古来の封建的な徳目であり、主君への忠実と名誉の擁護と勇気が頂点におかれていた。

スコラ文化ほどの高度な意味ではないものの、騎士文化もまた、とりわけ初期においては、ひとつのヨーロッパ文化であったといって過言ではない。それは、個人に強制される行動様式についても、表現形式についてもいうことができる。たとえば建築では大聖堂《カテドラル》に対抗する城塞、造形芸術では武器・武具・服装・金銀細工品や世俗的な主題の綴織《つづれおり》といった作品に、この文化の発現を見ることができる。他方、たとえば『ローマ人の事績』〔ローマの初代十二名の皇帝の歴史として一二一三年頃フランス語で書かれた作品〕のような古代史も含めて、ひろく歴史に向けられた関心、戦争と恋愛を語る叙事詩と叙情詩への興味、あるいは、信奉者たちの相互の意思疎通に用いられた言語の存在も、見逃してはなるまい。事実、ノルマン人のイングランド征服〔一〇六六年。ノルマン・コンクェスト〕、十字軍、アンジュー家による南イタリア〔一二六五年以降〕とハンガリー〔一三〇八-八二年〕支配といった出来事の結果、フランス語は何世紀かの間、西欧騎士の共通語となり、外部から見た場合、ヨーロッパの住民はすべて「フランク人」だと見なされるほどであった。

しかし、騎士文化に属する文学作品は、さまざまな俗語で書かれている。たとえばミンネゼンガーは中高ドイツ語、トゥルバドゥールはプロヴァンサル語、『我がシードの歌』はカスティーリャ語、武勲詩《シャンソン・ド・ジェスト》はフランス語で書かれた。こうして、国王・言語・風習への執着は強さを増してゆく。つまり、一方で、国境を越えて成員すべてを結びつける絆の感情が、つねに上流貴族の文化を特徴づけることになる。それに対して、ほとんど軍隊生活しか知らないような小貴族の集団からは、民族的《ナショナル》な原則に最も強力な称賛を送る者たちが輩出した。他方、当初は口承によっていた戦士文化・騎士文化が、かなり早い時期から作品を記録するために文字を用いるようになったのはたしかだが、作品の受容はふつう、大半が文字を知らない聴衆を前にした朗唱のかたちをとった。要するに、内容面でも、視覚的な発現や伝播の様式から見ても、騎士文化は、スコラ文化とは明確に区別されるのである。

市民文化、すなわち北イタリア、フランドル、ラインラントにとりわけ見られた都市貴族の文化は、スコラ文化と騎士文化のいずれともまた異なっている。市民文化の基礎には、コミューヌ付属学校があった。十二、十三世紀の独立解放運動の成果といえるコミューヌ付属学校では、俗語で子供たちに読み書きと計算を教えていた。しかし、この文化を身につけるには、職業の実践が不可欠である。実際、仕事をしながらでなければ、商品・両替・度量衡・兌換規則について学び、簿記の基礎や算術の公式を吸収し、陸海の交通路を知り、その途中の土地で見聞をひろめることはできないのだ。こうして、商品を流通させ、みずから旅行し、書簡を交わすといった手段によって多様な国々との物理的・精神的な絆を強めていった商人が、ヨーロッパ統一に貢献したことは、異論の余地はないだろう。

また、いくつもの点で、各地の市民文化は類似していたといえる。文字の日常的な使用が市民文化の基盤をなしており、市民文化はまた、秤や時計の時間を大事にしている。そして、歴史のなかでは第一に都市史に関心を示し、その興味の発現は、どこでも都市年代記という特徴的なかたちをとった。文学では短篇物語の形態による散文がとりわけ好まれ、北イタリアとフランドルが絵画の二大中心地になった。しかし、ひとつのヨーロッパ市民文化が存在したと語ることはできないだろう。なぜなら、それぞれの市民文化には、地元への強烈な愛情が浸透しており、ヨーロッパ全体を統合する制度も、共通の言語も存在しなかったからである。しかしながら、騎士文化における俗語使用のおかげで俗語には一種の威厳が備わったため、その言葉を用いて作品を著す作家たちには、ラテン文学の著作家に匹敵するような地位が与えられた。こうして北イタリア諸都市では、スコラ文化と騎士文化と市民文化が遭遇し、他のどこよりも早く相互に影響を及ぼしていたからこそ、ダンテ——彼はラテン語でも書いている——の『神曲』〔一三〇七 - 二一年〕のような俗語による学問的著作が早期に発生したのであろう。ダンテを範として、その後、ペトラルカとボッカッチオがあらわれたが、彼らのラテン語著作のおかげで、イタリア語の作品も品格を増し、その結果、イタリア語がヨーロッパのエリートの共通語に昇格する日が準備されたのであった。

十二世紀から十六世紀にかけてヨーロッパという概念にそれぞれの流儀で内実を与えたこれら三つの文化は、すべてまとめてみても、全人口のごく少数に関係していたにすぎない。都市住民の割合は微々たるもので、大方は相変わらず農民が占めていたからである。しかも、都市人口のなかでは、イタリアとフランドルでさえ識字率は低かった。人口の過半数をなす農民に関していえば、十二世紀にはすでにキリスト教化されてほぼ千年たっていた国々においてすら、彼らの文化はなおも異教の信仰や風習に満たされており、今後も長い間、口承文化の段階にとどまり、視界は村落を越えることはない。農民ほど程度は低くなく、地理的な相違がはるかに大きいとはいえ、都市の下層民も同様であった。

つまり、それぞれの民族には複数の文化が共存していたのである。すなわち、聖職者のヨーロッパ的な文化と、〈ヨーロッパの極〉と形成途中の〈国民《ネイション》の極〉との間をゆれる騎士文化があり、他方で、外界に開かれつつも一都市に限られた市民文化と部族と土地に固有の農民の文化が存在したのである。文字文化と口承文化と区別してもよかろう。また、均一ではないとはいえ「上流」文化と「下層」文化といってもよいかもしれない。これらの文化は遭遇し、たがいに影響しあうのだが、それはとくに礼拝の場で顕著であった。なぜなら、すべてのローマ教会で認められていた典礼・神学に関する考察が規定する種類の図像は、土地ごとの多様な習慣で歪められていたし、説教師たちはカトリック教会への帰属意識を植えつけながらも、説教の用語と内容は聴衆に適合させていたからである。社会階層の下部で徐々に視野が拡大され、ラテン・キリスト教世界の内部に部族・言語の多様性があるという自覚が生まれたのは、おもにこの枠組みのなかで、こうした形態をとってであった。さらに、巡礼、行商、巡回聖職者——たんなる浮浪者とはいわない——といった人々が語る物語も寄与していたことを忘れてはならないだろう。

第九章　エリート文化の革新――ローマへの回帰

古代末期以来、知的エリートは、ふたつの極をもつ文化のなかに生きてきた。しかし、文化を構成する二極――一方がキリスト教の〈聖書・教父の極〉、他方が異教起源の〈修辞・哲学の極〉である――は、当事者たちの目から見ても、対等ではないどころか、比較を絶していた。キリスト教の教義が、教会の権威に保証された信仰箇条として、啓示された真実を含んでいるのに対し、理性の領域である修辞や哲学は、人間にかかわるものだからである。しかしながら、同じ当事者の見るところ、個人は、たとえ聖人をめざさず、みずからのなかにある人間性を成就することだけを望んでいたとしても、〈修辞・哲学の極〉をキリスト教に従属させつつ、両方の極をともに容認しなくてはならなかった。たとえばテルトゥリアヌスですら文学的ラテン語を用いたし、聖アウグスティヌスは、護教論のために異教の知識の蓄積をすべて活用したのであった。また、時代が下ると、『蔑世論』がいくつも書かれたが、その著者たちですら修辞の効果を軽蔑することはなかったし、十二世紀の詩人たちも、異教の誘惑に注意するよう警告しながら、韻律の規則を名人芸的にあやつっていた。

しかしながら、比較不可能であると同時に不可分の関係にある両極の間には、紛争地帯と呼ぶべき領域があった。そこでは、あまりに明白な矛盾を避けるため、解釈につとめることが要求されていた。これこそ、キリスト教の視点に異教徒の遺産を統合しようとする試みの起源である。この点に関して西欧史上最も重要な試みは、修道院文化の基礎をなしたアウグスティヌス主義と、スコラ文化に多大な影響を及ぼしたトマス・アクイナス＝ドゥンス・スコトゥス主義である。しかし、聖と俗、〈キリスト教の極〉と〈異教の極〉の係争は、なお「上流」文化に内包されたままであった。個人それぞれが自問し解決していった、霊・実在・知識・芸術に関する諸問題が、この紛争の深刻さをよく示している。また、ラテン・キリスト教世界を苦しめる諸傾向もその証しである。すなわち、ある風潮が、異端の危険を冒しても非本質的付加を排除して信仰の純化につとめる一方で、別の風潮は、ときには聖職売買もものともせず、教会の利益を求めたのであった。

この二極間の紛争によって、主として〈聖書・教父の極〉に引きつけられる時代と、言語・文学・知識・芸術といった諸部門において古代異教の模範に回帰する運動を特徴とする時代――「ルネサンス」――との交替を説明することもできよう。ルネサンスという場合、とくに、カロリング世界において少数の拠点でのみ行なわれた八世紀のルネサンスと、ヨーロッパ全土に及んだ十二世紀のルネサンスとを挙げることができる。十四世紀中葉には、この型の新運動がアヴィニョン、ローマ、フィレンツェ、ヴェネツィアの間で始まったが、わずか百年足らずのうちに、スペイン、イングランドからルクセンブルク朝（一三一〇―四三七年）のボヘミア、ヤギエウォ朝（一三八六―一五七二年）のポーランド、マチャーシュ・コルヴィヌス王のハンガリーにいたるまで、ヨーロッパ各国に運動の使者を派遣し、賛同者をつのることができるようになった。

それまでの場合とは異なり、このルネサンス――すなわち大文字の「ルネサンス」――は、古代遺産の継承のほぼ完全な断絶の後に来たのではない。北イタリア（パドヴァ、ヴェローナ）では十三世紀以来行なわれ、アヴィニョンでは教皇の宮廷がおかれてから始まり浸透していた古代文献の研究の伝統が、基盤になっていたのである。したがって、この運動の中心的な創始者・推進者であるペトラルカには、彼のメッセージを受け取る用意がすでにできた受容層がいたのである。とくに、公証人に満ちあふれた尚書院、神聖ローマ帝国皇帝の宮廷や教皇の宮廷を含む諸侯の宮廷では、ペトラルカは言葉の巨匠として、栄光を約束してくれる者だった。また、ペトラルカの書簡を読むのはたんに手紙をもらった者だけではなかった以上、彼の言葉を聞く者はひろい範囲にひろがっていった。彼が行なった古代作品の筆写は、さらに友人たちの手で筆写され、文献学者ペトラルカの権威を確立した。そして、『カンツォニエーレ』に集成されたイタリア語による詩作は、知識階級の枠を超えて読者を獲得し、その後、大半のヨーロッパ文学の範として模倣されることになった。

しかし、ペトラルカやその友人、後継者たち——十五世紀に「人文主義者」と名づけられ、日増しに増大してゆく人文学芸《ストゥディア・フマニタティス》の専門家——は、たんに、忘れられていた作品を発掘し、筆写することだけをめざし、文芸再興の発想源となりうる古代文献の一覧を拡張しようとしただけではなかった。同時に彼らは、スコラ文化に疑問を呈し、その視覚的な表現形態に異議を唱えた——とりわけ、大文字については古代碑文、小文字についてはカロリング文字を模範とした字体を創出した——ばかりか、聖書・教父の伝統とギリシア・アラブの伝統の綜合というスコラ学の基盤そのものを問題視したのでもあった。スコラ文化のこうした統合は、彼らにとっては、俗性による聖性の汚染であると同時に、古代人には知られていない文学ジャンルと専門用語・新語・借用語に汚されたラテン語とによって言語と思想を野蛮化する行為にほかならなかった。つまり人文主義者の政治＝文化的方針は、文化のふたつの極の変化というかたちをとった。すなわち、一方で修辞・哲学ならびに関連技芸の古代への回帰をめざし、他方、教会の初期の素朴さへの回帰を主張したのである。

そこから、民族起源伝説が唱えるような異民族《バルバロイ》とローマの結びつきに対する批判が生まれた。変容を余儀なくされたこの種の伝説は、十七世紀以降、学問的な歴史からは排除されてしまう。また、模範的な古代と現代との間に、腐敗が一般化した時代として、いずれ「中世」として定着するだろう表現が、「中間の時代《メディア・アエタス》」、「中間期《メディア・テンペスタス》」のごとく用いられはじめた。他方、『コンスタンティヌス帝寄進状』に対する新たな攻撃の波も起こった。とりわけロレンツォ・ヴァッラによる非難〔『誤って信ぜられていたが実は偽作であるコンスタンティヌス帝寄進状についての抗弁』、一四四〇年〕が有名だが、この著作は、世俗的権力と富をもたない教会の擁護論であるだけでなく、史料批判の規範にもなっている。なぜなら、それまで一般に行なわれていたように、問題の寄進状に外部から信憑性と有効性を与える権威を問題視するのではなく、偽文書作成者の文章の主張とコンスタンティヌス帝の時代の史料とを照合したからである。人文主義的な学問姿勢は、それ以外に、追補や注釈、あるいは哲学における後代の解釈を払拭し、古代著作家の原典に価値をおく態度を生みだした。また、キリスト教の教義に近い神学であるという理由から、アリストテレスよりも、ヘルメス・トリスメギストスと結びつけられるプラトンに高い地位を与えた。なお、芸術に関していえば、貨幣、宝石、彫像、廃墟と化した建物、モザイクといった古代の遺蹟すべてに、聖遺物や模範としての威厳を与えるようになった。その結果、絵画と彫刻の主題と形式の革新が起こり、同時にこれらの芸術は、教養人すべてが関心を払うに値すると見なされるようになった。

いたるところで古代とその後の時代の断絶が強調される一方、中世と当代との断絶もまた、つよく主張された。それゆえ、文化的環境のなかで古代は、直接にふれることのできる与件としては見られなくなった。古代は遠い過去へと追い返されたため、そこから取り出さなくては、現代人の手の届くところまでもってくることはできないのである。こうして古代は、奪還しなくてはならない、意識的な努力の対象になった。その努力とはつまり、出発点では異質である古典古代を親密なものにすべく、個々人の精神を古代の伝統にひたし、それで満たしてゆくような教育にほかならない。そのために必須となるのは、理解の手助けになる道具すべてを用いながら最良の古典文学作品を読む作業をつうじて、ラテン語——後にはギリシア語も加わる——を習得することであった。こうした教育により、必要とあらば容易に思い出せるような文章、図像、模範が記憶にとどめられ、それこそが教養の証しであると同時に、君主のための政治活動をはじめとする行動の指針になる知恵の基本だと見なされたのであった。つまりこの教育は、エリートの育成を任務とし、理想にまで高められたローマ史から借用した同一の野心・規準・規範を彼らに植えつけようとするのである。第一世代の人文主義者は、独学によってこの道を進んだ。その後継者たちは、学校の創設、大学における人文学《ストウディア・フマニタティス》の採用、教科書の執筆、要綱の作成といったことにより、教育をより効果的にしようとした。たとえば人文主義の初期にあたる十五世紀前半のイタリアのように例外的な人物たちによる教育はもはや不可能となり、ヨーロッパ各地に運動がひろまり制度化するにつれ停滞の危険が大きくなっていた現状にかんがみてのことであった。

この点に関して最もラディカルな信奉者たち――ヴァッラや、その後のエラスムスとラブレー――にとって、人文主義的文化とはスコラ文化の好敵手であり、スコラ学にとって代わる運命にあるとされた。しかし実際には、事態は別の展開を見たのであった。大学では十五世紀から早くも人文学《ストウディア・フマニタティス》が導入されており、たとえ時代遅れの争い――いつの時代でも避けられない事態であろう――がパリなどで見られたとしても、スコラ式教育と人文主義的教育との共存は成立していたのである。宗教改革が人文主義的教育を利用し、イエズス会が戦闘的な教会の要請に応じてこの教育をとりこんだことから、宗教的には分裂したヨーロッパの統一的な教育の基盤として、人文主義は十六世紀末以降、機能することになる。スコラ文化は、今日まで維持されはしたものの、しだいに遺物の様相を呈するようになった。スコラ文化が聖職者の文化になったのに対し、人文主義的文化の信奉者は、初期には公証人であったが、その後、その他の法律家、医師、芸術家、教育者といった人々にひろがっていった。古代末期以来はじめて、文化運動の社会的基盤の中心が俗人におかれたのである。もちろん、聖職者階層のなかにも信奉者や賛同者がいなかったわけではないが。

それゆえ、人文主義的文化は、十五世紀から十九世紀にかけて、ヨーロッパのエリートの共通財産になった。スコラ文化以上に統合力があったといっても過言ではない。なぜなら、人文主義的文化は、スコラ文化とは異なり、聖職者にも俗人にも関係したからであり、また、その信奉者どうしの議論は、神学者や宗教に関する論客が衝突した論争の激烈さとはほど遠かったからでもある。しかしながら同時に、人文主義的文化は、各民族とはいわなくとも、それぞれの国家において、国家の過去の賞揚に用いられ、人文主義者はいたるところで公式の歴史編纂家か国家の称賛者となった。そして、それぞれの国で地元出身の人文主義者の数が増すにつれ、人文主義的文化は、俗語の発展と民族《ナショナル》文学の進展との適合をはかるばかりか、それらを推進するようにさえなり、新しい言語手段に移しかえるべきジャンルや、ギリシア・ローマ文学から借用した主題、人物類型、筋立て、逸話の一覧を提供したのだった。

こうして人文主義的文化が形成され、ヨーロッパ規模で普及した結果、古代人の遺産の、時を超えた普遍的、全体的価値を万人が認めることを基盤として――だからこそ宗教改革以後もこの統一は存続したのである――ヨーロッパのエリート層の統一が強化される一方、同じ流れにより、各民族《ネイション》の歴史、言語、文学の品位が高められたことから、同じエリート層の差異の深化もまた起こったのである。

印刷術の発明と普及がなければ、人文主義者がこれほど急速に、深くまた持続する効果を及ぼすことはまずできなかったであろう。十五世紀中葉にマインツで始められた印刷術は、十五世紀末には、南はセビーリャとメッシーナ、北はストックホルムとグダニスク、西はオックスフォード、東はプラハ、ヴロツワフ、クラクフ、ブダにまで波及し、ヨーロッパ諸都市の帯は、印刷業者の密度の高い網目でおおわれた。こうして、印刷のおかげで、以前のルネサンスと十四‐十六世紀のルネサンスとの間に決定的な相違が生まれたといってよい。なぜなら、文献の生産と流通の条件自体が変容したからである。すでに十五世紀から大量に出版されていったスコラ文化の代表的著作が容易に入手可能になったのと同時に、新しい人文主義的文化の代表作もまた、ギリシア・ラテンの著作家の校訂版、近代の注釈と模倣作品の刊行の増加によって、同じ恩恵をこうむった。また、こういった機会をつうじて、人文主義的な書体がひろまるようにもなった。

こうして印刷術は、ヨーロッパのエリート層の統一を強化した。しかし同時に、民族的《ナショナル》な差異も深めることになった。なぜなら、俗語で書かれた作品がしだいに数多く公刊されるようになったからである。実際、学校と大学の数がふえ、それゆえ学生数が増したとか、まだなお高価だが刊本は写本よりはるかに安いとかいった理由から、当時、読者層は以前より増大していたとはいえ、学問的出版物が限られた少数の人々のためのものであることに変わりはなかった。それに対して俗語による出版物、なかでも暦、星占い、時事的文書、宗教書、物語といった印刷物——それらは市《いち》や大道で売られた——は、十四‐十五世紀に多数創設された教区の学校を了えた程度の文化的レヴェルの低い人々からなる、より広範な読者層に受け入れられた。印刷術の影響は、それだけではなかった。印刷術のおかげで、知的労働の条件もまた根底から変化し、その効果は長く続くものであった。新しい職業——たとえば校正係——が作られたことや、印刷術なしにはありえないような名声が存命中からある著作家に保証されるようになったことが、この影響として挙げられよう。

こういった印刷術の重要性、とりわけ人文主義者にとっての意義を例証するのに、ロッテルダムのエラスムス以上にふさわしい人物はいないだろう。印刷術によってエラスムスは、文字どおりラテン・キリスト教世界にあまねく知られるヨーロッパ的人物になった。ときには伝統的な制度の支持もあったとはいえ、概してそれらの制度の枠外にいたエラスムスは、ただ著述活動をとおしてだけ、いまだかつてなかったほどの権威を獲得し確立した。もちろん、印刷術のおかげだけではない。エラスムスは膨大な書簡を交わし、彼の手紙はヨーロッパ各国に流通していた。しかし、書簡は印刷される——頻繁に印刷されたのだが——までは、ごく一部の読者にしか到達することはない。読者は上層階級だけに限定されてはおらず、つつましい身分の教養人のなかにもいたのである。たとえば、学校教師、司祭、小貴族、市民ばかりか、職人さえも読者だったのである。

こうして、他の誰の作品よりも、エラスムスの著作は、ヨーロッパでラテン語が読める者たちすべてに人文主義の精髄を提供してひろめることに貢献したのである。エラスムスが伝える文化とは、すでに百五十年以上の歴史をもち、アルプスを越えて久しい人文主義的文化であり、それはもはやイタリア人の専有物ではなく、内面の宗教性の強調をともなう新敬虔主義《デウォティオ・モデルナ》を大いに含んだものであった。しかし、人文主義本来の方針は相変わらず維持されるどころか、強化されてさえいた。その方針とはまず、スコラ文化の放棄である。つまり、信仰自体よりも信仰の外的発現に固執し、イエス・キリストよりもアリストテレスとアヴェロエス（イブン・ルシュド）に依存する哲学をもち、野蛮な言語を用いるスコラ文化と絶縁することにほかならない。ついで、古典語の習得ならびに古典的教養の吸収をキリスト教的生活への準備と不可分の関係におく教育理念である。また、古代著作家のみならず、教父――聖アウグスティヌス、聖ヒエロニムスなど――の原典復元に文献学を役立てるという姿勢もそうである。この文献学は、信仰の源、すなわち福音書への回帰にも用いられる。それまでのような重苦しい学問的釈義に歪められた状態から解放された福音書は、各自の導き手、説話や規範の集成として読まれ、福音書を瞑想することは読者の内なる変貌に到達すべきであると考えられているのである。ともかく、エラスムスの教養の全体は単純な定式に還元されるほどたやすく把握できるものではない。とはいえ、核心は明確だと思われる。エラスムスは、物理学よりも倫理学を重視し、「キリストの哲学《フィロソフィア・クリスティ》」と「文芸《ボナエ・リテラエ》」を顕揚し、個人の自由と意識の自律性を擁護するのである。少なくとも、スペインからポーランド、イタリアからスカンディナヴィアにかけて、エラスムスの著作から自分自身の宗教と道徳の内容や、時代の不幸に対する勇気づけを得ていた者たちは、誰もがこのように理解していたと思われる。

第十章　信仰の源への回帰――ヨーロッパの宗教的統一の終焉

ヨーロッパ文化の〈聖書・教父の極〉への回帰――すなわち、一連の宗教改革――は、文化自体の二極構造のなかに内包されていたし、逆に〈修辞・哲学の極〉への回帰としてのルネサンスもまた、同じようにそこに内包されていたということができる。しかし、こうした並行関係は、たしかに重要だとはいえ、たがいの間に存在する大きな相違を蔽い隠すものではない。〈修辞・哲学の極〉には、文化を伝える任務を負う機関が属しており、それゆえ人口のごく一部にのみかかわる。他方、〈聖書・教父の極〉には、あらゆる人が信じるとされているキリスト教の教義、教会の規定する形式に沿って誰もが参加するとされている祭典と儀式、一命にもかかわりかねない罰を受けたくなければ守りたまえと教会当局から強制される規律といったものが属している。〈修辞・哲学の極〉は主義主張の相違を容認する。しかし、〈聖書・教父の極〉に相違を導入すれば、聖職者を頂点とする身分《オルド》社会における社会的つながりの基礎である宗教的統一が危険にさらされることになる。実際、宗教上の分裂は、信じやすく不安定で、相変わらずキリスト教化が十分ではないという評判の下層階級や農民の群衆運動をひきおこしかねないのだ。しかも、現世の不公平によって潜在的にひろまっている不満が、彼岸との関係についての要求を中心にして結晶化し、ひいては教会組織そのものが異議申し立ての対象になり、国家内部に混乱と騒動が勃発する可能性さえ含まれていた。

十一世紀から十四世紀にかけて、このような改革運動はくりかえし何度も起こったが、そのたびに教会は、抑えつけ手なずけるか――当初は異端の疑いをかけられた聖フランチェスコとその弟子たちに対してはそうであった――、暴力をもって根絶する――カタリ派の場合がそうであった――ことに成功してきた。これらの経験ずみの技法がはじめて失敗したのは、十五世紀初頭、ボヘミアでフス戦争〔一四一九―三六年〕が勃発したときであった。神聖ローマ皇帝でもあるボヘミア国王〔ジクムント。在位一四一九―三七年〕が教皇の援助を受けて組織した十字軍は、チェコの貴族の大半と都市勢力の支持をえたフス派のまえに敗北を喫した。最終的に教会は、バーゼル公会議〔一四三一―四九年〕でフス派内の穏健派との交渉に成功し、急進派が壊滅させられた後、妥協は成立する。こうしてボヘミアは名義的にはカトリックの国であり続けるとはいえ、じつは、ローマに属する教会と、フス派の一派であるウトラキスト派〔穏健フス派。両形色聖体拝領を意味するスブ・ウトラクェに由来する名称〕教会とが共存していたのである。その後ほぼ二世紀間、ウトラキスト派は支配的な地位を保ち続ける。しかし、他国にも影響を及ぼそうとするフス派の努力のかいもなく、ボヘミアは長い間孤立したままであった。

七十年間にわたるアヴィニョン捕囚と四十年間の教会大分裂《シスマ》による教皇勢力の弱体化により、さまざまな遠心的傾向がラテン・キリスト教世界を苦しめるようになった。まず挙げるべきはイングランドの異端である。イングランドでは、すでに十四世紀中葉〔一三五二年、教皇尊信罪法〕から、それまで教皇に限定されていた教会関係の事項を国王が決定する権利を獲得していたのである。また、フランスではフランス国民教会《ガリカン》の権利と特権がつよく主張された〔一四三八年、ブールジュの国事詔書〕。さらに、教皇に対する公会議至上主義を支持する者たちによって、一種の教会共和制があちこちで擁護されていた。こういった雰囲気のなかで、とりわけニコラウス・クサヌスは、ヴァッラのあの批判の七年前、『コンスタンティヌス帝寄進状』に攻撃をしかけ、おもに「反証がないための（ex silentio）」論拠によってその偽りを証明しようとした〔『普遍的和合について』、一四三三年〕。こうして史料批判が誕生し、教会改革を旗印として深化していった。しかし、この改革は実を結ぶことはなく、かえって教皇権力の強化につながったのであった。一四三〇年代末には、教皇はギリシア教会との統一さえ回復することに成功した〔一四三九年、合一教令〕——もちろん実際の効力はなかったのではあるが。十五世紀後半から十六世紀初頭にかけて、教皇は豪華で派手な贅沢生活に溺れ、世俗趣味に埋没してゆく。キリスト教のローマが、まるで異教のローマに戻ってしまったかのようであった。

新たな改革運動——ここから大文字の「宗教改革」が生まれる——は、コンスタンツ公会議によってヨハン・フスが処刑されて〔一四一五年〕から一世紀後に、マルティン・ルターのイニシアティヴによって始まった。ルターは教会から破門され、神聖ローマ帝国からも追放されたが、ザクセン選帝侯〔フリードリヒ賢公。在位一四八六－一五二五年〕を庇護者にすることができた。こうして、早い時期に首領を失ったフス派とは異なり、ルター派の宗教改革では精神的な指導者が存在しつづけたのである。ローマ教会の悪習批判、聖書というキリスト教の信仰の唯一の源への回帰に基づくとする神学、聖書を中心にすえた俗語典礼——ルターみずから聖書をドイツ語に翻訳した——、教理問答、道徳・社会に関する教義といったものを、ルターは信徒に提供した。人々を組織し先導することに優れたルターは、容赦なく急進派と戦い、自分の教会内部に階層を設け、社会秩序を保持するようこころがけた。また、自分の思想になるべく広い聴衆を確保すべく、あらゆる手段を利用した。彼の住むヴィッテンベルクには新設の大学（一五〇二年創立）があり、ルター派の宣教に将来たずさわるであろう内外の学生をすでに多数集めていたが、それだけではない。印刷所もあり、印刷術は早い時期から宗教改革思想の普及に役立てられた。ヴィッテンベルクだけでなく各地で印刷機の数は増加していった。カトリシズムへの攻撃文書、教訓的文献、説教、声明、パンフレットが何十万部と出版された。宗教改革の伝播を助けた要因のうち、印刷術こそ最も重要だったといっても過言ではあるまい。

ともかく、その普及の速さは驚くに値する。ルターが自論を掲示した事件（一五一七年十月三十一日、九十五か条の論題）からわずか十年足らずのうちに、ルター派を公式宗教にする国がすでにふたつもあった。デンマークとの百三十年間の統合を放棄して独立をめざしていたスウェーデンとそれに従属するフィンランド、および、世俗化しポーランドの封主権に属するドイツ騎士団の国家プロイセン（リヴォニアも属している）である。ドイツでも各地の領邦君主は、自分の信仰と領邦の教会とを一致させる権利を、一時的とはいえ獲得していた。それと並行して、運動開始後十年以内に、ルター派はフランス、ネーデルラント、イングランドにもひろまってゆき、フイン河流域の諸都市に根をおろし、スロヴァキア、トランシルヴァニア、ボヘミア、ハンガリー、ポーランドでも、とりわけドイツ出身の市民階層に普及していった。他方、われわれが「スイス」と呼ぶ地域の北部では、ルターとは異なったかたちの改革思想〔ツヴィングリ派〕が行なわれ、ルターからはげしく攻撃された。その後五年間で、この地域の都市、とりわけバーゼル、コンスタンツ、ミュールハウゼン（ミュルーズ）、シャフハウゼン、シュトラースブルク（ストラスブール）、チューリヒは、新しい信仰の防衛線を形成するようになった。

つづく十年間、つまり一五三〇年代には、ヘンリ八世が英国国教会《アングリカン・チャーチ》の首長を自称し〔一五三一年〕、デンマークがノルウェー、アイスランドとともにルター派を公式宗教と認める一方で、フランスではジャン・カルヴァンが活躍を開始していた。カルヴァンはまずシュトラースブルクに行き、その後移り住んだジュネーヴで神権政治的性格をもつ共和制を創設した。カルヴァン派の宗教改革は、ジュネーヴを起点としてフランス、ネーデルラント、スコットランド、トランシルヴァニア、ハンガリー、ポーランドの征服に向かった。これらの国には十六世紀半ばに到達し、貴族階級のなかに多くの信奉者を獲得した。最後に挙げなくてはならないのは、これらの強力な改革派の陰で、四方八方から迫害されながらも存続しうる土地を求めていた、宗教改革の急進的潮流である。すなわち、再洗礼派とメノー派〔メノー・シーモンス（一四九六頃－一五六一年）の指導による」（最初はとりわけネーデルラント北部に浸透）、フッター派〔ヤーコプ・フッター（一五三六年没）の一派〕（モラヴィア地方）、反三位一体派〔ファウスト＝パウロ・ソッツィーニ（一五三九－一六〇四年）にちなんでソッツィーニ派とも呼ぶ〕（ポーランドとトランシルヴァニア）といった諸派である。

これらの運動に参加した者たちにとっても、また、彼らの攻撃にあい、抵抗していたカトリック信徒にとっても、中心にあったのは救済の問題であった。それは、神と人間の関係にかかわり、信仰と行為、恩寵と自由意志、救霊予定と意図のそれぞれの役割に関するものである。それゆえこの問題は、神と人間の間に介在し、人間の救いに不可欠だと主張する教会にこそ、まず第一に関連してくる。実際、時間的に最初に登場する問題は、普遍的教会に対する国民《ナショナル》教会の従属にかかわっていた。フス派やルターにも、ヘンリ八世にもこれはあらわれている。他の宗教改革者たちがこの問いにかかずらわないのは、すでにルターが解決していたからであり、その点だけでも、ルターこそ宗教改革の真の創始者だということができよう。しかし、この問題には、時間的だけでなく論理的にも優先権があった。なぜなら、ローマの法令に従っているかぎり、いかなる改革も思考不可能であり、教皇と公会議に訴えるしか道はない。それゆえ、教会が「頭も四肢も（in capite et in membris）」腐敗しているという認識にたってローマと決別することこそ、開始する以前から立ち止まるまいと堅く決意しているすべての改革運動に必要な前提であった。しかしながら、このような認識は、腐敗の性質と発生時期を定義することを要請していた。これが肝心な点になるのは、腐敗の開始を八世紀におくか、ニカエア公会議〔第一回、三二五年〕におくか、使徒時代の直後におくかによって、聖書解釈、神学、教会思想の伝統のなかで行なう選択はまったく異なってしまうからである。

ローマとの決別がすんだところで、新たにふたつの問題が介入してくる。まず、教会と世俗権力の間にいかなる関係を結ぶかであり、ついで、神と人間との間で媒介となる専門家に関して、彼らの必要性があるか否か、また、もし必要と認められる場合には、教会のなかでいかなる役割を演じるべきかであった。このふたつの問題は、厳密なかたちではないが、結びついている。信徒と神との直接的な関係を主張し、それゆえ聖職者はすべて追放し、ときには平和な平等社会の実現につとめることもあった急進派のなかには、暴力と強制に基づいたいかなる権力も廃すべしと望むものもあった。あるいは、派に属する成員が暴力と強制を用いずに生きることだけを欲するものもいた。しかし、教会が世俗権力の監督から解放され、信教が世俗権力に支配されないことは、誰もが要求していた事項である。宗教改革の主流派は、神と人間との間に仲介となる集団ないし階層を維持していたが、彼らが教会と世俗権力との関係について採用した解決策は、まったく正反対のふたつの立場に分かれていた。ルター派と英国国教会《アングリカン・チャーチ》は教会の世俗権力への従属を唱えていたが、カルヴァン派は、教会権力の自立だけでなく優位さえも主張していたのである。

教会と世俗権力との関係の問題は、たんに新しい教会の組織にかかわるだけではなく、旧来の教会の清算にも関係があった。なぜならこの問題は、つぎのふたつの点を決定することにほかならなかったからである。カトリック教会の財産をいかに使うべきか、新しい牧師の得る収入がどうなるか、の二点である。第二の点に関する決定は宗派によって異なっているが、第一の点については、宗教改革が支配権を握った場所ではどこでも、いくつかの細部を除けば、同じ結論が出された。修道会は解散させられ、法の保護の外におかれた。司教と司祭は、たとえ残っていても、地下に潜伏しないかぎり務めを果たすことはできなくなった。貴族や裕福な市民、都市権力によって直接に奪取された場合を除けば、教会財産は国家が没収し、全部か部分的にか、その後売却された。こうして、支配的宗教として根づいたプロテスタンティズムは、じつに大きな規模で所有権の移行を実現したのである。同時に、慈善事業――施療院、孤児院、老人の家、貧民への援助――の運営も変わり、これらの制度は以後、地元の当局か保護団体が受け持つことになった。また、教育制度の機能も変化をこうむり、各自が聖書を読むことができるように教育機関の数は増し、俗人にそれまで以上の地位が与えられるようになった。聖人と聖遺物の崇拝が廃され、聖堂から聖像が追放されて純粋に言葉と音楽の殿堂になったことで、造形芸術の地位も変容し、いまや、教会からの注文はあてにならない以上、造形芸術は世俗の領域に逃げこむほかなかった。さらに、祝祭、記念日、宗教行事の数が急激に減らされたことで、日常生活の構造も変化したといえる。

これらすべてのことから、宗教改革は、勝利をおさめた土地ではどこでも、全体的な大転換——キリスト教への改宗以来最も深刻な変化——をひきおこしたといっても過言ではない。この変動は、始まった時点から、あらゆる面において全住民の生活に影響を及ぼし、各家庭、各人の暮らしにもそれぞれかかわるものであった。なぜなら、たちまちのうちに一連の迫害と暴動が発生し、宗教的対立によって陣営間には抜きがたい憎悪が積みかさねられ、伝統的な絆は断ち切られ、ついには過激な野蛮性にまで行きつくこともあったからである。さらに、エリートが支配権を握っている間は公共の場から遠ざけられていた層のエネルギーが、すべて動員された。つまり、都市における職人、労働者、周縁的人々のエネルギーと、田園における農民のエネルギーである。それゆえ、宗教改革のための闘争は、ある意味では「下層」

文化対「上層」文化の紛争という面ももっている。民衆的な支持を得られた場合、ルターからもカルヴァンからも異なった理由で断罪されていたにもかかわらず自発的な聖像破壊運動がたちまち起こったが、それは礼拝の場を清めること――イングランドでは上層部から組織された――だけを狙っていたのではなかった。もちろん、教皇崇拝の象徴を破壊することが第一の意味ではあったが、同時に、運動の参加者には異質な文化である聖職者・貴族・市民の文化の誇示的な表現と見なされたものに対する攻撃でもあった。つまり社会的な復讐という一面をもっているのである。この運動が礼拝堂を奪取した際、壁面は石灰で白く塗られ、金持ちの装飾過多な邸宅よりは貧民のあばら屋に似たかたちにさせられた。行動の言語によって、平等へのあこがれとメシア到来の夢とを表現したといえるだろう。

こうして宗教改革は、ヨーロッパ各地に拡大するにつれて、俗語による地方の口承文化の噴出をひきおこし、それまでは〈普遍〉〈ラテン語〉〈文字〉〈階級制〉の領域であった宗教において、完全な平等とはいわなくとも神のまえにおける人間の平等を望む傾向に拍車をかけた。それゆえプロテスタンティズムは、いまだかつてこれほど強烈に表現されたことのない民族《ナショナル》感情と民族《ネイション》の特異性の爆発として、まずとらえることができる。フス派はチェック人のものであり、みずからそう自称したあまり、ボヘミアのドイツ人に呼びかけることはなく、ポーランドでもたいした影響力をもたなかった。ルター派は、方針からしてドイツ的であり、その伝播もドイツの影響力のひろがりと同じ道程を通っていった。だからこそスカンディナヴィアでは成功をおさめたのに対し、ロマンス語圏では覚醒作用はあったものの挫折したのである。フス派の場合もルター派の場合も、宗教と民族的《ナショナル》アイデンティティの絆は、まず第一に使用言語によって保証されていた。同様に、カルヴァン派が支配的宗教になった場所は、ジュネーヴとフランドル――そこのプロテスタントの人々は、スペイン軍を逃れて北方にカルヴァン派を運んでいった――のようにフランス語を話す土地か、以前からフランスの影響を受けていたスコットランドのような土地であった。それ以外の場所では、導入はされても少数派にとどまっていた。たとえばリトアニア、ポーランド、トランシルヴァニアがそうである。他方、英国国教会は、完全に国家的・民族的《ナショナル》な宗教であった。宗教改革の諸潮流のなかでは唯一、三位一体に反対するソッツィーニ派のみが、とりわけイタリア、ポーランド、ハンガリー、ドイツの人々を信奉者にして、普遍的宗教への志向を保持していたようである。それゆえ、ソッツィーニ派の主要な著作家はラテン語で書き、その影響範囲は限られたままだったのである。

ローマ教会は、宗教改革に対して試みた伝統的方法が失敗したため、一五四〇年代以降、内部から教会を刷新、強化し、キリスト教の統一を再建しうるような一連の方策をとらざるをえなくなった。長い中断期間を含みながらもほぼ二十年にわたって続いたトリエント公会議（一五四五-六三年）の成果であるこの対抗宗教改革（カトリック改革）は、カトリシズムとプロテスタンティズム諸派との境界を薄めたり、教会自体の教育や活動のなかからプロテスタントが論拠を見つけたりするようなものすべての解消に取り組むことを主眼としていた。それゆえ公会議では、聖書の聖典の決定、聖ヒエロニムスの翻訳した聖書に対する特権的地位の賦与が決議され、あらゆる俗語版聖書は適切な当局の許可を必要とすることになった。また、いくつもの教義と秘蹟に関する教会の理論が正確に定義され、他方、各地の教会はローマ教皇庁に従属するとされ、教皇庁自体も効率を求めて再編成され、新たに結成されたイエズス会（一五三四年設立）を利用することになった。教会の規律、聖職者による信徒の管理も強化され、そのために作られた禁書目録（一五五九年制定）は、とりわけイタリアとスペインで強力な道具となり、異端裁判所の力もあずかり、ヨーロッパの他の地域からこの地方を二世紀間、知的に孤立させることになった。

カトリック改革は、他方、宗教改革が生まれる契機になった点にも取り組んでいった。すなわち、十五世紀から十六世紀前半にかけての高位聖職者の風俗や造形芸術に明確にあらわれていた聖と俗、キリスト教と異教の融合や、宗教の世俗への従属などが見直しの対象になり、それまでは容認されていた地方ごとの伝統や無数にあった固有の習慣が、以後は悪習として扱われるようになった。カトリシズムの統一を補強できそうなものすべてが強調され——だからこそラテン語の使用と典礼の一本化に力が注がれたのである——、信仰、礼拝、教会建築などから、いまや異質と見なされるようになった土着の民衆的な寄与がすべて排除された。こうして、とりわけ聖人伝が再検討されることになった。人文主義者と宗教改革者による批判の正当性を遅ればせながら暗黙のうちに認めた結果といえるこれら一連の処置すべては、つまり、紛争をともなうプロテスタント各派の教義的・民族的《ナショナル》な多様性に対して、民族《ネイション》を超越して統一的なカトリックの団結を提示することによって、プロテスタンティズムとは偶発的、個別的、一時的で変幻自在なエピソードにすぎず——それゆえ人間の産物なのだ、というわけである——、ローマ教会こそ必然的、普遍的で不変のまま持続する、つまり神が作りたもうたものなのだと主張することであった。

対抗宗教改革から生まれた教皇の政策とは、相変わらず当事者たちが教皇を首長にいただくキリスト教君主制として夢見ていたものではあったが、しかしながら、教会世界内部でさえ障害にぶつかったのであった。ローマが強制しようとした統一化に対する民族的《ナショナル》な反抗は、各地でイエズス会士との闘争をひきおこした。教皇に対する独立の姿勢をつよく示すフランスでは、この闘争は最初はフランス国民教会《ガリカン》の権利と特権を擁護するというかたちをとり、のちにはジャンセニスムとして表現された。イタリアでもヴェネツィアは、禁令にもかかわらず教皇の決定にそむきつづけた。教皇側はみずからの任務に固有な決定だと主張したのだが、ヴェネツィアは、主権国家の内政干渉にほかならぬと突っぱねたのである。他方、カトリシズムの団結を樹立しようとする教皇勢力の努力は、フランス対スペイン＝ハプスブルク家の戦争に妨げられてしまった。この戦争では、なんたることか篤信王〔フランス国王〕がキリスト教の仇敵たるトルコ人とプロテスタントのスウェーデン人と連合し、教皇選挙の会場は毎回、列強の戦場になったのであった。

八十年におよぶ内戦と対外戦争——とりわけドイツ、スイス、フランス、ネーデルラントにおいて——の後、十七世紀初頭には、ヨーロッパは四つの主要な宗派に分割されていた。カトリシズムは、いずれの場合も異端の巣を暴力で封じこめた末ではあったが、イタリアとスペインで独占的に支配していた。英国国教会は、イングランドに限定されていた。カルヴァン派とルター派は、スコットランド、ネーデルラント連邦共和国〔一五八一年独立〕になりつつあったネーデルラント北部、デンマーク、アイスランド、ノルウェー、スウェーデン、フィンランド、リヴォニア、プロイセンを支配していた。しかし、宗教的に分裂していた国はいくつもあった。ドイツとスイスは、諸宗派のモザイクといっても過言ではなかったし、フランス、オーストリア、ボヘミア、モラヴィア、トランシルヴァニア、ハンガリーもそうであった。ポーランドにはプロテスタントもカトリック信徒もいたが、リトアニアとの併合により、正教徒も多数存在した。一世紀後、フランスからプロテスタントが追放され〔一六八五年、ナントの王令廃止〕、オーストリア、ハンガリー、ボヘミア、モラヴィアをカトリシズムが奪還するとさらに明白になるのだが、宗派の分割は、ヨーロッパの南部と北部、すなわち「境界線《リメス》」付近をも含む古代ローマの版図と、かつての異民族《バルバロイ》の領地とにほぼ対応している。さらに正確にいうなら、いくつかの例外を除けば、プロテスタンティズムの勢力は北西から南東に行くにつれて弱まってゆくのである。こうして、同じ宗教信仰、典礼、儀式の暦に基づき、ローマを都として内部の境界線もなくひとつの聖なる空間として形成されていたヨーロッパの統一は、終わったのである。

第十一章　ヨーロッパの政治と軍事――中心地の移動

タタールの支配を脱し（一四八〇年、キプチャク汗国の宗主権から解放）、ライヴァルの諸都市を従属させようとしていたモスクワ大公国によって北東部を抑えられ、南東部ではトルコの圧力を受けていたヨーロッパは、十五世紀末、大海の征服に乗り出した。だが、そのための準備は、じつはすでにかなり以前から始まっていた。しかし、準備にかかわっていたのはポルトガルのエンリケ航海王子だけで、彼の船がアフリカの沿岸を岬から岬へと下っていったにすぎない。その後、赤道の通過、アフリカ南端への到達が達成され（一四八七-八八年、バルトロメウ・ディアシュ）、その十年後、ヴァスコ・ダ・ガマはインド航路を開き（一四九八年）、さらにその二十年後、マジェランは世界一周（一五一九-二一年）に向けて旅立った。それより前、スペイン国王（フェルナンド五世（在位一四七九-一五一六年）とイサベル女王（在位一四七四-一五〇四年））に仕えるジェノヴァ人コロンブスは、カリブ海の諸島（西インド諸島〕と、彼がアジアだと思った大陸を発見した。こうして十六世紀初頭に、新世界の征服が始まった。驚愕をひきおこし、好奇心や欲望をかきたてた奇妙な品々とともに、ヨーロッパには現地人の風習やヨーロッパ人の残酷さに関する報告も伝えられ、神学者や哲学者の討論の材料になった。だがそれ以上にヨーロッパ人の関心を引いたのは、貴金属の到来であった。とりわけ、まず金が、ついで十六世紀中葉のポトシ鉱山の発見〔一五四六年〕にともない、おもに銀がもたらされた。これらの金属を媒介として、史上はじめてアメリカは、ヨーロッパ人の生活に知らず知らずのうちに介入することになった。つまり物価の大変動が起こり、スペインに軍資金が与えられたのである。

しかし、神聖ローマ帝国とフランスが十六世紀前半に繰り広げていた戦争は、コロンブスとルターの時代よりも前の時代に属する。だがこの戦争には新しい特徴、以後の展開を予告するような特徴があった。それは、アラブ支配の最後の遺跡であったグラナダのナスル朝を征服〔一四九二年〕して間もないスペインが、アメリカの富の流入に乗じて参戦したことである。しかし、相変わらず古来の王家の争いに起源があり、長い間皇帝カール五世と国王フランソワ一世の騎馬戦による決闘といった様相を呈していた。真の意味で近代的な戦争は、この戦争が終結してからほぼ十年後に勃発するのである。

この戦争〔オランダ独立戦争、一五六八‐一六四八年〕の原因は、ネーデルラントにおける宗教改革の進展と、それを是が非にも抑圧しようとするスペイン国王〔フェリーペ二世。在位一五五六‐九八年〕――ハプスブルク家の親族封《ほう》として、スペインはいまや神聖ローマ帝国〔カール五世の弟フェルディナント一世が相続〕から分離することになった――の意志にあった。初期には、王国の資源の大半を動員し、外交政策の主要方針も戦争を唯一の目的として決定し、現地においては軍人と市民の別なく、陸海双方から全面戦争として推進された。当初は宗教戦争であったが、しだいに民族独立戦争へと変わっていった。第一幕は四十年続き、ネーデルラント国民《ネイション》という新たな国民とネーデルラント連邦共和国〔一五八一年、独立宣言〕という国家が誕生した。この国家が独創的といえるのは、宗教的な寛容、さらに広い意味で思想の自由を確立したからだけではなく、紛争はあったものの都市門閥と軍人貴族、大洋交易と領土所有とを統合した政府を作ったからでもある。

しかし、疲弊しながらもなおヨーロッパの政治の舞台で主役のひとりをつとめていたスペインにとって、最悪の事態はこれからであった。一五八〇年代になるとネーデルラントの戦争はイングランドに波及し、スペインは海戦で大敗を喫し〔一五八八年、大アルマダの絶滅〕、アメリカのスペイン植民地は私掠船《マーチャント・アドヴェンチャラーズ》の攻撃を受けた。同じ頃、この戦争の影響でスペインとフランスの関係も悪化し、数年間は対立状態が続いた。その後、長い休戦〔一六〇九－二〇年〕の後、一六二〇年代初頭にスペインとネーデルラントの戦争は再開された。これはすぐにスペインとフランスの戦争に転じ、再開してから四十年後にようやく終結するのだが、ほぼ百年前に戦闘が始まったときからすればヨーロッパは一変していた。当初スペインに併合されていたポルトガルは独立を取り戻していたし〔一六四〇年〕、英国とネーデルラント連邦共和国は、いまや海上の大勢力としてアメリカとアジアに進出し、その貿易によって巨富を蓄積しつつあった。フランスは大陸を支配しており、力を楯にフランシュ＝コンテを合併したため〔一六七八年、ナイメーヘン和約〕、かつてスペインからネーデルラントに軍隊と資金を送るために使われていた「スペイン街道」は消滅した。十八世紀初頭、ネーデルラント南部とミラノ公国は、婚姻によってオーストリアの所有になった〔一七一三年、ユトレヒト和約〕。さらに二十年たつと、諸王家の連合政策によってスペインはナポリとシチリアを手放す〔一七三八年、ウィーン和約〕。しかし、ヨーロッパにおけるスペインの役割は、この時点よりはるか以前に終わっていたのである。

ヨーロッパの反対側でハプスブルク家もまた、スペインと同じように対抗宗教改革の政策を実行しようとつとめていたが、その政治的・宗教的環境はまったく異なっていた。たしかにそれまで、神聖ローマ帝国の統一が実体をともなう場合はまれであった。しかし十六世紀後半、ドイツで宗派の分裂が決定的になったとき、この統一は、かつてないほど虚構の様相を呈していた。神聖ローマ帝国皇帝の称号を有するハプスブルク家は、当初は、十三世紀以来の世襲領であるオーストリア公領にしか基盤をもっていなかった。ボヘミアとハンガリー（かつての領土の西側部分に相当）の両王国では、ハプスブルク家は、即位のたびに、彼らの行動範囲をせばめる基本的な法への従順を誓い、異端——オーストリア内部ですら異端は多かった——に寛容でなくてはならない選出国王でしかなかった。したがって、カトリシズムの再建は、王権の強化、決定の中央集権化、貴族諸侯の特権の廃止と一対になっていたのである。しかし、優先権をもっていたのは、政治的な方策であった。

世襲領においても、ボヘミア、ハンガリーにおいても、ハプスブルク家の政策はまず、旧来の貴族特権と宗教特権を徐々に奪還し、古来の教会制度を再活性化し、イエズス会をはじめとする新たな組織の定着を援助し、とくに貴族階級のなかでカトリシズムへの改宗を推進することにあった。最初の武力衝突は一六一〇年代末、ボヘミアで起こった（一六一八－二三年、ボヘミア＝プファルツ戦争）。それはなんら驚くにはあたらない。なぜなら、ボヘミアこそ貴族特権と宗教特権が最も深く根づいていた土地だからである。しかし、反乱と敗戦（一六二〇年、ビーラー・ホラの戦い〕に続いては容赦ない弾圧が行なわれ、王国は古来の独立のしるしをすべて失い、貴族身分の財産は大規模に没収された。さらに、カトリシズムへの改宗が強制され、プロテスタンティズムに忠実な貴族と市民は多数亡命し、牧師は追放された。ドイツ化が進められ、教区組織の網目、司祭養成、修道会が再建されるものの、完成にはいたらなかった。また、私生活、読書、歌に関しても監視が行なわれた。同一の措置の対象になったボヘミアとモラヴィアは、対抗宗教改革の実態と性質を知るための好例といえるだろう。

ボヘミアで開始されたカトリック側の反撃はドイツでも続けられ、プロテスタントの抵抗をひきおこした。つまり、デンマークがまず参戦し〔一六二五－二九年、デンマーク＝ニーダーザクセン戦争〕、ついでフランスと連合したスウェーデンが戦争に介入してきたのである〔一六三〇－三五年、スウェーデン戦争〕。しかし、相次ぐスウェーデンの戦勝を契機として、今度は神聖ローマ帝国側で、ネーデルラントと戦闘中だったスペインが介入することになった。さらに、スウェーデンに対してスペインが勝利をおさめたために、フランスが巻き込まれ〔一六三五－四八年、スウェーデン＝フランス戦争〕、ついに全ヨーロッパ的戦争になったのであった。なぜなら、参戦していなかったのは、ハプスブルク家に資金を提供する教皇領を除くイタリア諸国家とイングランドだけだったからである。ヨーロッパ規模の戦争であると同時に、宗教戦争でもあった。もちろん、こうした規定に関する例外と思われるような事象にはこと欠かない。たとえば、カトリックを敵にまわしたフランスがそうである。また、状況に応じて連合する相手を変え、宗派の団結より自己の利害を重視したものも、たとえばザクセン選帝侯のようにドイツ諸侯のなかにはいた。とはいえ、この「三十年戦争」〔一六一八－四八年〕——実際には、十六世紀後半に始まり十八世紀初頭にようやく終結する一連の紛争なのだが——と呼ばれる戦争において、主要な衝突は、リシュリューのフランスを除く対抗宗教改革の諸国家と、プロテスタントの諸国家との間で行なわれたのである。

十七世紀半ばにようやく迎えた紛争の終結〔一六四八年、ウェストファリア条約〕は、カトリック側の敗北にほかならなかった。スペインはネーデルラントの独立を承認したし、ハプスブルク家もボヘミア王国を保持したとはいえ、神聖ローマ帝国の宗教的分裂を決定的なものと認めた。この重大な譲歩によって、じつはハプスブルク家は、ドイツ統一のための何らかの政策をもつ資格を喪失したといえる。たしかにドイツで皇帝の役割をもちつづけるとはいえ、その実質はもはや空《から》であった。したがって、以後、彼らの視線は南東へ向かうことになる。ナポレオンによって公式に解体させられる〔一八〇六年〕より百五十年以上も前に、ドイツの神聖ローマ帝国は事実上、オーストリア帝国になったのである。

ネーデルラントとドイツを舞台にしたこれらの事件すべての背景には、トルコの圧力があった。たしかに、イタリアにトルコ軍が上陸する事態を恐れる時代ではなくなってはいたが、トルコの船団は相変わらず地中海におり、西ハンガリーとオーストリアの脅威となり、ポーランド南東部には直接攻め寄ってきたし、クリム汗国の宗主としてクリミア東部地方やロシアにタタールの軍勢を派遣してきた。相変わらずヨーロッパ全体にとってトルコこそ第一の敵であった――もちろん、だからといって交渉や貿易が行なわれなかったわけではないが。

しかし、一六八〇年代初頭、トルコ軍のウィーン攻囲が敗北（一六八三年、カーレンベルクの戦い）に終わったとき、力関係の逆転が生じたといえる。二十年足らずのうちに、ハンガリーのほぼ全域はトルコ支配から解放され、トランシルヴァニアとともにハプスブルク家の傘下にある西ハンガリーと併合され、ロシア＝トルコ間の国境も南下していった。その後、さらにトルコの後退は続く。十八世紀末には、オーストリアは南スラヴ人の居住地帯の一部を征服し、ロシアはクリミアを併合した（一七八三年）。トルコはもはや、ヨーロッパにとって危険ではなくなり、「東方問題」の対象になったのである。

南西部のスペインと並んで、ヨーロッパ北東部ではポーランドが、十六世紀末には一大強国になっていた。さて、この時代から始まる、スペインとポーランド両国にとって国際環境のなかで脅威となる事象とは、いくつもの新国家の形成と古来の諸国家の近代化であった。しかしながらこの点で、ポーランドにはひとつの特殊性があった。それは新旧諸国家が、すべて直接に国境を接していた点である。ポーランドは、しかし、一方で北方の国境ではホーエンツォレルン家——それゆえポーランドに宗主権がある——が統治するルター派のプロイセン公国〔一五二五年成立〕の存在を容認しながらも、他方、全ロシアを支配する国家を建設し、東方への拡大を推進しながら西欧との接触を求めていたモスクワ大公国との戦争に、一五七〇年代から突入していった。〈第三のローマ〉〔正教の避難所としてのモスクワ〕の破壊ばかりか離教者の改宗さえも主要目標として掲げたこの戦争は、いずれの目的の実現も見ないまま、和約によって終結した。その後十七世紀前半、ロシアの内政に干渉しようとしてポーランドはさまざまな試みを繰り返したが、すべて失敗に終わった。さらに、カトリシズムと正教会の連合樹立も、この戦争の延長線上に位置づけることができる。しかし、正教徒のごく少数派にしか受け入れられなかったため、ポーランド東部で多数の紛争が起こる原因となり、その騒動は十七世紀中葉のコサックの一大暴動〔ボグダン・フメリニツキー（一五九五－一六五七年）が指導した反乱〕で頂点に達したのである。

同じ頃、ポーランドはスウェーデンとの戦争にも突入していった。これは、半世紀以上前に、対抗宗教改革の名のもとに十字軍を遂行しようとする夢と不可分であった諸王家の野望によって当初は始められた戦争の終幕にあたる。実際、一五八〇年代末には、スウェーデンを支配する家系のなかでカトリック系統のひとり〔ジグムント三世ヴァァサ。在位一五八七－一六三二年。一五九二－一六〇四年スウェーデン王〕がポーランド国王選挙に名乗りを上げ、自国を奪還するとともにスウェーデンをローマ教会の傘下に戻そうとしたのである。一方スウェーデンは、バルト海南部のリヴォニアを狙って拡張政策を推進している最中であった。このふたつの傾向の衝突は戦争に転じ、スウェーデンのドイツ侵攻によって中断された。ドイツに平和が戻ったとき〔一六四八年、ウェストファリア条約〕、スウェーデンはポンメルンに拠点を確保していた。しかし、スウェーデンの拡大はポーランドを侵害するほかはなかった。戦闘によりスウェーデンは勢力を弱めたが、同じ時期にスウェーデン以外にトルコ、コサック、ロシアとも戦っていたポーランドの国力には、破産と疲弊しか残されなかった。

ポーランドの北西国境においては、プロイセン公国は、ポーランドの抵抗にもかかわらずブランデンブルク選帝侯国との統一によって領土拡張に成功したばかりか、ポーランドの宗主権を放棄させ〔一六五七年、ヴェーラウ条約〕、さらに神聖ローマ帝国の裁判権からも解放された。十八世紀初頭、プロイセンは王国の地位を得た〔一七〇一年、フリードリヒ三世（一世）のプロイセン王即位〕。これは、新しい力関係のしるしであると同時に、オーストリアとの戦争をはじめとする一連の戦争を通じて、プロイセンがドイツ諸国家のなかで最強の国家となり、一大地方勢力になってゆく長い拡大の時期の開始でもあった。ポーランドは南方ではオーストリアと接していたが、オーストリアもまた、ドイツでの相次ぐ失敗にもかかわらず、トルコから奪った領土によって国力を上げていた。オーストリアが支配する人口の規模は、この国をヨーロッパの一大強国にするものだった。最後に、ポーランドの東方を見てみよう。ポーランドと接するロシアもまた、十七世紀末から、強国の仲間入りをめざす苛烈な競争に参加していた。スウェーデンとの戦争に勝利をおさめてバルト海南部に「窓」を開いたロシアは〔一七二一年、ニスタットの和約〕、南方では黒海に向けて領土を拡大し、東方ではシベリア征服を推進し、ドイツに軍勢を送ることでヨーロッパの舞台に登場してきた。十八世紀にポーランドは、周辺の三強国〔ロシア、プロイセン、オーストリア〕にいずれ分割される以前から、じつはロシアの保護国になっていたのである。

十七世紀初頭のヨーロッパの政治地図と、十八世紀末のヨーロッパの政治地図を比較してみると、ほかにいくつもの領土の変更があったことがわかる。そのなかには、フランスによるアルザス併合〔一六八一年、ストラスブールを併合〕や旧来のサヴォイア公国のサルデーニャ王国への昇格〔一七二〇年〕といった、将来に重大な影響を及ぼす変化もある。しかし、比較によって明らかにされる最も重要な現象は、力関係の変動と同時に、それと並行して起こった、諸勢力の活動領域自体の方向転換である。十七世紀初頭のヨーロッパ全体の政治は、ローマ時代末期以来変わることのない南北方向の軸、すなわちバルト海と地中海、スカンディナヴィアとイタリア、ドイツ的要素とラテン的要素、プロテスタンティズムとカトリシズムといった二極をもつ軸に沿って展開していた。これらの極のいずれかをそれぞれ中心とするこのふたつの領域を分ける境界線は、古代の「境界線《リメス》」の近くを通り、ドイツを東西に区切っていた。宗教改革までは南の極に引力があり、北の極が送信する側であった。宗教改革は、北に引力をもつ極を作り出した。それは、宗教の分野ではローマに対するヴィッテンベルクとジュネーヴであり、文化の領域ではスペインとイタリアに対するネーデルラントと英国の存在である。スペインとオーストリアとポーランドは対抗宗教改革の三つの主要な輸出国として、南が北を支配していた古来のヨーロッパ南北関係を回復しようと努めたのである。

さて、対抗宗教改革を拡大しようとするこれら一連の試みの結果は、それを企てた国家の周縁化（スペイン）か消滅（ポーランド〔一七九五年〕）であった。唯一オーストリアが例外でありえたのは、適当な時期にトルコとの戦闘に方向を転換したからである。それと並行して、貴族制の共和国がすべて独立を喪失し、消滅したという現象も見られる。たとえば、形式的には君主制であったハンガリー、ボヘミア、ポーランドがそうである。また、共和制を掲げるヴェネツィアとジェノヴァの場合、両国の十八世紀の政治生命はオーストリアの陰でかろうじて保たれていたにすぎず、いずれナポレオンの到来とともにとどめの一撃が加えられる〔一八〇五年〕。他方、新しい国家が出現し（ネーデルラント、オーストリア、プロイセン）、古来の国家が十七世紀以降近代化する（英国、フランス、サルデーニャ王国、スウェーデン、ロシア）という事態にもわれわれは立ち会う。

これら三種類の傾向は、相互に影響を及ぼしあいつつ国際関係を変えていった。ヨーロッパの命運を握る列強は、十七世紀初頭には教皇領、ヴェネツィア、スペイン、フランス、神聖ローマ帝国、ポーランドといった国々であった。それが十八世紀末には、英国、フランス、オーストリア、プロイセン、ロシアになる。ただフランスだけが、ふたつの時代の地政的布置のなかで同じ地位にいるのである。かつてはヨーロッパにおける紛争の軸が南北方向の軸であったが、十八世紀末には、新たに東西方向の軸が基本軸になった。いまや、ふたつの極は、大西洋とウラル山脈、英国——いずれアメリカが登場する——とロシア、アングロ＝サクソン世界とスラヴ世界、宗教的自由と正教、議会制と専制的ツァーリズムという具合になっている。相変わらず境界線が通過するのはドイツだとはいえ、今度は、ほぼエルベ河のあたりを垂直に区切っているのである。

第十二章　第二のヨーロッパ統合——文芸共和国

宗教改革がひきおこした分裂にもかかわらず、ラテン・キリスト教世界の知的エリートは、〈スコラの極〉と〈人文主義の極〉という二極をもつ同じ文化に相変わらず属していた。この二極は、カトリック陣営でもプロテスタント陣営でも教育機関のなかで実現されていた。すなわち、学院《コレージュ》でラテン語習得から修辞学の勉強へと進む一方で、大学では、神学・哲学・医学・法学以外に古代の著作家たち——弁論家、歴史家、詩人——に注釈が施されるのであった。これらの学校を卒業してから文芸に身を捧げる人たちは、「文芸共和国《レスプブリカ・リテラリア》」に属するという特権をもっていた。この「文芸共和国」は「文芸《ボナエ・リテラエ》」に対する崇拝で結ばれており、すでに十六世紀初期から独自性を自覚した人々によってヨーロッパ各国に普及していた。その共通語はラテン語であり、ラテン語を用いて成員はたがいに書簡を交わし、旅先で出会えば話しあい、著名な出版業者が刊行する同一の本を読んだのである。たとえば、死後も長い間影響を与え続けたヴェネツィアのアルド・マヌッツィオ、バーゼルのアーメルバッハとフローベン、アントウェルペンのプランタンといった出版業者が挙げられるし、パリ、リヨン、デヴェンテル、ケルン、アウクスブルク、クラクフなどの都市にも集中して出版業者がいた。「文芸共和国」の指導者、至高の英雄にして権威だった人物はエラスムスであったため、彼の住むバーゼルは人文主義者の国際的連合の中心となった。エラスムスの死〔一五三六年〕後は、数十年間も中心不在の状態が続いたほどである。

フランスで宗教戦争が終息し、ナントの王令〔一五九八年〕によってカトリックもプロテスタントも以後は平和に暮らすことができるようになったとき、パリはふたたび、ヨーロッパの知的な都になった。たしかに、パリはネーデルラントほど自由ではなかった。しかし、スペインは論外として、ヴェネツィアを含むイタリアやジュネーヴよりは、はるかに自由であったし、戦争に荒らされていたドイツよりも平穏であった。だからこそ、聖俗双方の歴史考証、数学、哲学といったあらゆる領域で、学問研究が開花したのである。こうして、「文芸共和国《レスプブリカ・リテラリア》」のなかで特別な地位をフランスの「文芸共和国《レピュブリック・デ・レトル》」が獲得することになった。もちろんラテン語は国際的に教養人の相互理解の言語ではあったが、時代とともにフランス語の場が拡大していった。なぜなら、パリでこそヨーロッパの学問的な書簡が交わされていたからであり、それに、時期に応じてディジョンやエクス＝アン＝プロヴァンスといったフランス国内の小型の拠点との交流が加わったからである。また、国外の学者が何年にもわたって滞在することがあったのもまた、パリであった。

十七世紀末、フランスでは宗教の自由が終わりを告げた。ルイ一四世の決定〔一六八五年、ナントの王令廃止〕によって追放されたユグノー〔カルヴァン派プロテスタント〕は、ネーデルラント、イングランド、プロイセンやスカンディナヴィアの諸王国に移住した。しかし彼らは、亡命を余儀なくされた最初のプロテスタントではなかった。同様の境遇の人たちは十六世紀にも多数いたし、一六二〇年代から三〇年代にも、有名なコメニウスをはじめとするチェック人移民の波があった。また、一六五〇年代末には、ポーランドから追放されたソッツィーニ派の、少数ではあるが知的にはきわめて活発だった亡命者の波もあった。しかし、フランスを離れていったユグノーは、これら先行する人たちより数のうえでまさっており、しかも教養人を相当数含んでいた。さらに、人々がフランスの宮廷、軍隊、知的活動に関心を抱いていたことも幸いした。ユグノーの学者、企業家、銀行家、軍人たちは、亡命先のエリートにとけこみ、彼らにフランス語とフランス文化や、パリで起こることへの好奇心をもたらした。他方、ユグノーの編集者や出版業者は、とりわけネーデルラントを起点として、ヨーロッパ規模での書物と定期刊行物の販売網を創設した。彼らは素早く上手に印刷し、ほかのどこでも刊行されえないような文献を出版した。こうして彼らは、「文芸共和国《レピュブリック・デ・レトル》」に基盤を与え、フランス語をヨーロッパのエリートの国際語にしたのである。

　ユグノーの亡命者の世界のなかに、ピエール・ベールがいた。ベールがフランス語の「文芸共和国《レピュブリック・デ・レトル》」のなかで演じた役割は、ラテン語の「文芸共和国《レスプブリカ・リテラリア》」でエラスムスが演じた役割に匹敵するものである。ベールこそ、「文芸共和国」の理論家、立法者であった。彼が広める思想は、「文芸共和国」のなかにひろまっていた意見を明確にし凝縮したものだったが、それによれば、特殊、偶発的、局地的なことすべてに対して自立する個人と同じように自由な国として、「文芸共和国」は考えられている。理性的な人間の集まりである以上、その市民となるには本人の完全な同意が必須であり、生まれながらに与えられる共同体との絆や外的束縛で強制される共同体との絆、それに個人的な情熱はすべて捨て去らなくてはならない。すなわち、「文芸共和国」の市民は、現実の社会的地位がなんであれ、実質上は全員が平等であり、共通の作業に各人がどれだけ貢献するかによって生まれる序列だけが認められていた。言い換えれば、「文芸共和国」に加わる際、人は宗教上の所属や、国家と民族だけでなく家族への忠誠も放棄するのである。国家・民族・家族などはすべて、偶発的、局地的、特殊なものと見なされ、人間に本来固有のものではないと規定され、唯一理性《レゾン》だけが、普遍・必然・全体をあらわすとされるのである。作品の価値は理性との一致にのみ基づく以上、あらゆる個々の参照系からは独立した視点、客観的な視点から作品は生み出すべきであり、この要求を満たすなら、普遍的な価値に到達するとされた。

「文芸共和国《レピュブリック・デ・レトル》」のこのような見方は、現実のいかなる社会にも呼応してはいない。これは理想、つまり方針であると同時に夢想でもあったのである。とはいえ、この理想を信じる人々には、国家を超え宗派を超越した共同体、知的活動のかたちとしてのヨーロッパに所属するという感覚が与えられた。それと同時に、個々の人々が相互の関係において従ってゆくべき倫理の基礎も据えられたといえよう。この見方はまた、この共同体の利益を擁護し、その規範に実効性を賦与できる制度を作るように試みるべきだと促すものでもあった。みずからの主張の証拠を提出しなくてはならないという義務が「文芸共和国」のなかで日増しにひろく尊重されていった理由としては、理性的な存在がその他の理性的な人たちを相手にする以上、納得するにせよ破棄するにせよ、その前にいかなる主張でも相手が検証できる必要があると認められていた点がまず挙げられるだろう。たとえば、カトリック信徒でありながらカルヴァン派、ルター派、いやソッツィーニ派の信徒とさえ文通をする――論争や改宗を目的とはせずに――のは、「文芸共和国」の一員として、もうひとりの「文芸共和国」の成員と交流をもっているがゆえである。同様な動機づけによって、他人の研究を援助したり、相手の宗派や国籍と関係なく書斎や図書室を開放してやったりするという行為が説明できる。これらの行動が学問の世界で大勢を占めていたか否かはともかく、「文芸共和国」への帰属意識が、しばしば現実の効果をもたらしたのはたしかである。

人文主義《ユマニスム》から生まれた「文芸共和国《レスプブリカ・リテラリア》」は、寓話から数学までのあらゆる内容の古代文献に応用された文献学と文芸とに筆頭の地位を与えていた。しかしながら、十六世紀初頭からすでに、後に「文芸共和国」が重視することになる傾向があらわれ始めていた。新世界の発見は、新世界の動植物に対する大いなる好奇心をかきたてたが、それ以上に、新世界に住む人々の信仰、風俗、習慣、王国への関心が盛りあがった。そして、十四世紀から広汎な読者層に対して成功をおさめていた旅行記に新しい威厳が与えられ、以後、旅行記のジャンルは、驚異について語るだけでなく、人類学的・哲学的な意味をも担うようになったのである。とりわけ注目すべきは、トーマス・モアの『ユートピア』〔一五一六年〕が開幕を飾り、その名にちなんでユートピア文学と名づけられることになった新しい文学ジャンルの誕生である。

この『ユートピア』は、人文主義者のたわむれ、架空の旅行、キリスト教倫理の名による当時のイングランドに対する批判であると同時に、個々人の幸福を保障できる安定した社会に関するプラトン主義的な瞑想でもあった。十七、十八世紀には『ユートピア』を模倣した作品が多数、生まれることになる。

ユートピア文学のあらゆる作品のなかで、旅の主題は、当時流行だったもうひとつの主題と交叉している。つまり、権力、国家、法という主題である。とりわけ、新しいという理由か——イタリアの君主、たとえばフィレンツェのメディチ家がそうであるように——、国家のなかに新機軸を導入したことで古来の憲法——けっして文書化されたことはなく、内容は議論の的になるとはいえ、エリートの合意なしには触れてはいけない基本的法律と見なされている憲法——を歪めたという理由によって、伝統的な正当性を欠いた権力の問題である。このような権力の中心課題は、権力の保持者には統御できないような運に左右された政治環境のなかで存続を確保するために必要な手段に関するものであった。マキアヴェッリは、フィレンツェにおける自分の経験と、古代ローマ史および当時のイタリアとヨーロッパに関する知見をもとに、この問題を提起し、彼が実際に見た解決策に博物学者のようなまなざしを向けた。つまり、倫理的な規則や宗教的な掟を尊重するためにいかに行動すべきかではなく、実際問題として、どうしたら権力の維持という目的を達成できるかを考えたのである。

宗教に対する政治の自律性を主張するこのような接近法は、多くの反論をひきおこした。「マキアヴェリズム」という語は、明確に軽蔑的なニュアンスを与えられて、十六世紀以降、大半のヨーロッパの国語に導入された。とはいえ、マキアヴェッリ的な手法が国家間の関係ならびに国家と国民の関係に応用されたのはたしかである。国家間の関係に関しては、すでに十六世紀から「国家理性《ラジオン・ディ・スタート》」の観念が採用された。すなわち、諸国家よりも上位に位置すると自称する教皇によって守護される「キリスト教共和制《レスプブリカ・クリスティアナ》」の原則を無視して、国家が主権者としてみずからの利益を定義し、しかも宗教の禁止に関係なく手段を選択して利益を守る権利があることを正当化する思想である。第二の問題、つまり国家と国民の関係においては、自然法ないし実定法によって、国民に対する国家権力の制限を定める問題が提起されることになった。敵から「マキアヴェッリ的」と形容されることになる、この問題の解決案は、法によってほとんど限定されない絶対権力を正当化するものであった。しかし、この正当化は、キリスト教的観点からもなされていたのである。この権力は賢人、あるいは時代錯誤的な用語を用いるなら「知識人」と、いったいいかなる関係をもつべきなのだろうか。「文芸共和国」における大勢の答えは、ピエール・ベールの答えに代表されるものだが、法を遵守する賢人と、偏見、情熱、狂信などに左右される民衆とを対比する見方であった。一方で国家は民衆を抑圧して、とくに宗教的理由による暴動を起こさせないようにすべきであるが、他方、公共の秩序を紊乱《びんらん》しないかぎりで思想の自由を賢人には許すべきだというのである。マキアヴェッリの教えに従い、国家は宗教に奉仕してはならず、国家の第一の役割は、国民の平和を保障することにあった。

世界と政治に新しい視線を投げかける一方で、ラテン語の「文芸共和国《レスプブリカ・リテラリア》」は、自然を新しく研究することも開始し、それはフランス語の「文芸共和国《レピュブリック・デ・レトル》」によって引き継がれ、深化させられた。たとえば、まずラテン語の、ついでフランス語の「文芸共和国」のなかで、まったく常識に反するコペルニクスの思想が議論された。また、ヴェサリウスとハーヴィとともに、死体が切り刻まれ、解剖組織があらわにされた。光学実験や天体観測が行なわれ、ケプラーとともに天体の運行法則を発見しようという努力がなされたし、多くの人が重力の法則を調べた。磁石が引きあうのはいかなる力によるのかといった興味が示され、動物・植物・鉱物の分類が行なわれ、幾何と代数の諸問題が解決された。こうして、観察器具と測定器具を媒介とした認識という、自然の物体を知る新しい手法の発見をガリレオが告げたとき、人々の反応は速かったのである。さてこういった認識の結果は日常言語では叙述できない以上、そのために数学的な統辞を備えた専門用語を発展させる必要があった。それゆえ、とくにデカルト、ライプニッツ、ニュートンらが、それぞれの分野でそれまで通用していたアリストテレスとプトレマイオスとから決別した新しい物理学と新しい天文学に専門用語を与えることになった。

十七世紀初頭のガリレオと十八世紀末のラプラスの間の、この諸々の新しい科学の形成期ほど、知的活動が国際的だった時代はなかった。ちょうど両者の中間に、ガリレオの業績に基づき、ラプラスの天体力学を基礎づける万有引力の法則を提唱したという点で両者を結びつけるといえるニュートンの仕事が位置づけられる。この活動の出発点にはひとりのポーランド人〔コペルニクス〕がおり、その後イタリア、ドイツ、フランス、オランダ、英国、スイスといった国の人々が参加した。博物学の分野もまた転換期にあったが、ここではさらに、デンマーク人とスウェーデン人が見受けられる。彼らの仕事から徐々に浮かびあがってくる新しい世界像は、粒子と力からなり、法則に支配された世界であり、過去のある時点を適当に選んだときにそのすべての構成要素の状態を知っている者なら、誰にでも世界の未来の状態を予測することができるとされた。

この新しい世界像は、新しい哲学を要求していた。その哲学を最初に明確にした人物こそデカルトであったが、彼の仕事は、個々の参照系すべてから離れ、絶対的に客観的な、理性と外延を同じくする視点を出発点とするものだった。新科学と新哲学はともに、キリスト教の到来以来ヨーロッパ史のなかで起こった、伝統との最も根底的な決別の口火を切ったといえる。まず、それまであらゆる思想の最も一般的な枠組みであったものが徐々に変えられていった。その枠組みとは、あらゆるものを〈見えるもの〉と〈見えないもの〉というふたつのカテゴリーに分類し、〈見えないもの〉に関してはさらに、〈知りうるもの〉と〈信じられるもの〉とに分ける枠組みである。実際デカルト以来、〈見えるもの〉と〈見えないもの〉とのかたわらに、〈観察しうるもの〉という第三のカテゴリーが挿入された。また、〈見えないもの〉については、いまや、スピノザに従って「幾何学的に（more geometrico）」存在が証明されたものしか、必然的な明証性をもつとはされなくなった。それからほぼ二世紀後には、こうして提唱された問題系によって、ヒュームとカントの手により旧来のカテゴリーの枠組みは破壊されることになる。

観察器具と測定器具が徐々に人間と自然の間に介在するようになっていたとき、過去を対象とする学問にも、媒介に関する認識が同じように進入してきた。『コンスタンティヌス帝寄進状』をはじめとする教皇の世俗的野心を破棄する態度から生まれた近代的な史料批判は、外側から史料を保証するとされる権威を検討するのではなく、史料の内的性質と内容に取り組むという特徴をもっている。つまり、過去は時代的に遠くても、残された遺蹟を媒介として知ることができるという前提にたつのである。このような批判の方法が精密化されてゆく一方、その応用範囲もひろがっていった。それはとりわけ、初期教会、教皇の系譜、信仰に関する習慣と制度の起源をめぐる論争が宗教改革によって始まって以降の現象である。他方、国家もまた、国家の要求事項を正当化したり権利を擁護したりする研究を援助した。裁判権をめぐる係争、さまざまな君主に属する領土の絡み合い、封建関係の存続といった事態にこと欠かない当時、この研究は必須のものであった。おもに法学者によって実践されたこの研究は、古い史料を発掘し、それを批判する方向へと向かわせた。こうして、文芸の一領域たらんとした人文主義的歴史学のかたわらに考証の領域が形成されてゆき、そこでは、過去の研究が神学と政治に奉仕するのであった。

こうして、史料批判は精緻にされていった。しかし同時に、論争の参加者はそれぞれ自分の信仰や国家的忠誠の絆に縛られている以上、歴史上の命題を承認するか拒否するかの基準に関する合意の形成は妨げられてしまった。たとえばピュロン派（懐疑論者）によれば、過去は認識される対象どころか、過去については信条を述べることしかできないとされた。しかし、歴史研究においてはプロテスタントがカトリックと協力し、たとえ戦争中であってもイングランド、フランス、ネーデルラントの間で史料が交換されるようなヨーロッパ規模の事業であったため、「文芸共和国」への帰属感とその規範の尊重とによって、ある同意の場は作られることができた。

スペイン領ネーデルラントのイエズス会士の集団「ボランディスト（ベルギーのイエズス会士ヨハネス・ボランドゥス（一五九六－一六六五年）に由来する名称）」は、トリエント公会議の決議を実行して聖人伝のなかから伝説的要素を排除しようと努めたため、他の修道会との論争に巻き込まれることになった。敵対した修道会のなかには、フランスにおける修道院史研究の一大中心になっていたベネディクト派のサン＝モール会（一六一八年創設）があった。この論争は、イエズス会士たちが偽書と断定したある種の史料の信憑性にかかわっていた。しかし、ベネディクト派のマビヨンが、問題の文書に関して真偽を区別する基準を提唱し、この立場に根拠のないことを証明したとき、彼の論拠は敵方からも決定的だと認められたのだった。こうして十七世紀末、公文書学《ディプロマティック》（マビヨンの著書『古公文書について《デ・レ・ディプロマティカ》』（一六八一年）に由来する名称）によって、過去についての媒体の認識に基づく歴史学の最初の分野が形成された。そこでは、「文芸共和国」の信念を出発点とする歴史家の客観性の観念から、学問の基準と規則についての合意が可能にされたといえる。公文書学に続いては、同じような手続きによる他の学問も作られていった。たとえば、古文書学《パレオグラフィ》、歴史地理学、年代学がそうである。また、史料校訂の原則も精緻にされ、体系化の試みが行なわれた史料批判の手段は聖書の研究にさえ応用されるようになった。

媒体の認識を自然研究と歴史研究に導入することは、「文芸共和国」の内部再編成と並行していた。十六世紀後半、まずイタリアで、「文芸共和国《レスプブリカ・リテラリア》」から派生したアカデミーが普及しはじめた。この社交の場では、珍品や考証に関する事項について討論し、文学作品を読み、言語について討議し、音楽を演奏し、ときに見世物まで上演することさえあった。芸術と学問が混淆したこのような雰囲気のなかで、オペラが誕生したのである。オペラは十六世紀末、フィレンツェで生まれ、ローマとヴェネツィアで勝利をおさめた後、全ヨーロッパを征服したのだった。同様に十七世紀には、ローマ、パリ、ロンドンで私的集団が結成され、そこでは、実験が行なわれ、目新しい発見の議論がされ、自然観察、数学、古代史研究や民族史研究、新刊書、あるいは、たんに最近の出来事についての会話がなされた。スコラ文化に支配された大学が知識の生産を保証できなかったこの時代——パドヴァやレイデンのような少数の例外は除く——、新しい科学と歴史学が形成されたのは、このような私的集団における情報交換を通してであった。

ロンドンの王立協会《ロイヤル・ソサイエティ》（一六六〇年結成、一六六二年チャールズ二世によって認可）、パリの王立科学アカデミーと王立碑文・文芸アカデミー（それぞれ一六六六年と一六六三年、コルベールにより創設）、プロイセンの首都ベルリンの王立科学協会（一七〇〇年創設）、ロシアの新首都の帝国サンクト・ペテルブルグ科学アカデミー（一七二五年創設）など、一六六〇年代以降、オーストリアを除くヨーロッパ新体制の支配国では学者の公式的組織が、学者の発意か権力者の発案によって創設された。十八世紀には、その他の国々にも設けられるようになる。これらの機関は研究推進を助け、その結果を公表する場を提供したとはいえ、同時に、学者を国家の管理に従属させるものでもあった。科学を認知し、高い地位におく一方、科学を権力と威光の道具にすることをも目指すのである。それゆえ、相対するふたつの利害の衝突——通常隠されてはいるが——の結果が、これらの組織の方針になるのだった。

十七世紀末、雑誌の数もまたふえ始めた。そのなかには、『ジュルナル・デ・サヴァン』（パリ）（コルベールの「小アカデミー」により一六六五年創刊）、『王立学士院会報《フィロソフィカル・トランザクションズ》』（ロンドン）（一六六六年創刊）のように公式アカデミーと結びついた刊行物もあれば、『アクタ・エルディトールム』（ライプツィヒ）（一六八二年創刊）、『ジョルナーレ・デイ・レッテラーティ』（ヴェネツィア）（一六六八年創刊）のように私的集団とつながる雑誌もあった。また、ピエール・ベールの『文芸共和国便り《ヌーヴェル・ド・ラ・レピュブリック・デ・レトル》』(ロッテルダム)〔一六八四－八七年刊行〕を筆頭とするネーデルラントのユグノー亡命者の刊行物もあった。学問の世界は、いままでよりも制度化が進んでいった。従来ほど私的な文通や個人的関係には頼らなくなり、それよりは、年金を支払い、観測所を建設し、科学使節を派遣してくれる国家財政のほうに従属するようになった。その点で、各国それぞれの活動にしだいに統合される割合が多くなったといえる。

ラテン語の「文芸共和国《レスプブリカ・リテラリア》」とフランス語の「文芸共和国《レピュブリック・デ・レトル》」は、ヨーロッパの文化的統一の体現であると自己を規定し、その統一を維持し、絶え間ない戦争と宗教をめぐる暴力の時代に、ヨーロッパ統一の発現と内容を革新してきた。十八世紀初頭、「文芸共和国《レスプブリカ・リテラリア》」はまだ生き続け、「文芸共和国《レピュブリック・デ・レトル》」も卓越した地位を保ってはいた。しかし、それらのかたわらで、英語の「リパブリック・オヴ・ラーニング」、イタリア語の「レプッブリカ・デイ・レッテラーティ」、ドイツ語の「ゲレールテンレプブリーク」といった組織が、いまや完全な市民権をもってヨーロッパの学問世界に所属していたのである。

第十三章　第二のヨーロッパ統合——宮廷、サロン、フリーメイソン

学術文化が文字の文化であるのに反して、宮廷文化は図像の文化である。ブルゴーニュの宮廷に始まり、イタリア、スペイン、ルイ十四世のヴェルサイユを経て第一次世界大戦にいたるまで、宮廷文化は騎士道文化を引き継ぎつつ昇華し、騎士道文化から、その華麗な性格、外見の重要性、色彩・音・動きといった目と耳につよい印象をもたらすものすべてを筆頭の地位におく態度を継承していた。芸術においては、舞踊と音楽に第一の地位が与えられ、文学のなかでは詩が筆頭におかれた。また、文字よりは音声が好まれる。この文化の完璧な表現は、スペクタクルのなかでなされた。スペクタクルという場合、まず挙げるべきは、武具、軍服、武器の輝き、馬の足音、風にたなびく軍旗、らっぱの鋭い音、太鼓のとどろきをともなう、戦争という最高のスペクタクルであろう。ついで狩猟のスペクタクルもある。また、十六世紀まで行なわれた騎馬試合、バレエ、仮面舞踏会、演劇、オペラもある。さらに、誕

生から死まで、そして起床から就寝まで君主の生活の各瞬間を規定している儀式もある。いかなる衣装を身につけ、どの記章によって勲位を誇示するか、あるいは、どの式典に参列する権利をもち、君主のどれだけ近くに位置を占め、いかなる役割を演じるか、といった宮廷人が享受していた特権の序列によって目に見えるかたちにされた階層もまた、ひとつのスペクタクルである。これらはすべて、ほとんど宇宙的な意味を与えられた作法によって、微細な点まで体系化され、規則を与えられていた。

宮廷がみずからに示し、また貴族と民衆にも示すスペクタクルが演じられる舞台は、演者の質に適応し、演者の保護を保障すると同時に、君主の富と権勢を見せつける必要もあった。こういった要請にまず応じたのが城館であり、時代が下ると、それは庭園つきの邸宅になった。建物の建築と内装、庭の整備、男性の衣装と女性の装い、人々の髪型、かつらの形態、所作と娯楽といったものは、ヨーロッパ宮廷の歴史で相次いで起こったふたつの大流行にともなって変化した。その流行とは、まず十五世紀後半から十六世紀末までのイタリア趣味であり、ついで十七世紀中葉からフランスのアンシャン・レジーム終焉まで続いたフランス趣味である。このふたつの大流行のはざま、十七世紀前半には、流行はスペインから到来した。そのとき、王侯貴族はカスティーリャ語を話し、ピカレスク小説が翻訳される一方で劇作家はスペイン演劇から発想をとりいれ、また、神秘主義をはじめとするスペイン的な宗教性の信奉者が律修聖職者のなかにあらわれた。しかし、この流行はカトリック諸国に限られており、五十年ほどしか続かなかった。その後、スペインは閉鎖的になり、外部から受けとるばかりになった。ベラスケスの時代のスペイン絵画がピレネー山脈を越えて知られるのは、ようやく十九世紀になってからであった。

他方イタリアは、宮廷だけでなくヨーロッパ全土に威光を放った。イタリアの魅力は文化的な生産性を今日まで持ちつづけている。もちろん、イタリアが十五、十六世紀のように強力な魅力をもち、あらゆる国々の権力と知のエリートがイタリア語を話し、料理、女性の口説き方、食事作法、会話術、文芸と美術をイタリアで学んだ時代は二度とやってこないだろうが。しかしながら、いかなる君主の邸宅も自負があれば欠かすことのできない書斎《ストゥディオ》、陳列室《キャビネ》、古代遺物陳列室《アンティクアリア》、画廊《ギャラリー》、「美術・驚異陳列室（Kunst- und Wunderkammer）」といった場所に並べるために、人々がみずから古代遺物《アンティキテ》と近代芸術作品を探しに行くか、あるいは人を派遣するのは、つねにイタリアになのである。ラファエロに始まり、ミケランジェロとティツィアーノを経てティエポロにいたるイタリア画家は、別格といってもよい待遇を受けている。イタリア画家のなかで、外国の注文をこなし、国外に仕事をしに出かける者は非常に多い。それゆえ、イタリア画家の作品はあらゆる国に散らばっており、それはそれぞれの国の首都にとりわけ集中しているが、その他の土地にも見られる。とはいえ、イタリア画家が独占権を握っているわけではない。社交界に属し、外交官、古美術蒐集家でもあったルーベンスは、あらゆる宮廷のために絵を描き、イタリアを含む西欧各国の注文を受けて製作している。また、イタリアには、アントウェルペンから輸出された絵画が到来しており、十八世紀にはオランダ絵画が流行する。しかし、最高の趣味がイタリア人画家によって代表されていたことに変わりはない。

イタリア趣味の立役者としては、画家のほかに、建築家と彫刻家も挙げねばなるまい。しかしながら、建築家と彫刻家が画家ほど多数ではなかったのは、おもにイエズス会士によって普及させられたイタリア式を範とするバロック様式の名のもとに実現したカトリック世界の芸術的統一に対して、とりわけ聖の領域においてプロテスタンティズムは、厳粛で質素な建築を対置したからである。最後に、役者、歌手、音楽家を挙げるべきだろう。彼らは、オペラ、カンタータ、オラトリオをもって各地を周遊し、おもに宮廷と貴族の支援を受けて十七世紀にはヨーロッパ全域でイタリア声楽の支配を確立した。それは、ブルジョワジーの聴衆に支持されて民族的《ナショナル》な作品が演奏される時代まで続いた。

しかし、他の諸国に対するイタリアの影響は、イタリア本国においても与えられた。プロテスタントとカトリックとを問わず、イタリアを訪れる者の波が途切れることはなかったからである。こうした影響の拡散に貢献した者は、まず芸術家である。彼らは、古典古代文明、イタリアの風景と光、イタリアの巨匠《マエストロ》たちとの接触の思い出を北方にもたらし、逆に彼ら自身の芸術をイタリアの芸術家に教えた。十五世紀にフランドル人によって始められたこの交流は、十九世紀まで続いた。また、十七世紀以降、「グランド・ツアー〔ヨーロッパ大陸旅行〕」をもって子弟教育の完成とした英国の資産家と、イタリアの美に浸るためにやってくるフランス、ドイツ、ポーランド、スウェーデンの富裕層によっても、イタリアの影響は広がっていった。彼らがイタリア滞在から持ち帰ったさまざまな話はその後、数多く出版されたし、他方、土産としてもたらした古代遺物、絵画、素描、版画は、彼らの国の芸術に反映を見せることがあった。こうして十六世紀から十八世紀にかけて、イタリア旅行は、ヨーロッパの伝統と趣味への最高の入門体験だったのである。そのおかげで、諸国のエリートは同一のヨーロッパのエリート階層に統合され、ヨーロッパの文化的統一を再度実現することになったのである。

宮廷と「文芸共和国」におけるフランスの影響は、イタリアの特別な役割を脅かすものではなかった。それどころか、イタリアの地位を前提として認めつつ、独自の寄与をもたらしているといえる。フランスから見れば、イタリアは過去を代表している。過去という場合、それはカエサルとアウグストゥスの時代であり、メディチ家の時代である。称賛すべき対象であり、ある点ではつねに模倣する価値があるとはいえ、過ぎ去った時代なのである。それに対してフランスは、ヨーロッパの現在と未来を体現していると自負している。ヨーロッパはいまやフランスのヨーロッパなのだ、と。強大な勢力をなし、ルイ十四世以来模範的な宮廷をもち、しかもパリという模範的都市も備えたフランスは、同時に、科学、文芸、哲学においてヨーロッパ精神のエリート的存在でもあった。この地位は、ヨーロッパ各地の宮廷と貴族によって認められていた。ハンプトン・コート〔テムズ河畔〕からクスコヴォ〔モスクワ近郊〕まで、グランハ宮殿〔スペイン王室の夏の宮殿〕とカセルタ〔イタリア、カンパーニャ地方〕からドロットニングホルム宮殿〔ストックホルム郊外〕とペトロドヴォレッツ〔サンクト・ペテルブルグ近郊〕まで、また、シェーンブルン宮殿〔ウィーン〕、ニュンフェンブルク〔ミュンヘン近郊〕、ポツダム〔サン＝スーシ。フリードリヒ大王の離宮〕その他を含め、ヴェルサイユを模した建造物が各地に造営され、そこでは人々はフランス語を話し、フランス風の衣装をまとい、フランスの作家、パリからの書簡、『文芸通信《コレスポンダンス・リテレール》』〔グリム編集の雑誌。一七五三－一八一三年発行〕を読み、哲学者、建築家、画家、装飾芸術家、俳優、舞踊家、料理人、洋服屋、かつら師をフランスから招いた。また、ヴェルサイユとパリを訪れることができた者は、死ぬまでその思い出をなつかしく抱いていた。他方、フランス訪問の特権を得られなかった者は、自国からは目をそむけていたため、読書を通して身につけたフランスの知識のほうが自国に関する知識より、しばしばはるかに豊富であった。

宮廷文化と「文芸共和国」は、長い間紛争状態にあった。それはとりわけフランスで顕著であった。当初は学者を軽蔑する貴族の伝統に基づいていたが、この状態は「文芸共和国」とルイ十四世の王政とが相容れないことに起因していた。「文芸共和国」の自由、一般の信仰の代わりをしていた自然宗教、批判的・客観的歴史叙述――歴史が書かれるのは唯一の正当な受け手たる自分たちのためだと確信していた貴族の読者にとって、この歴史は批判的、客観的であるため理解が困難であった――は、王政にとって原則的に認められるものではなかった。しかしながら、十七世紀末から十八世紀初頭にかけて、ふたつの文化の対立は解消され始めた。それは、サロンとアカデミーという並行した活動のおかげだった。私的と公的とを問わず、これらの組織では、宮廷人が学者と会い、科学と考証の文化が視覚的・文学的な文化と共存することができた。そこから、辞書と百科事典、退屈させずに業績を理解させるためにする学者の称賛演説、学問的な仕事の要約と抜粋を掲載する定期刊行物の流行が生まれた。それらを補足したのが、侯爵夫人と世界の複数性について語り合い、ニュートン思想をご婦人がたに理解できるものにし、自然の姿を明らかにし、物理学を面白く楽しいものにし、ドイツの王女への書簡を集成するといった趣向の短篇作品であった。

宮廷と「文芸共和国」の遭遇から生まれた新しいエリート文化は、十八世紀に開花し、一八二〇年代まで存続した。この文化の担い手となった制度の多くは、イングランドに由来する。イングランドこそ、ネーデルラントをはじめ他のどこでも知られていなかった宗教の自由と言論・集会の自由を名誉革命（一六八八－八九年）によって実現した地である。それまでは学者だけに限定されていた主題を好奇心のある教養人に理解させるための『スペクテイター』のような雑誌が最初に発刊されたのは一七一〇年代のイングランドであり（一七一一－一四年発行）、この形態はヨーロッパ各地で模倣された。また、前代未聞の社交と精神性の模範を形成することになるフリーメイソンのロッジが最初に作られたのもまた、同時期のイングランドであった（一七一七年、ロンドンで大ロッジ設立）。新しい原則に基づくヨーロッパのエリートの創成にとって、フリーメイソンの役割は本質的なものだった。なぜなら、王侯貴族、上流市民、学者、芸術家、聖職者といった、宇宙の創造者の前にはすべて平等と見なされた成員の交流が結ばれる場をフリーメイソンは提供したからである。

さて、このフリーメイソンはたちまち、ヨーロッパ規模の制度になった。カトリック教会と並んで唯一のヨーロッパ規模の組織になったとさえいえよう。フリーメイソンの秘密主義的性格をおそれたカトリック、プロテスタント諸国の民事当局が出す禁令も、さまざまな宗派の成員を許容することで——ユダヤ人の場合には、異なった宗教ですらある——フリーメイソンが宗教への帰属を単なる私的な問題にしてしまうのを容認できない教皇が発布する教書も、この制度の普及を止めることはかなわなかった。イングランドに端を発したフリーメイソンは、スペインとポルトガルも含むあらゆる国にひろがりつつ、二十年のうちに東ヨーロッパ、すなわちロシア、モルダヴィア、ヴァラキアにまで到達した。しかし、神、宗教、君主、祖国といった根本的価値に基づいて、あらゆるロッジによってエリートの統合が作られたとはいえ、信仰についての解釈では相違が見られる。

フリーメイソンのさまざまな傾向と方針はおおきくふたつに分けられる。一方は、不可視の世界の神秘をたえず追究し深化してゆくことで精神的な豊かさを求めることを強調する。この流派の人々は、偉大な幻視者たちの啓示に耳を傾け、ヘルメス思想の伝統、聖堂騎士団《テンプル》、薔薇十字団、神秘主義者、錬金術師、カバラ学者といった人たちのなかに先駆を探した。あまり目にはつかない——闇を好むからである——とはいえ、とくに十八世紀末から十九世紀初頭にかけて、この傾向は大いに影響力をもつ重要なものであった。芸術、文学、哲学の作品、いや傑作のいくつかの発想源になっているし、ヨーロッパ文化に深い刻印を残している。フリーメイソンのこうした秘教的傾向に対して、もう一方の傾向は啓蒙主義に奉仕するものだった。この流派では、ロッジの「訓練」の成果である精神的深化は、博愛、教育、解放活動として、いやさらに、国家が遂行する近代化政策を支援するというかたちで外部に表現されなくてはならなかった。一方に暗い面をもち、他方に啓蒙的な明るい面をもつフリーメイソンのこうした二面性は、親しみ深い過去への郷愁と前代未聞の未来への夢想、伝統への忠実と際限なき革新への意志との間に分裂していた十八世紀の中心的なジレンマ——しかも日増しにジレンマは深刻になるばかりだった——をよくあらわしているといえよう。

十八世紀の最初の七十年間、イングランドの影響はフランス経由でのみ、大陸に広まっていた。ジョン・ロックは最初、フランス語訳で読まれたし、フリーメイソンも大半の国にはフランスを媒介として到来した。イングランドの制度と風俗が知られたのはヴォルテールのおかげであるし、選出代議制と権力分立の役割というイングランドの自由の根底をなす政治体制を大陸の人々に理解させたのはモンテスキューであった。イングランドの思想や模範例がフランス、いや正確にはパリをかならず通過しなくてはならなかったのは、フリーメイソンが社交界の活動の要請にはあまり適していなかったのに対し、パリでは婦人の主催するサロンという社交に最適な場で、宮廷と知識人世界との遭遇が実現した点におもに由来している。「才女気取り」でも「女学者」〔ともにモリエールの戯曲の題名〕でもない女性たちは、いまや、重大な主題に関する軽快で才気あふれる会話の相手であり、会話の規範に適合しているかどうかによって彼女たちは文体の質を判断した。読者を退屈させないように、全体のなかで個々の部分がもつ意味と重要性を示すことに作者たちが意を注いだのは、こういった趣味を共有する人たちすべてに気にいってもらうためであった。

さらに深層の部分では、イングランドの思想と模範例がパリというフィルターにして増幅器である土地をかならず通過したことは、ヨーロッパの文化的・政治的地図のうえでフランスが占める位置に関係があり、また、たんに覇権争いをしていた列強としてだけではなく相容れない原則に基づいた政治体制としてフランスとイングランドの間にあった競合関係にもかかわっている。利害の変動に応じて、ある戦争の期間、ヨーロッパの君主制国家のなかにはフランス絶対君主制の敵陣に参入するものもあった。とはいえ、各地の君主制が模倣したのはフランスの君主制であり、イングランドの議会制君主制ではなかった。これはとくに、社交界の会話をにぎわせた知的革新に対する反応と、知識人社会との関係にかかわっている。それゆえ、イングランドの思想と模範例はいつまでもエグゾティックなままにとどまり、フランス人が翻案してはじめて実効力をもつのだった。すなわち、絶対権力によって近代化をめざすよう方向づけられた社会が直面する問題に変換されてはじめて、という意味である。言い換えれば、イングランドの無害な『百科事典《サイクロペディア》』が、ヴォルテールが長期間代表していたような、「啓蒙哲学《フィロゾフィ》」と自己規定する哲学者たちの闘いの道具としての『百科全書《アンシクロペディ》』に変貌したことで最もよくわかる、ラディカル化がおこったのである。ヴォルテールが代表していたといったが、彼のさまざまな容貌が代表していたというべきだろう。それほど、ヴォルテールは変幻自在でとらえにくいからである。宮廷に近いところにいながら、「下劣な者」〔迷信、不寛容を指すヴォルテールの言葉〕を攻撃する。サロンの常連、アカデミー会員にして地下文書出版者。詩人、劇作家、小説家であり、また学問的著作の著者。ヴォルテールは、さまざまな活動において「啓蒙哲学《フィロゾフィ》」を体現しており、それと同時に、生涯、書簡、作品の流通を通して、エラスムス以来誰もなりえなかったヨーロッパ規模の人物――ピエール・ベールですらなりえなかった――になったのである。

ヴォルテール的な意味での哲学は、啓蒙主義の文化の諸相をすべて決定している。イスラム教徒、ユダヤ教徒、裸行者〔古代ヒンドゥー教徒〕とキリスト教徒を対等におく立場の代わりに、自然のままとされた人間を考える。自然にいかなる内容を込めるかは、絶えることのない論争をひきおこすとはいえ、あらゆる哲学者の一致する意見によれば、自然には、必然的、普遍的、全体的なものだけが属しており、啓示によるといわれる宗教は、つねに偶発的、個別的、局部的なものとされた。民族《ネイション》、国家、身分《オルド》といった、生まれながらに個人に与えられている集団への帰属に由来する性質に関しても同様である。哲学的精神の持ち主が構成する国際的エリートの小集団である啓蒙主義の担い手と、一般大衆との間に断絶があるのは、民衆が宗教をはじめとする偏見の虜でありつづけているからなのである。したがって、大衆は蒙を啓《ひら》き、教育し、知恵を与えられる必要があるが、かといって、思いどおりに行動することは許されない。監視と指導を要するのである。

人間精神の進歩とは、まさしく自然に由来しないすべての絆から解放されることにある。この進歩によって、分裂し対立しあう諸集団から唯一の人類へ、恐怖と偏見に起因する信心から啓蒙的宗教へ、彼岸さえも含む〈見えないもの〉の認識と自任する形而上学体系から感覚可能な経験と科学的観察に基づく知識へ、つまり野蛮から文明へと導かれる。たんに古来の伝説だけでなく考証学者の批判的な歴史にも対立する哲学的な歴史とは、過去におけるこのような進歩を明るみに出し、未来への希望を抱かせるものである。しかしながら、自然の獲得であると同時に自然への回帰でもあるこの進歩がいま実現されるためには、一方で発見と発明を通してでなくてはならず、他方、キリスト教と中世の寄与を抹消しなくてはならない。その場合、異教ゆえに自然との距離が近く、それゆえ倫理と公徳心の基盤ならびに美の永遠の模範を提供してくれると見なされた古代ギリシア＝ローマをあらためて顕揚するのであった。

啓蒙主義文化は、権力構造や身分階層《オルドル》の基底そのものに触れることはなく、哲学思想の応用によって現行制度を作り直すさまざまな試みへと向かった。たとえば、フランスで『百科全書』のグループが行なった表現の自由のための闘いと、ヴォルテールが多くの先駆者にならって擁護した宗教的寛容のための闘い。また、ベッカリーアによる法律と刑罰手続き緩和の提言、ピネルによる狂人に対する処置改善の提案もそうであり、いずれも実際に効果があった。芸術と科学の進歩を推進するために、古代の芸術作品と自然の珍品奇物とが一般大衆の目に触れるようにする博物館の創設も、広場をふやし、街路を幾何学的に通し、それまで中心部におかれていた墓地を周辺に遠ざけるという方法で都市の構造と景観を変える都市計画に関するさまざまな企画や発案も、この試みに属する。イエズス会の追放にともなって出された教育改革計画もそうだが、これによって、「国民教育委員会」〔一七七三年創設〕がポーランドで実現したような実際的な処置が生まれたこともある。また、いくつもの国で数多く誕生した団体によって、農業の近代化プログラムが遂行された。さらに、ポルトガルでポンバル侯爵〔一七五六―七七年、首相〕が実行し、ハプスブルク家の神聖ローマ帝国でヨーゼフ二世が行ない、スペインでさえ控え目な輪郭を作ったような啓蒙専制主義政策を挙げるべきだろう。

非宗教的、エリート主義的、コスモポリタン的になり、将来を向きつつ古代を愛する啓蒙主義文化は、こうして、たんに言葉だけではなく行動においてカトリック教会とプロテスタンティズム各派の擁護者と衝突した。この擁護者たちは、キリスト教が普遍的価値をもつという主張を正当化し、信仰に関する伝統的な組織が自然なものだと示そうとしていた。公式制度と結びついたこの陣営では、護教論を出版するだけにとどまらず、抑圧的な処置に訴えることもあった。司教が教書を、牧師が声明を発表するばかりか、断罪や検閲が行なわれ、印刷・販売禁止令が出され、まれではあったが投獄という事態にいたる場合もあった。スコラ文化が修道院文化にとって代わったときと、その後、人文主義文化がスコラ文化に接木されたときにヨーロッパのエリートを対立させた紛争は、ここで根源的な転回点にたったといえる。かつては、いかに〈異教の伝統〉を〈聖書・教父の伝統〉に、いかに〈俗〉を〈聖〉に統合するかが問題だったのだが、いま哲学の代弁者たちが問題にするのは、キリスト教の啓示、いや、最も極端な者たちの場合には〈聖〉そのものですらあった。彼らは、自然と歴史の媒介に関する認識の成果に武装を固め、過去から未来への時間の運動の流れに乗っていた。しかしながら、哲学者とその敵たちは、ふたつの伝統的な確信を共有していた。すなわち、その名にふさわしい文化はすべて、あらゆる人、あらゆる場所、あらゆる時に通用するという確信と、文化はつねに少数者の専有物だという確信である。エリートによる民衆の教育という観念が、このふたつの確信を結びつけていた。

このふたつの確信と、そこから派生する教育観念は、ヴォルテール的な意味での哲学と公式制度のいずれをも批判する者たちすべての攻撃の的になった。批判者の目には、哲学と公式制度の親近性のほうが、相違よりも大きいのである。哲学者たちの普遍主義に対して、彼らはルソーとともに答えていう。各民族は独自の祖国、伝統、風習、生活様式をもっており、それこそが民族に個性を与え、その文化をなす。それゆえ、まさしく文化の個々の特徴がその価値なのであり、それこそ手に武器をもって擁護すべきなのだ、と。こうして個別性は偶発的なものではなくなり、必然的な、自然に根づくものとなる。しかも自然という場合、それは認識の対象というよりは、むしろ宗教的感情の対象なのである。

こうして、個別性を普遍性に変えてしまう科学と芸術の進歩は、人間が人間として成就できる自然共同体を解体する文明の悪影響による習俗の衰退と見なされる。民衆を教育する任務を帯びた指導的エリートに代わって、みずからの個性を表現する民衆自身の一般意志が強調され、教育観念の意味が変わる。ここで、ヴォルテール的な哲学の主要な傾向はすべて、古代を規範とすることを除いて、つぎつぎと拒否される。その場合、二大原則とされる見方は、主権は民衆にあるとする主張、それに、民衆とは彼らに固有の文化、民族《ネイション》の文化の担い手にほかならないとする観点である。非宗教化し、エリート主義的、コスモポリタン的で未来を向いたアテネを拒絶する際、それは、イェルサレムではなく、スパルタの名のもとに行なわれたのである。

この思想の衝撃は大変なものだった。古来の公式文化——スコラ主義と人文主義の混合に加えて、いくらかの近代的な要素を添えた文化——の擁護者たちは、それを哲学がいっそう過激になった形態だと見なし、それなりの反応を示した。いつでも面白い新味を求めている宮廷と貴族は、そこから、牧歌の回帰、より「自然な」髪型、「ギリシア風」のドレスというったものをおもに引きだした。しかし、旧来の公式文化もヴォルテール的な意味での啓蒙主義も望まない者はすべて、この思想を受け入れ、それを利用した。フランス語を普遍言語とし、フランス文化こそがヨーロッパ文化であり、それゆえフランス文化はその他の民族《ナショナル》文化より優れているとする主張に、たしかに全員が一致して賛同したことはなかった。それがいま、民族の個性、遠い祖先から口で伝えられた伝承、小国がひきおこす感情といった新たな論拠とともに、あらゆる文学において異議を唱えられはじめた。なぜなら、何世紀も前から俗語で書かれるようになっていた文学に古典研究、哲学、歴史学も加わったいま、各国の文学は、各地の知的エリートが抱く理想と、ヨーロッパ文化と自国文化のなかでエリートが占める地位に関する観念をひろく伝えるという任務を、日増しに大きく担うようになっていたからである。

さて、すでに一七七〇年代から——それ以前からといえるかもしれないが——、いくつもの国々のエリートは、フランス人に対する劣等感を抱かなくなり、フランス人が媒介となる必要も感じなくなっていた。あらゆる言語への翻訳がふえたため、国際交流は容易になり、はじめてヨーロッパ規模のベストセラーも可能になった。英国のリチャードソンの『パミラ』〔一七四〇年〕と『クラリッサ・ハーロー』〔一七四七-四八年〕、ドイツのゲーテの『若きヴェルターの悩み』〔一七七四年〕がそれに該当する。音楽においては、ヘンデルはハンブルクとナポリを往復して活躍し、ロンドンで生涯を終えたし、グルックはウィーンの後、パリを征服した。モーツァルトのオペラはミラノ、ミュンヘン、ザルツブルク、ウィーン、プラハで上演され、彼の演奏会はドイツ諸都市、パリ、ロンドン、ネーデルラント連邦共和国、イタリアで行なわれた。イタリアの団体と作曲家はいたるところに出演したが、バレエを除けば、フランスの作曲家なり演奏家なりで国際的な名声を築いた者はいなかった。ヘルクラネウムとポンペイの発掘〔前者は一七〇九年、後者は一七四八年以降発掘〕に刺激された古代回帰の文学芸術運動は、一七七〇年代以降ヨーロッパ全域に普及し、それはほぼ四十年にわたり、絵画、彫刻、建築、家具調度、装飾芸術、服飾に関して随所で同一の様式を実現した。この運動の中心地はローマであり、その理論家はヴィンケルマン、国際的な代表者はカノーヴァ、メングス、ダヴィッド、フラクスマン、トルヴァルセンであった。

啓蒙主義のフランス文化に対して抵抗した二大要塞は、まったく反対の理由からだったが、英国とスペインである。近代的な大勢力として対フランス戦争の勝者だった英国は、王政復古〔一六六〇－八八年〕の間フランスの文化的影響を強く受けていたが、名誉革命以後は拒絶した。ヴォルテール風の哲学は英国ではニュートンの自然哲学の亜流と見なされ、啓蒙専制君主に好意を抱く啓蒙主義は、絶対君主制を政治社会から除外して自然状態に追いやってしまうロックの自由主義の名のもとに拒否された。また、税金問題に没頭していた重農主義《フィジオクラシー》には、分業と市場を中心におく諸国民の富に関するアダム・スミスの思想が対比された。要するに、フランス人が国家——あるいは国家の陰画《ネガ》としての人民——を考えているのに対して、英国人は個人を信じるのである。

芸術においては、裕福な者たち全般がイタリアと古代——パラーディオの建築、ヴェネツィア派絵画、古代ギリシアの壺——に夢中になっていた一方で、一七二〇年代以降、英国では「ゴシック」趣味があらわれた。他方、島国に固有なものも愛好され、それはときとして、画趣に富む庭園やマクファーソンのオシアン詩篇〔一七六二 - 六三年〕のように、ヨーロッパ全土で熱狂と模倣の流行をひきおこすこともあった。こうして、ヨーロッパ文化のなかで英国は、模範と流行の源としての地位をフランスから奪取しはじめたのである。十八世紀末に諸国に及んだ英国趣味は、もちろんフランスは別だが、フランス嫌悪と対をなしていた。他方、スペインが啓蒙主義文化の波及を阻止しようとしたのは、まずは宗教の名のもとにであり、さらに民族的《ナショナル》伝統が強調された。スペインでは、イタリアとの絆が維持された芸術の領域以外では、外部からのいかなる影響も妨げようとされた。これは、すでに停滞が始まっており、しかも革新の恐怖におびえて孤立政策をとったためにそれが悪化する一方だった点に由来している。

それ以外の土地ではどこでも、社会的・知的階層の頂点にいるコスモポリタン派を除けば、ドイツ、イタリア、ネーデルラント、スカンディナヴィアの諸都市のブルジョワジーであれ、プロイセン、ハプスブルク家の神聖ローマ帝国、ポーランド、ロシアの中小貴族であれ、いずれもヴォルテール流の哲学よりは、旧来の公式文化、とくに宗教の立場をとった。しかしながら、宗教という場合、それはドイツでは敬虔主義的な感傷性、イタリアでは啓蒙的な感性の色彩を帯びてはいるが。ともかく、外国の模倣をすることは躊躇するか、ときにははっきり敵意を示した。舞台のうえで地元の人物がフランスの伊達男《プティ・メートル》を猿まねすれば、どこでも観客の喝采を浴びることができた。階層のさらに低いところにいる農民と都市民衆は、カトリック諸国では相変わらず読み書きができなかった。したがって、彼らの文化は伝統的な口承文化であったが、トリエント公会議が推進した布教活動の結果、以前よりはキリスト教の浸透度は高かった。同じ階級もプロテスタント諸国では、より頻繁に文字を使っており、そこで最も読まれた書物は聖書であった。非宗教化し、コスモポリタン的で、未来を向きつつ古代趣味をもつエリートのヨーロッパ文化に対して、民衆の文化は全体として、民族的《ナショナル》、地方的《ローカル》な文化、伝統主義とキリスト教の文化だったのである。

第十四章　戦争、絶対主義、近代化、革命

十七、十八世紀の間、ヨーロッパの宗教的分裂と国家間の新しい勢力関係に適合した国際関係の体系を組織しようとする努力が相次いでなされていた。それは法学者にとっては、戦争と平和の問題を伝統的な神学の脈絡から引き離し、描写的かつ規範的な自然観に基づいて作り直さなくてはならない、ということであった。古代の知的遺産から出発したこの思想は、たしかに、スコラ学者にとっても人文主義者にとっても、基本的なものではあった。しかし、それはいまや、あらためて考え直し、新しい内容を盛り込まなくてはならなくなった。なぜなら、アメリカ大陸とその先住民族の発見によって、たとえ外見だけでも何世紀も前から親しんでいたアジアとアフリカの民族とは違い、たやすく歴史に組み込むことができない彼らの存在自体が、あらゆる人間と国家そのものの構成要素と譲渡不可能な権利の問題をするどく提出していたからである。

大筋ではプロテスタントの法学者――グロティウス、プーフェンドルフ、ヴァッテル――の仕事だったといえる、万人に承認されるように自然法に基づいた国際公法は、戦時に軍隊が絶対的に守らねばならない規範と、平時に外交・通商関係が陸海を問わず尊重すべき規範とを明文化した。二国間の合意、国家間の条約を起草する仲介者たちによって、とりわけ、三十年戦争終結に際して開かれたミュンスターとオスナブリュッツの講和会議〔一六四八年、ウェストファリア条約〕、ならびに十八世紀初頭、フランスと英国連合軍との戦争に終止符を打ったユトレヒトの和平会議〔一七一三年〕において、この法律は実際に運用された。こうしてヨーロッパは、理論上――事実上そうだったことは一度たりともないが――「キリスト教共和制《レスプブリカ・クリスティアナ》」であることをやめたのである。たとえ恒久平和の夢がつねに生きつづけ、ナポレオンの没落の後に締結された神聖同盟〔一八一五年、ロシア、オーストリア、プロイセンが結ぶ〕のうちにキリスト教国家の郷愁がなお表れているにせよ、いまヨーロッパは、複数の国家理性《レゾン・デタ》の共存状態になった。各国家は、法律を援用しつつみずからの主張を正当化し、必要とあらば戦争によって主張を通し、戦争の結果に法的形態を与えることで、つぎの決戦まで有効と見なされる勢力関係を定義するのである。

近代国家は、戦争のうちに、戦争のために、生きる。戦争は国家にとって、本来的にそなわった要素なのである。勝利をおさめれば富と領土を獲得することができるし、勝者となった元首は栄光につつまれ、兵士は裕福になる。戦争に敗れた場合には、主権が危機に瀕することになる。つまり戦争とは、国家が隣国から強制され、存続したければかならず成功しなくてはならぬ最高の試練なのである。しかし戦争は変わる。騎士と騎士が戦っていた時代は、もはや遠い過去に属する。早くも十四世紀からフランスの騎士軍はフランドルの市民軍とイングランドの弓兵と衝突して毎回敗走の憂き目を見ていたし、その後ブルゴーニュの騎士軍もスイスの槍部隊に惨敗を喫している。しかしながら、大砲と鉄砲とそれに続くマスケット銃こそが、最終的に戦場を根本的に変革し、軍隊の肥大をひきおこし、新しい複雑な軍隊を統括して十分有効に活用できる戦略思考の発展を刺激したといえる。

旧来の城壁や都市の外壁を破壊するほど強力な大砲が十五世紀末のフランス軍によるイタリア戦役において出現したことで、それに耐えるだけの強固な城塞を新たに建設する機運が芽生えた。それにつれて、要塞包囲の技術もまた改良された。しかし、城塞を攻囲する場合、自由に動きまわれる敵に包囲される危険があった。そこで、同時に攻撃と防御が可能になるように、かなり多数の軍団、とりわけ、決定的な役割を演じることがわかった歩兵隊を集める戦法がとられはじめた。そして、騎兵隊に抵抗できるように、射撃力をふやし、発砲の速度を増す工夫がされた。その問題は、第一次ネーデルラント独立戦争のおりに連射を発明したマウリッツ・デ・ナッサウによって解決された。しかしながら、きわめて効果的だったこの連射は、兵士を長期間訓練し、厳しく統制することを必要とした。他方、近代的な軍隊を機能的にするには、領土の防衛力を強化する一方で、武器、弾薬、火薬、食糧、資金の供給もしなくてはならない。それには、必要な物資を要求に応じて相応の分量だけ提供しうる生産力と兵站《へいたん》術の組織整備が必須であった。とりわけ、国庫が満たされていなくてはならなかった。

軍事的革新が日常的になればなるほど、戦争の費用はかさんでいった。さて、軍資金の調達には三通りしかなかった。外部からの大量の貴金属の流入、借金、租税圧力の増大である。貴金属については、長い間スペインだけがアメリカ大陸から受け取ることができた。また、借金で戦争の支払いをしていたのは、国際通貨市場の中心だったネーデルラントだけである。十七世紀前半、その他の国家はすべて、国内の財源をおもに用いていた。しかし、フランスの場合のように、国家が自由に財源を利用できる権利をもっている国はまれだった。増税にあたっては、つねに貴族と上流階級と、ときには都市とも、そしてカトリック諸国の場合には聖職者とも交渉しなくてはならず、しかも税に苦しむ農民が反乱を起こさないように留意する必要もあった。つまり、いかなる戦争も、それは外国との衝突であると同時に国内問題でもあり、公共の舞台の役者たちの力の比べあいの対象になるのである。どれだけの金額を出資してくれるか国家が交渉相手と協議する会合において、戦勝のかなりの部分が決まったといえよう。

十六世紀にイタリア、フランス、スペイン、ネーデルラントで始まった「軍事革命」は、十七世紀中葉、東ヨーロッパに到達した。そのときハンガリーとボヘミアは、もはや独立国家としては存在していなかった。ポーランドはなお独立を保ってはいたものの、すでに衰退の一途をたどっていた。時代的にずれはあるが、この三国がたどった道のりは、きわめて似通っている。封建制の群雄割拠の状態から脱出したのが遅く、東西の軍事的圧力にたえず脅かされ、数少なくしかも裕福でもない都市の収入はほとんどなく、十四世紀には元来の王家が途絶えていたのだった。各国で王座に選出された外国出身の君主は、王座を得るにあたって上流階級と貴族と聖職者に多くの譲歩をしている。そのおかげで、領主たちは地代価値の下落をしのぐことができた。絶えざる軍備の高騰とあいまって、地代価値の下落は十五世紀には領主の貧困化を招いていたが、彼らはフランスの領主が同じ頃土地を売却していたのとは異なり、農民の現金払いを夫役に代え、国家が反対しえないまま農奴制を復活させることで対抗したのである。もうひとつの貴族の戦略としては、とりわけ戦時において国家の租税特権を奪取すること、そして上流階級が国家権力を縮小しようとつとめることがあった。これらすべては、国家の貧困化と弱体化をひきおこした。国家はときおりはなお威力を発揮できるように見えたものの、実際には国際的な状況に左右されていた。こうした変遷の最初の犠牲になったのがハンガリーである。むろんそれには、勢力の絶頂期にあったトルコと衝突したという不幸もあったのだが。

アメリカ大陸からの金銀の到来は、地代価値の低下を深刻にし、農奴制再建への傾向に拍車をかけた。同時に国家収入も減少したが、それは、国家は領主たちの収入を減らすことなく農民に重税をかけることができないにもかかわらず、いまや領主たちの同意なしには何もできなかったからである。他方、宗教改革は、中央権力がプロテスタンティズムを強制したところではどこでも、中央権力の強化につながった——中央権力が旧来の教会財産の所有者、新しい教会の首長とされたからである——が、上流階級、貴族、都市が特権を獲得するために宗教改革を利用した土地では、中央権力の弱体化が見られる。十五世紀初頭のボヘミアでも十六世紀末のポーランドでも、諸都市と国家との係争で上流階級と貴族身分は勝利をおさめたが、いずれの場合も、それは自衛能力の衰退をもたらした。チェコの貴族階級は、ハプスブルク家の軍隊の前に文字どおり潰滅した。一度の戦い〔一六二〇年、ビーラー・ホラの戦い〕だけで貴族の戦闘意欲は粉砕されてしまったのである。また、ポーランド君主制は軍事的革新を摂取しようと試みたが、それは完成されることはなかった。君主制が強化されるのをおそれた者たちが、国の規模と近代戦争の要請にふさわしい職業軍人制軍隊が活動できるようにしておくための予算を拒否したからである。しかも、職業軍に貴族軍隊がなりかわることは、望んでもできるはずもなかったが、そもそも望みもしなかったのである。ようやく貴族たちが近代化政策に同意する気になったときには、もはや時機を逸していた。

オスマン帝国〔トルコ〕もまた、アメリカ大陸の銀の流入と「軍事革命」に対応することはできなかった。ただし、その理由はまったく異なっている。アメリカの銀の到来は経済的・財政的に大打撃を与えたが、ヨーロッパとアジアとの海洋交易によって、レバントとエジプトを経て陸路でアジアから来る貨物輸送の徴収分が減ったため、それはいっそう深刻であった。「軍事革命」はといえば、それは国家の軍事支出の増大を余儀なくさせたにもかかわらず、軍隊は城塞建造技術を完全に使いこなすことができず、より強力で軽い、つまり機動力のある大砲を鋳造するだけの冶金術も射撃訓練も実現しえなかった。ただ兵士の数の増大だけが、この遅延を補ったのである。さて、この支出の増大は、農民課税の強化によって行なわれた。これは農業を破産させ、ひいては税収の基盤自体を縮小するものであった。みずから革新する能力をもたない体制に外圧が加わった結果として経済的な衰退が起こったのだが、それは今度は国の自衛力を弱める結果をもたらした。だからこそ一六八〇年代以降、トルコが相応のレヴェルの相手とだけ衝突していた時代が終わったとき、相次いで戦争に敗れ、領土を喪失していったのである。

この分野における先駆であったスウェーデンとプロイセンに続いて、オーストリアとロシア——ロシアについては後に別個に扱うことにする——は実際、十七世紀末、軍隊の近代化を開始したのであった。たしかに、同じ地域のその他の国々と同様、これらの国々はアメリカの銀の流入の影響を受け、その結果、地代の価値低下が起こり、領主たちは夫役と農奴制を維持ないし復活させた。ただスウェーデンだけは例外で、農民はつねに自由であった。しかし、その他の諸国とは異なり、この国々では強力な権力が存在した。この権力は至上権をもち、上流階級、貴族、聖職者、都市に対して、少なくとも戦争と平和に関しては大きな自律性をもっていた。こうした自律性は、国家が教会を支配した結果である。それはスウェーデンとプロイセンでは宗教改革のおかげであり、他方ハプスブルク家の神聖ローマ帝国では、カトリックの対抗宗教改革を利用して、教会制度を君主制に奉仕させ、ときには教皇の怒りを買いながらも、教皇の主張を君主の利害に従属させることを通して実現された。また、国家による経済支配も国家権力拡大の原因だったが、これにはスウェーデンでは銅と鉄の独占、プロイセンでは関税と穀物通商、オーストリアでは物品税、関税、鉱山がそれぞれ基盤になっていた。いずれの国々でも、それらに国王財産の収入と租税が加えられる。

さて、軍隊を近代化するとは、序列、職業的な将校集団、兵器の扱いに習熟した兵士、要塞組織、経理、兵器製造、徴募ないし徴兵制といったものを備えた恒常的な制度にすることだけを意味するわけではない。それは、少しずつではあるが最終的には国家全体の機能を改革することとなのである。すなわち、行政を整理し、財政を健全化するために商業本位の処置をとり、外交を組織し、必要とあらば国家に好都合な方向で教会との関係を改め、軍隊幹部候補生の養成をはじめとした教育を新たな要請に適合させるといったことが必要になる。これらすべては、すでに近代化している敵に勝つためなのである。

このような方針こそ、スウェーデンのカール十一世がその改革に採用したものだった。そのおかげで、ロシアによって地位を剝奪されるまで、スウェーデンは十八世紀初頭、強国のひとつとして最後の活躍をすることができたのである。また、プロイセンのフリードリヒ＝ヴィルヘルム一世とフリードリヒ二世〔大王〕の内政もまたそうであり、こうしてフリードリリヒ二世はオーストリアからシュレージエンを奪取し〔一七四二年ベルリン和約、一七四五年ドレスデン和約〕、ロシアとオーストリアとともに第一次ポーランド分割〔一七七二年〕を行なうといった成果を挙げることができた。第二次、第三次ポーランド分割〔一七九三、一七九五年〕には、つづくフリードリヒ＝ヴィルヘルム二世が参加したのであった。同様に、父王〔カール六世。在位一七一一－四〇年〕の没後、すでに近代化され強力な連合軍に対抗できる能力があったにもかかわらずオーストリア軍隊が領土喪失を阻止できず、長い継承戦争〔一七四〇－四八年〕が続いた後、マリア＝テレジアがオーストリアで推進した改革も、この種の近代化のひとつといえる。国家のあらゆる機関を近代化しなくてはならないという結論は明らかだったのである。ドイツ皇帝ヨーゼフ二世がこの思想を極限まで推進するまでもなく、オーストリア＝ロシア＝フランス連合とプロイセン＝英国連合との間で戦われた七年戦争〔一七五六－六三年〕における相次ぐオーストリアの敗北は、これらの諸国がすべてヨーロッパの列強だとはいえ、その力は平等ではなく、オーストリアの兵力は集団のなかで最下位に位置することを立証したのであった。

軍隊の近代化と国家の改革は別個に行なえない以上、君主と顧問官だけが国家の問題に関する決定をし、その決定の適用範囲を規定する権利を占有する必要があった。また、君主の権力を絶対的なものとし、宗教の掟、伝統への執着、義務観以外のものにはなんら制限されないようにする必要もあった。それはたやすい事業ではない。至難の業といっても過言ではない。ともかく、この体制においては、外交政治の動きも外交に奉仕する内政の流れも個人の質によるところが大きかったし、戦争の展開、つまり国家の命運そのものもまた、人に左右されるところ大であった。絶対専制国家体制はプロイセンではすでに十七世紀に完成していたが、スウェーデンとハプスブルク帝国では、国家の改革と並んで中央集権化が徐々に進み、並行して、税金問題をはじめとする選出議会の特権と上流階級の権力の縮小が行なわれた。

この制度を補足するために、上流階級と君主制の絆を強化すべく、重要な意味をもつようになっていた宮廷での高い地位、軍部における重要な任務、行政の筆頭にたつ要職といったものを与える処置、そして、発展しつつあった官庁と軍隊で貴族が出世してゆける可能性を開くような措置がとられた。この方針を貴族・軍人階級が容認するには、君主みずからの正当性ならびに君主に仕える者たちのそれぞれの領域における正当性を伝統が基礎づけてくれる以上、伝統を尊重すると表明することが必要で、それによって、二身分《オルド》の抵抗にも打ち勝つことができた。だからこそ、古来の制度、遠い過去に起源をもつ特権、古い慣習、とりわけ領主が昔から受けていた賦課租、それなしでは貴族と庶民の境界ならびに貴族階級内部での区別が消滅してしまうだろうものすべて、一言でいえば、社会の基幹そのものをなしていた身分《オルド》と財産の序列を、君主は維持する必要があったのである。必要に迫られて近代化を推進するとはいえ、絶対権力は本来保守的である。絶対主義の内政はすべて、近代主義と保守主義という内在するふたつの傾向の困難な均衡を保とうとつとめるものだった。

模範はフランスにあった。実際フランス君主制こそ、絶対主義を近代化——軍事大国に奉仕する近代化——の道具とし、しかも社会秩序の維持と分離させなかった最初の体制であった。スペイン君主制は、フェリーペ二世の時代にこの道をとっていたように見えたものの、完成には至らなかった。なぜなら、国内では教会を抑えなかったし、国外では異端に対して十字軍を発動させようという夢をけっして捨てなかったからである。フランスでは、深い根をもっていた国民教会主義《ガリカニスム》と、とりわけカトリックとプロテスタントを同一国家内に共存させる体制を作ったナントの王令（一五九八年）によって、宗教に対する政治の自律性が確保されていた。ドイツにおける「領土を治める者が宗教を決める（cuius regio, eius religio）」の原則は、君主の宗派を臣下が受け入れなくてはならないという義務を正当化するものである。それに対し、この原則のフランス流解釈では、臣民の一部が実践してはいないカトリシズムという国王の宗教と、宗教の帰属に関係なく国民すべてにとって強制的であった「フランス君主制の宗教」という王国の宗教とが区別されていたのである。

同様にフランスの対外政策は、いかなる宗教的理由よりも大国としての利害を優先させ、国家理性《レゾン・デタ》の原則を実施していた。それは国内では、上流階級・貴族階級の特権の削減と国王権力の漸進的な自律化と並行している。実際、一六一〇年代以降、国王は全国三部会の召集をあっさりと廃止した（一六一四年が最後の召集）。にもかかわらず、税金を徴収するばかりか増税まで行ない、おそろしいほど効果的な外交を繰り広げ、三十年戦争（一六一八－四八年）に参加して和平会議では保証人の役を演じる立場で戦争を終結させ、アルザスをはじめとする土地に重要な領土を獲得することにさえ成功した。ほぼ十年後、スペインとの間で和約を調印し（一六五九年、ピレネー和約）、ルイ十四世の近親者であるステュアート朝のチャールズ二世が英国の王座に復帰し（一六六〇年、王政復古）、フランス外交の仲介でスウェーデンとポーランド＝デンマークの間で北方の諸条約（一六六〇年、コペンハーゲン和約・オリヴァ和約）が結ばれたとき、一六六〇年代初頭、フランスはヨーロッパ唯一の強国として君臨しているように見えた。

だが五十年後、事態は変わっていた。フランスは相変わらずヨーロッパ諸国の宮廷にとっては模範であったが、いまやフランスの主要な競争相手になっていた英国こそ、効率的な近代化の規範になっていた——とはいえ、諸国にとっては模倣の対象にはなりえなかったが。英国は十六世紀末、エリザベス一世の治世下に反スペイン陣営に加わったとき、当時はなお弓矢が支配的だった陸軍を火器の時代に適合させる努力を開始した。しかし、英国がとりわけ資金をつぎこんだのは海軍であった。実際、海軍は、気象にも恵まれ、スペインの大アルマダ艦隊を潰滅させた（一五八八年）。十七世紀初頭（一六〇三年）スコットランドからイングランドの王座に上ったステュアート朝は、王家の野心とともに、フランスとスペインの様式を愛好する趣味をもたらした。そのため、大陸に向けた外交政策がとられた。すなわち、常備軍、海軍、官僚制を発展させ、軍部と行政組織、そしてひろく戦争と平和に関する決定を議会の監督下からはずすように努力し、国王を首長とする英国国教会《アングリカン・チャーチ》を認めない非国教徒が迫害されたのである。

　このような政策がひきおこした反対運動は、当然のことながら税金問題に集中した。宮廷はますます多額の資金を必要としていたが、新税を採決できるのは唯一、議会だけであり、議会の構成は有権者にかかっていた。こうして、外圧は国内的な係争を生み出した。国家が軍事的・政治的近代化を推進するところではどこでも、土地によって相違はあれ、この図式は繰り返されるものである。しかし、英国はヨーロッパでは特別の事例であった。ノルマン朝時代以来の伝統をもち、長い混乱期の後テューダー朝――とりわけヘンリ八世による教会の国教化〔一五三四年、首長令〕とエリザベス一世の政治――によって勢力を回復した十七世紀前半の英国宮廷は、スペインとフランスの宮廷に伍する地位にあった。他方、貴族と郷士《スクワイアー》を代表する議会もまた、長い伝統によって正当性をもっており、それは、王権が強力な土地で選出議会が享受していた正当性よりも、はるかに堅固な基礎にたっていた。さらに、ロンドン市を忘れてはならない。そこには商人と資金、海運に関する利害があった。また、非国教徒も存在しており、彼らのなかには、極端な思想の持ち主がしばしばおり、その思想の勝利のためなら死もいとわない人たちもいた。要するに、一方に宮廷があり、他方に国民がいる。「必要な変更を加えれば（mutatis mutandis）」こういった要素は他所にも見受けられる。しかし、当時のこの組み合わせは、他に類を見ない。

英国の歴史もまた、独自のものだった。議会とロンドンに対する闘いで、ステュアート朝のチャールズ一世は一度、敗北を喫した。しかし、屈服してから貴族と商人による一種の共和制――ポーランドとヴェネツィアの体制を半々にもつような制度――を運営してゆくどころか、君主制の特権と信じたものを国王は力で擁護したのである。そこで紛争は革命に転じたが、この種の革命はヨーロッパで最初といえる。すなわち、王党派の軍隊と議会派の軍隊との間で内乱が起こり、ラディカルな平等主義的傾向が擡頭し、国王の裁判と処刑が行なわれ、急進派の革命家と穏健派の衝突の後、クロムウェルという指導者が出現し、独裁政治が推進される〔一六四二-四九年、ピューリタン革命〕。この独裁政治とともに、英国はヨーロッパの舞台に再登場したといえる。クロムウェルは、航海条例〔一六五一年〕によって規定された英国船舶の優位を強制しようとしてネーデルラントに戦争をしかけ〔一六五二-五四年、第一次蘭英戦争〕、フランスと結んでスペインに敵対し〔一六五四-五九年〕、アイルランドを侵略、占領した〔アイルランド植民法〕。クロムウェルの死後、ステュアート朝の王政復古がなされたが、それも十年後には、フランスに追従する宮廷内での絶対主義的なあこがれとカトリシズムへの郷愁と、いずれにも反対する国民との間の紛争がかきたてられる結果となった。チャールズ二世が没した後、短期の平和的な革命〔一六八八年、名誉革命〕が新たに起こり、オランイェ公ウィレム（ウィリアム）が英国王位についたのである。

同じ頃フランスでは、ルイ十四世の支配下、絶対権力体制が完成していた。軍制は近代化された。すなわち、国土の中心部を非武装化する一方で、国境付近には一連の要塞が建設され、海港も要塞化され、海軍は追跡戦に勝てるように準備された。他方、外務省、戦争省、財務総監府をはじめとする省庁の再編によって、官僚制度は効率をあげるようになった。中央権力から派遣された地方長官は、各自自分の責任のもとに総徴税区を支配し、彼らの管轄下、それまで自律性を保っていた議会、市町村庁、地方三部会といった機関は暗黙の従順を余儀なくされた。重商主義の精神にあふれた中央権力は、経済に介入し、商人に会社組織を創設するよう働きかけた。同様に文化の領域にも権力は介入し、リシュリューが作ったアカデミー・フランセーズ〔一六三五年創設〕に加えて新しい王立アカデミーをいくつも設立した。この政策の仕上げとして挙げるべきは、国民教会主義《ガリカニスム》の名のもとにカトリック教会を王権に従属させ、その後ナントの王令を廃棄し〔一六八五年〕、プロテスタントを追放したことであろう。

名誉革命は、すぐに安定をもたらすことはなかった。しかし、一七二〇年代初頭まで相次いで起こった政治的危機は、すべて暴力に訴えることなく解決し、軍事的・政治的近代化に関する英国流解決の本質が問題にされることもなかった。絶対主義とは、大国の地位を追求することに内政問題を従属させ、そのために決定は頂点に集中させ、国家を改革して、上から実現させるほかない制度的刷新の推進役とするものである。他方、貴族共和制とは、強国であるよりは内政を重視し、支配階層の自由と特権を維持することに力点をおくため、その結果、国家の解体と軍事力の低下がもたらされる。前者の形態を完全に体現しているのがフランスであり、ポーランドは忌まわしいほど後者を実現した。英国の解決の独創性は、対外的な強国主義と国内政治とを新しいかたちで結びつけた点にあった。

海軍と陸軍と外交は、英国では宮廷に属する。税制と政治は議会の問題であったが、宮廷の方針を擁護する者がかならず議会にはいた。政府は宮廷を代表してはいるが、その政策を議論し予算を監督する議会のまえで責任をとらなくてはならない。最後に地方行政は、以前どおり、裕福な土地所有者である郷士《スクワイアー》に属していた。制度に関するものも含めて刷新は個人の発意に任されており、個人の権利と自由は法律で保護されていた。それゆえ国家が経済に介入することはできず、市場の発展、取引所、銀行、個人による植民地事業、技術革新への道が開かれていた。こういった条件のもとでは、軍事力の資金調達が市民に害を及ぼす心配はなかった。議員は軍事予算を議決することも否決することもできたが、いずれにせよ徹底的に不信感を抱く理由はまったくなかった。国外での強国主義は、国内での自由を脅かしはせず、むしろ最良の保証をもたらすからである。

領土併合政策に乗り出したルイ十四世のフランスは、ひとつの戦争を終えるには、もうひとつ戦争を開始しなくてはならなかった。フランスに対して組まれた諸国連合には、ときに応じてさまざまな国が参加している。しかし名誉革命以後、英国はつねに対仏同盟に参加していた。さて、それこそフランスにとって、久しぶりに新たな征服をもっては終結しない戦争の幕開きであった。それどころか、イングランドにおけるステュアート朝とカトリシズムの復活、ネーデルラントの没落といった夢――この夢は、両国に対するフランスの政策に時代錯誤的な対抗宗教改革の外見を与えていた――をフランスに放棄させるものだった。そして、この戦争が開始後四半世紀たって終わったとき、フランス国民は疲弊しきっていた。税制の圧力が強化されるあまり、貴族すら支払わなくてはならない人頭税をはじめとする新税が導入されていた。しかし、特別税であれ、税金では十分ではなかった。一六九〇年代前半〔一六九四年〕に新たに設立されたイングランド銀行のおかげで、英国政府は融資によって戦争を遂行することができた。しかしフランスは、国内の資産家と外国銀行の助力に頼らざるをえず、彼らに高利貸的な条件をつけられるため期限に返済することはできず、税収は数年後の分まで担保にされていた。部分的にしか目的を遂げられなかった戦争の政治的敗北と、戦争終結に際して隠しきれず、その後歴史的な投機熱をひきおこした破産状態は、英国の近代化に対してフランス流近代化が劣っていることを示す最初の徴候であった。

ヴェルサイユを含むヨーロッパ諸国の宮廷がこの観点から事態をとらえなかったことは、

驚くには値しない。いまや強国への道がかならず革命を通過しなくてはならなくなったとは、いかなる君主にも容認できるものではなかった。そのような思想は、モンテスキューやヴォルテールのように英国の賛美者をふくめて哲学者《フィロゾーフ》たちには考えられないことだったし、十八世紀後半に多数いた英国愛好者にとっても想像しえなかった。そもそも、名誉革命を大反乱〔ピューリタン革命〕の完成ではなくその対極と見なしていた英国の世論にとっても、この思想は無縁なものであった。しかし、大陸の人々にとって英国が総合的な模範には見えなかったとしても、英国の優位は誰の目にも明らかであった。さらに、英国海軍、貿易、運河、道路、産業の光景以上に、戦争によって、残酷なまでにフランスは自分の遅滞ぶりを見せつけられていた。一時は接近したが、その後英仏両国は十八世紀に通算三度、計二十年間にわたって衝突した。最初の戦争はフランスになんら利益のないまま終わった。二度目の戦争〔一七五四／五五－六三年、英仏植民地戦争〕でフランスは植民地帝国を喪失させられた〔一七六三年、パリ条約〕。第三の戦争では、つぎこんだ努力に比べれば取るに足りないような利得しか挙げられなかった。これが、アンシャン・レジームのフランスが行なった最後の戦争であった。

しかしフランスでは、人口増大と経済発展に支えられて、とりわけ十八世紀後半には近代化の大事業が完成していた。下部構造の領域においては、土木行政組織が中央集権化され、土木技師を養成する学校が創設され〔一七四七年、国立橋梁・土木学校設立〕、幹線道路網が発展し、運河が掘られた。大臣と地方長官は、飼料、人工草地、休耕地の放棄の問題に関心をもち、相次ぐ王令によって農業の技術革新を妨害していた法制を改善し、生産量を増大させようと努力した。農業はまた、地方団体、学者、サロンの関心事でもあった。他方、国内流通を容易にし、産業の進歩を妨げるものを除去するための措置がとられた。最後に、軍制に関する刷新がいくつもなされたことを挙げておこう。すなわち、軽装備部隊の導入、大砲の規格化、野砲の発展、師団の組織のほか、高度の訓練を受けた将校を養成する士官学校――砲兵学校と工兵学校――の創設といったものである。また港、海軍、水兵教育にも多額の資金が投入された。これらはすべて、英国に追いつき、追い越し、復讐するためであった。

しかしながら、この目的を達成するには、さまざまな制度の技術的な近代化――有益で、必要ですらあったが――をはかるだけでは、十分ではなかった。なぜなら、フランスが英国に勝つには、同じだけの資金をもつという条件が不可欠だったからである。ところが、制度の中枢が改革されないかぎり資金不足は解消されない。戦争と平和とそれらに関する諸問題――つまり、すべての問題といってもよいだろう――が国王と顧問官に独占され続け、それゆえ大衆の手の届かないところにあるかぎり、フランスの財政もまた秘密に包まれていた。

そのため、英国政府が享受していた信用に匹敵するだけの信用をフランス国王は得られなかったのである。また、税制、とりわけ直接税を近代化することもできなかった。税制こそ体制の中核部分であったのに、旧態依然たるさまだったのである。もちろん、この世紀の間にいくつもの技術的な改善はなされた。しかし、必要を満たすにはいたらなかった。税制の抜本的な見直しが不可避であったにもかかわらず、君主制がみずから革命的な事業を実現する決意をしないかぎり、それは実行できなかった。実際そのような改革は、たんにいくつかの特権の廃止だけではなく、伝統を断ち切り、貴族と平民との間の法的障壁を再検討することを意味していた。全体の秩序と諸身分《オルド》の大混乱である。つまり、絶対権力が保守的な望みを近代化の目標のために犠牲にすることが要求されていたのであった。バランスのくずれたかたちであれ、もはや保守主義と近代化との均衡を保つことはできなかった。

このジレンマは、長い間しりぞけられてきた。しかし、アメリカ独立戦争——四十年間で三度目の対英戦争である——の後、ルイ十四世の破産以来かつてなかったほど、財政は破綻をきたしていた。君主制は、なお数年、延命をはかって奇蹟的な解決策を求めていた。だがついに、刷新策を推進するために伝統に基づいた措置をとることにした。それは、社会面でのその本来的な保守主義を満足させつつ、国家の近代化の意図を裏切らないものであった。このような実現困難な条件を満たす方法とは、国民《ネイション》に訴えることであった――訴えるように見えたというべきかもしれないが。すなわち、名士会議と三部会の召集である。こうすることでフランス君主制は、英国でかつて形成されていた体制を再現しようとしていた。一方に、譲歩しないためには武力行使も辞さないという決意を固めた宮廷があり、他方に、国民がいる。フランスでは国民という場合、英国の議会ではなく三部会、ロンドン商人のかわりにパリ市民、非国教徒のかわりに、啓蒙主義と急進的思潮に教育された世論を意味している。似たような原因は似たような結果を生むものである。こうして、フランスでも革命の勃発は時間の問題であった。

第十五章　アメリカとロシアの間で

十七世紀にいたるまで、ヨーロッパ世界はラテン・キリスト教世界と合致していた。しかし、ラテン・キリスト教世界は、著しく拡大してきていた。十六世紀以降、中南米において、ポルトガル、スペインおよびカトリシズムによる新しい〈ヨーロッパ〉が形成されていたからである。そこからはスペインをはじめとするイベリア半島諸国に貴金属がもたらされたし、逆にイベリア半島の余剰人口が新天地の植民地化に向けて送り出された。中南米のおかげで、旧世界は、とうもろこし、じゃがいも、タバコといったさまざまな産物を得ることができた。また、その他の文化のなかでヨーロッパの位置はいかなるものか、という魅惑的な問いがヨーロッパ思想に投げかけられた。世界と人間に関する古来の確信の再検討、旅行記・ユートピア文学・架空旅行記の誕生と流行、ヨーロッパ心性の特徴のひとつになるであろう民族学的好奇心の出現、ヨーロッパ文化の内部からヨーロッパ文化の優位を疑問視する文化的相対主義の擡頭。これらが、アメリカ大陸の発見と、インディオ、アステカ人、インカ族とキリスト教徒とが遭遇した——皆殺しにしたり奴隷にしたりしたのだが——ことによって及ぼされた知的反響である。いったい文明人はどこにおり、野蛮人はどこにいるのか。すでに十六世紀に提出されたこの問題は、今日まで何度も繰り返し問われ続けている。

海路を発見したヨーロッパ人が到達した古来の国々ならびに新世界は、ヨーロッパ人の地平に出現して以来、ヨーロッパで起こることに関してさえ、間接的だが強力な影響力をもってきた。アメリカ大陸の銀はスペインの軍資金となったし、大洋貿易は英国の優勢の基礎になった。しだいに植民地が戦争の係争点になっていったが、それはヨーロッパ諸国がインドを支配下におさめ、中国に侵入し、日本に近代化を強制し、アフリカを植民地化するというように、ヨーロッパ以外の地域で戦争をするようになったからである。また同時に、ヨーロッパの外に多様な〈ヨーロッパ〉を再現したからでもある。たとえば、十七世紀初頭から北アメリカでは、フランス語を使う少数のカトリック信徒を含むが大方は英語を話すプロテスタントからなる〈ヨーロッパ〉ができていたし、十七世紀末には、南アフリカでオランダ語を用いるユグノーの〈ヨーロッパ〉があらわれ、その後十八世紀末にはオーストラリア、十九世紀以降はニュージーランドで英語を話すプロテスタントの〈ヨーロッパ〉が生まれた。

世界貿易は発展する一方であったし、スペイン、ポルトガル、英国、フランスといった諸国の人々に始まり、その後アイルランド、イタリア、ポーランドの人々、ユダヤ人、それほど多くはないがその他のヨーロッパ諸国からも海を渡っていった移民は、新天地に根をおろし、そこを祖国とし、祖先の記憶をとどめながらも混血によって新たな国民《ネイション》を形成していった。合衆国、ラテン・アメリカ諸国、オーストラリア、ニュージーランド、カナダの独立にともない、〈ヨーロッパ〉は数を増し、多様化していった。元来の地理的基盤から離れ、地球規模になったのである。

それらと並行して、十七世紀以降、ヨーロッパ世界はラテン・キリスト教世界の外にまで拡大しはじめた。ビザンティウムを起点とした布教を受け、十三世紀にモンゴル人に征服されたモスクワ大公国は、つねにラテン・キリスト教世界の外部にあった。それゆえ、封建制、身分社会《オルド》、最初のヨーロッパ統合、芸術文芸の再興、人文主義、宗教改革のいずれとも無縁であった。キリスト教の統一が崩壊した後、ローマとカトリック信徒に対する憎悪は、モスクワがコンスタンティノポリスから受けた教育に含まれており、コンスタンティノポリスがトルコ人に征服されて以降は、モスクワこそが正教会の継承者となった。宗教、社会組織、文化、歴史のどれもヨーロッパとは異なるロシアは、それに先立つモスクワ大公国と同様、十七世紀末までヨーロッパには属していなかった。ただし、いくつかの王家と婚姻関係を結び、印刷術、火器などの技術を導入し、十六世紀中葉以降は英国・ネーデルラント・フランスの船舶によって白海経由で貿易を行ない、バルト海への到達を妨げていたスウェーデンおよびポーランドと戦争をするといった程度の交流はあった。

コンスタンティノポリスの陥落〔一四五三年〕と、モンゴル支配に続く「タタールのくびき」をモスクワ大公国が脱した時点〔一四八〇年〕とは、三十年足らずのへだたりしかない。ギリシア人がカトリック信徒に譲歩したために〈第二のローマ〉を喪失した以上、正教会の信仰を世界で勝利させるための任務を帯びた〈第三のローマ〉になるのはモスクワしかないという主張は、この符合に由来している。十六世紀中葉、モスクワ大公イヴァン雷帝は、全ロシア皇帝《ツァーリ》の称号を得、ビザンティウム皇帝が所有していた象徴をすべて受けついだ。こうしてイヴァン雷帝とその後継者たちは、聖なる人物とされるだけのカリスマ性を獲得した。もちろん、相次ぐ偽皇帝〔偽ドミトリー、一六〇一年〕、動乱《スムータ》、暴動が排除されはしなかった。しかし、カリスマ性のおかげで、皇帝は世俗的かつ宗教的な権力をもつと主張することができ、教会支配を強化して十七世紀後半にはモスクワ総主教との明確な紛争を始め、勝利をおさめるにいたった。

他方、ツァーリには経済的自立も保証されていたが、その根拠となっていたのは、直接税と間接税、対外貿易と地下資源の独占、そしてとりわけ、土地のほぼ完全な独占所有であった。土地の所有権をもっていたのは王侯と大貴族「ボヤーレ」の家系だけであり、「ポメーシチキ〔封地領主〕」には、軍事奉仕と引き換えに、土地を耕す隷属農民を受けるとともに土地を使用する権利だけが認められていた。そのため、「ポメーシチキ」はツァーリに対しては厳しい従属関係におかれていた。いかなる選出議会も考慮にいれる必要もなければ――「ドゥーマ」とは「ボヤーレ」で構成された一種の諮問機関で、その意見には強制力はなかった――、司法の命令に妨害されることもなかったツァーリは事実上、独裁君主であり、絶対主義が開花する前のヨーロッパの君主よりも強大な権力を握っていた。

このおかげでピョートル一世〔大帝〕は、成年に達するやいなや、スウェーデンはいうまでもなくトルコとも戦闘不可能だったロシア軍の近代化に着手できたのである。実のところ、ピョートルは軍隊を新たにひとつ創出せざるをえなかった。なぜなら、一種の銃兵隊であった「ストレリツィ」――元来十六世紀中葉にはエリート軍だった――は、職業軍人制軍隊の要請とは相容れない彼らの伝統的な生活様式を守るために反乱を起こしたからである。だからこそピョートル一世は、西欧から将官と士官、築城技師、火砲と大砲の鋳造工を招聘《しょうへい》し、同じく、海軍を設立するために船舶建造の専門家と航海士を集めたのである。しかし、ピョートル一世はそこに留まりはしなかった。あらゆる制度をひとつひとつ西欧化する一方で、国内の社会的エリートには、ヨーロッパ式の服装、ヨーロッパ風の外見――ひげを剃り、かつらを着用する――、西欧諸言語ならびに近代的軍隊と官僚制に必要な新技術の習得を強制した。

総主教制を廃して宗教協議会、その後宗務院《シノド》を設けるとともに〔一七二一年〕、法律上ツァーリは教会の首長となり、いまや単に聖化されただけでなく、文字どおり神格化され、ツァーリ礼拝が典礼に導入された。西欧風に組織された宮廷は、ヨーロッパのその他の宮廷の礼儀作法に準じた礼儀作法に、神の生ける姿、キリストの生ける似姿《イコン》、生ける神であるツァーリの崇拝を結びつけた。「ドゥーマ」は消滅し、「ポメーシチキ」と「ボヤーレ」は、軍隊か官庁でツァーリに奉仕しなくてはならない貴族に変容した。鉱山、製鉄業をはじめとする産業、対外貿易の発展を奨励するために多数の措置がとられた。また、旧来の首都モスクワに代えて、スウェーデンから奪取した〔一七〇三年〕バルト海沿岸に「無から（ex nihilo）」建造した西欧風の都市サンクト・ペテルブルグを首都とした。

いまや強大な勢力となり、トルコを破って領土を併合し〔露土戦争〕、ポーランド分割〔一七七二-九五年〕に参加して大半の土地を占拠し、革命期のフランスとナポレオンのフランスとの戦争に勝利をおさめた——十八世紀半ば〔一七五九年〕にベルリンに侵入したロシア軍は、今度はパリにまで侵攻した——ピョートル一世の後継者たちは、ロシアの近代化を推進していた。西欧の学者、技術者、芸術家を招聘し、科学アカデミー〔一七二五年創設〕、大学、リツェイ（貴族高等中学校）を創設し、国外に留学生を派遣し、芸術作品をコレクションごとまとめて購入し、こうして社会階層の頂点に啓蒙文化を植えつけたのだが、同時に、最上層部も含めて社会階層全体の秩序と服従の維持に留意してもいた。さまざまな変動を見せながらも、この状態は一八二〇年代中葉まで続いたが、このときついに、ピョートル一世以前の時代への回帰ではなくフランス革命で生まれた思想の名のもとに、最初のロシア・エリートの反乱が勃発した〔一八二五年、デカブリストの乱〕。

この時点で、ロシアはヨーロッパの一部になったといえるだろうか。知的エリート、作家、学者、芸術家といった人たちに関しては、そういえるであろう。同じく、教育研究機関、エルミタージュ美術館、博物館、バレエ、劇場、オーケストラについても、たしかにいえるだろう。またとりわけ、ヨーロッパの戦争と外交、つまりヨーロッパの歴史に参加した——それは逆に、ロシア内部の変遷に影響を与えた——点を考えれば、まったくロシアはヨーロッパに属すといえよう。しかし、統治体制に関しては、国内をヨーロッパ化しようと企画した時期にまさしく独裁的性格を強化し、宗教の掟と伝統の尊重よりもツァーリが優先すると規定する、ヨーロッパの絶対主義とは比較にならないような体制である以上、答えは否である。同様に、農奴制が存続し、貴族ですら自由も自主性ももちえない社会を見るならば、ロシアはヨーロッパの一部とはいいにくい。さらに、ラテン世界に由来するものすべてを徹底的に否定しようとする正教が勢力を保っていることによっても、否定的な答えを出さざるをえない。矛盾するふたつの答えがあることは、ロシア文化そのものの中心問題を明らかにするものであろう。新旧論争、伝統主義者と革新主義者の論争はあらゆるヨーロッパ諸国で繰り広げられたが、ロシアでは、ヨーロッパにロシアが加入することに関する反対派と賛成派、「スラヴ派」と「西欧派」の衝突というかたちをとっていた。

この問題は、正教に属するその他の国々にも存在する。すなわち、オスマン帝国の解体の結果、十九世紀に独立した、ギリシア（一八二九年独立）、ルーマニア（一八七八年独立、八一年王国）、セルビア（一八七八年独立）、ブルガリア（一八七八年独立）という諸国である。いずれもいまやヨーロッパの歴史に加わり、ヨーロッパ式の制度をもっている。しかし、どの国でも、ヨーロッパとの関係が相互の敵対意識に染められていた時代の名のもとにヨーロッパへの所属に反対する勢力は、相変わらず活発であった。とりわけ、正教会の力である。そのために、アイデンティティを排他的に土着の伝統と同一視するか、ヨーロッパの一部としての過去――ときにはいささか神話的な過去でもあった――に訴えて定義するかをめぐって論争が展開された。しかしながら、各国の知的活動と国内紛争への影響がなんであれ――たしかに軽視しえない影響はあった――、ロシアを含めてこれら諸国は、ヨーロッパの政治活動、軍事同盟、文明に統合されていた。したがって、いまやヨーロッパ世界はラテン・キリスト教世界と合致しなくなった。西欧化がトルコにまで及ぶとき、ヨーロッパ世界はキリスト教世界とも重ならなくなるであろう。

ロシアの近代化と同じく、アメリカ合衆国の誕生は、ヨーロッパの戦争の副産物である。当初、北アメリカにあった十三の英国植民地を結びつける絆はほとんどなかった。それら植民地の法制は相互に異なっており、それぞれ固有の社会問題をかかえていたし、植民地どうしを統合する関係よりは、本国と各植民地とをつなぐ絆のほうが緊密であった。しかし七年戦争の結果、英国議会が彼らの経済活動に税金を課したとき〔一七六五年、印紙税法〕、十三植民地は、自分たちの利益を擁護するためと同時に、「代表なくして課税なし」とする基本原則の名の下に、この措置にほとんど全員一致で反対した。一度は勝利をおさめたものの

〔一七六六年、印紙税廃止〕、植民地が掲げた原則が認められなかった以上、解決は延期されたにすぎなかった。それゆえ、租税をめぐる英国とアメリカ植民地との紛争は日常化し、ついに議会の権威がおおやけに踏みにじられ〔一七七三年、ボストン茶会事件〕、その結果、反乱分子を処罰するために軍隊が派遣され、戦争が勃発し、独立宣言が発せられる〔一七七六年〕という出来事が相次いで起こった。旧来の本国の英国がようやく独立を承認する〔一七八三年、パリ条約〕まで、フランスも参加して数年間も戦闘は続いたのであった。

十八世紀末、こうして世界の政治地図には、独立戦争の結果生まれた新しい国家が加えられた。自分たちの出身国に対して人々が武装蜂起したという点によって、この戦争には革命的な性格がいくつも与えられている。共和制、行政機関の非介入主義、民主主義政府、連邦制、司法の独立、出版報道の自由。新国家のこれらすべての特徴には、その起源の刻印が押されているといえよう。西部に向けて漸次フロンティアを移動させることに専念していたアメリカ合衆国は、国際舞台では長い間、活発ではなかった。しかし、その誕生そのものが、とりわけフランスに深層まで及ぶ影響を与えたのである。ロシアとアメリカ合衆国という、たがいに相容れない原則を体現するふたつの大陸国家の間にヨーロッパがはさまれていると人々が意識するには、五十年しかかからなかった。「二国の出発点は異なり、その道は違っている。しかしながら、摂理の秘密の采配により、両国ともにいつの日か、世界の半分の命運を握るよう決められているように思われる。」〔トクヴィル『アメリカの民主政治』一八三五年〕

第十六章　フランス革命、ヨーロッパ文化、国民文化

フランス革命は、たちまちヨーロッパ規模の現象になった。革命は勃発した直後から各地で関心を集め、とりわけ若い知識人には熱狂すらひきおこし、彼らはパリからの情報を議論したり〈自由の木〉を植えたりするために集合した。同様に、ごく早い時期から批判の波も起こり、その凝縮したかたちであるエドマンド・バークの書物〔『フランス革命に関する省察』一七九〇年〕は、刊行時から国際的な事件になった。熱狂の揺り戻しは、それより後、共和国宣言〔一七九二年九月〕、ルイ十六世の処刑〔一七九三年一月〕、恐怖政治〔一七九三－九四年〕、キリスト教廃止〔一七九四年五月〕の後でやってくる。しかしそのときでも、ジャコバン派の追随者を自認する過激派《ラディカル》は、イタリア、ハンガリー、ポーランドその他の地で見受けられる。とはいえ、フランス革命が真の意味でヨーロッパ的な規模に達するのは、フランス軍の銃剣が、ベルギーを皮切りに、イタリア、ドイツ、オランダの後、ポーランド、ダルマティア、

イストリア、スペイン、ロシアに革命を輸出したときである。そのとき、「革命の言語」であるフランス語とともに、フランスで通用している法律、政治習慣、行政・文化制度、度量衡がこれらの諸国に到来した。一言でいえば、革命フランスこそが普遍を体現しており、人類全体の運命をになない、フランスの征服は〈自由・平等・博愛〉の進歩にほかならないと確信している新しいフランス民族主義《ナショナリズム》を、これらの国々は経験したのである。

クロムウェルのイングランドから、レーニンのロシアと毛沢東の中国を経て、ホメイニのイランにいたるまで、あらゆる革命は外部に対して、戦争のかたちをとって拡張してゆく。多くの場合その戦争は、防衛から征服へという移行を示すが、状況によっては、防衛と征服の間を揺れ動くこともある。ともかく、この戦争とは、たんに革命に対して敵が無理矢理強制してくるものではなく、革命の本来的性格の結果でもある。急進化の勢いは、国境を越えて拡大する運動をひきおこし、ひとたび始まるやいなや、拡大化はそれ自体の論理に支配されてしまう。フランス革命も例外ではなかった。フランス革命が改革し、いずれ廃止することになった君主制と同じく、革命にとって戦争は外交政策の正当な道具にほかならず、それゆえ国内闘争の係争点となり、内紛の深刻化にともない、戦争は不可避なものとなった。しかし、財源不足と国民の疲弊が絶対権力を制限していたのに対し、フランス革命の動員力は無限だと思われた。革命は、総動員令を発し、教会の鐘を溶かし、あらゆる学者を軍事生産のために使い、全国の経済を軍需に従属させることができたのである。

なぜなら革命戦争は——これこそがこの戦争を「革命的」と呼ぶ所以である——国家が独占するものではなかったからである。革命戦争は、国民《ネイション》の問題であった。戦争が実現しようとする目標の支持、愛国心、恐怖といった要素の混合につき動かされた国民は、別の場合なら拒絶したであろう犠牲もいとわなかった。戦争とは、革命を推進するメシアニズムを行動に移したものなのであり、革命がみずからに委ねられたと信ずる普遍的使命と、強国願望——これこそが革命の強力な動力のひとつ、いや最強の動力だったというべきかもしれない——とを結びつけた。革命が国民を一度分裂させた後、戦争は外敵に対して国民の団結をあらためて強化し、例外的措置と耐乏生活を正当化し、軍隊に仕事を与えると同時に軍隊を新しい軍隊に変容させた。フランスに物質的な利益と威厳をもたらしたのである。そして戦争は、ヨーロッパをフランスの利害に即して再編成するばかりか、十七世紀中葉以来けっして実現しなかったようなかたちで、ヨーロッパをある意味ではフランスの像に合わせて作り直すのであった。

革命期の将官、第一執政、皇帝のいずれであれ、つねに軍人であり続けたナポレオンは、生涯の最後まで、フランス革命から生まれたフランス民族主義《ナショナリズム》を体現していた。ラテン・キリスト教世界全体を支配する運命を帯びた新帝政は、この民族主義《ナショナリズム》の国家的・軍事的な表現であった。帝国こそ、シャルルマーニュ以来――この大帝の記憶ははっきりと喚起されていた――失われていたヨーロッパの政治統一を再建し、文芸と科学と芸術の都パリを中心として文化的統一を樹立すべきだとされた。文芸の都という場合、それはフランス語とフランス文学の優位のおかげであり、科学に関しては、フランス学士院、パリ天文台、自然博物館といった、当代最高の学者たちが実際に仕事をしていた研究機関のおかげであった。また芸術の都という所以は、古来の王家の蒐集品以外に、フランス軍が通過して略奪した傑作を陳列したために、ルーヴルがヨーロッパ芸術の博物館になったからである。

たしかに、ヨーロッパ大陸には独立を保った国がいくつもあった。じつはその独立は見かけだけの場合もあったが。しかし、ナポレオンの婚姻政策は、各国を同じ支配者のもとに統合し、ついに唯一のヨーロッパを実現しようとするものであった。その場合、いたるところでエリートと官僚の言語としてフランス語を用い、唯一の軍隊、唯一の警察、唯一の検閲をもち、どこでも同じように県知事が指導する県に分割し、同じ高校、同じ博物館、同じ法律と度量衡、同一の科学・文化機関を整備することが想定された。ところが、度量衡を除いて

――それも統一化には一世紀以上を要した――、結果はまったく正反対であった。政治的統合――英国を破産させるために大陸経済封鎖を行なった以上、それは経済的統合でもあった――によって第二のヨーロッパ文化統一を完成させようとしたナポレオンの企画は、かえってそれまでの文化統合の動きにとどめの一撃を加えることになった。

実際、フランス革命と帝政の戦争は、ヨーロッパ諸国に民族《ナショナル》感情の熱をひきおこし、二十年ほどの間に、それはかつてなかったほど熱狂的な状態になった。英国でこのような事態が生じたのは、なんら驚くべきことではないだろう。なぜなら、英国では民族主義《ナショナリズム》は深い根をもっていたし、すでに一世紀に及ぶフランスとの競合においては、重大な経済的利害、英国の安全保障と産業・海軍・植民地に関する第一の強国としての威信といった基本的な政治的係争点がかかわっていたからである。しかし、スペインでも同じような現象がおこったことは――しかも、比較を絶するほどの激しさをもって――、啓蒙思想にひたったフランス人にはまったく理解しがたかった。大司教枢機卿の命令でジャコバン派が貧民《ラッザローニ》に皆殺しにされたナポリのパルテノペ共和国〔一七九九年成立〕の悲劇的な結末からも、ヴァンデーの反乱〔王党派の反乱、一七九三‐九五年〕からも、まったく教訓を得なかったらしいフランス人は、異端裁判や無知な聖職者階層をはじめとする中世の迷妄の桎梏《しっこく》からの解放者として歓迎されるにちがいないと確信してスペインに侵入していった。ところがフランス軍が遭遇したのは、少数の親仏派《アフランセザドス》を除くエリートの執拗な抵抗と民衆のゲリラであった。みずからの君主制、伝統、信仰を擁護するためには戦争のあらゆる惨禍に耐え、かつ敵にも被害を与えようという決意を固めた国民《ネイション》に、フランス人はぶつかったのである。

同じようにティロル地方や、貴族と農奴の身分が完全に分離されているロシアですら、フランス軍の侵攻はスペインと同様、民衆あげての国民的《ナショナル》抵抗をひきおこした。しかし、ナポレオンとの戦いで喫した敗北〔一八〇六年、イエナとアウアーシュテットの戦い〕から最も早く、最も論理的に政治的・軍事的教訓を導きだしたのはプロイセンであった。プロイセンは、言語、伝統、民族史への固執や、とりわけフランス支配の拒否によって民衆と強い絆をもっていたエリート層のかなりの部分の影響を受けて、諸制度を改革し、総動員に基づく軍隊の再編成を行ない、その後、全国民の兵役義務を導入した〔一八一四年〕。国民《ネイション》の観念を戦争遂行に適用しようとした知識人や政治家を含む将官たちに導かれたプロイセン軍は、大量動員からなる軍隊としてはフランス軍についで二番目の国民軍だったが、そのおかげでナポレオンに対する勝利者のなかでプロイセンは特権的な地位を得て広い領土を獲得し、ドイツ統合への道が開けたのである。

これらすべての民衆運動にとっても、ナポレオン帝国を崩壊させようとする秘密結社にとっても、民族独立《ナショナル》の要求は最重要だったとはいえ、それが唯一の祈願だったわけではない。フランスの「人権宣言」〔一七八九年八月二十六日〕が呼びおこした、憲法、選出代議制、出版報道・集会の自由などへの期待もまた、しばしばあらわれている。祖国を防衛するために武器をとったときに獲得した、公的活動への人民の参加を保証する権利への期待もまた、加わっている。少数派ではあったが、こういった祈願に革命のノスタルジーをもちこむ人たちも若干いた。彼らにとっては、革命はジャコバン派の失墜と同時に中断された以上、全員平等の社会を樹立するというかたちで成就するまで革命を続行しなくてはならないという確信があった。ともかく、これらすべての姿勢は、当初は共存しており、しばらく混沌とした状態が続いたのだが、いずれにせよ、すべてはそれぞれの流儀でフランス革命がひきおこした希望を表現しているといえよう。この希望は、ヨーロッパのエリートのなかで革新的グループを活気づけたが、その後、民族主義《ナショナリズム》、自由主義、民主主義、革命主義といったそれぞれの政党の相互に相容れない綱領のなかで明確化され、固定化してゆく。第一次世界大戦まで、政治の舞台は、これらの政党とアンシャン・レジームの信奉者――フランスではボナパルティスムの代弁者たち――との紛争、ならびにこれらの諸政党どうしの闘いによって支配されつづけるのであった。

しかし最初は、これらの希望はすべて挫かれてしまった。スペイン、イタリア、ドイツ、ネーデルラントでは、勝者はアンシャン・レジームを再建し、しかもナポレオン支配下に導入された措置の維持と、領土的変更もいくつか行なった。ハプスブルク帝国とプロイセンは、絶対君主制のままであり、ロシアも独裁制を続けていた。ただフランスだけが、再興された君主制から欽定憲法（一八一四年）と下院をかちとったにすぎない。他方、ナポレオンの失墜とともに、ウィーン会議（一八一四―一五年）はヨーロッパの新たな地図を描くことになった。ネーデルラントは旧来の連合州にベルギーを加え、プロイセンは、プファルツ地方とマインツを除くライン河左岸、スウェーデン領ポンメルン地方、ザクセン地方の一部とポーランド北西部を獲得した。サルデーニャ王国は、サヴォワ地方、ニース、ジェノヴァを併合した。イリュリア、ティロル、ガリツィアの諸地方を取りもどしたオーストリアは、北イタリアも占拠して支配下におさめた。ロシアは、スウェーデンから分離したフィンランド、トルコから奪ったベッサラビア、ならびにポーランドの三分の二の領域といった征服地を保持した。これと並行して、英国、オーストリア、プロイセン、ロシアの間で締結され（一八一五年、四国同盟）、数年後にフランスも加盟することになる同盟（一八一八年、五国同盟）によって、〈ヨーロッパの均衡〉を根本概念とする国際関係の体制が決められた。英国から見て、このような均衡を維持することは、ヨーロッパ列強の大陸支配を妨害することにほかならなかった。つまり、この体制は、大陸支配の可能性をもっていたフランスとロシアにのみ向けられていたのである。三十年以上にわたってメッテルニヒが外交政策を指導していたハプスブルク帝国にとって、この〈ヨーロッパの均衡〉の維持は、必要ならば外国の介入に訴えても各国国内の既成秩序を保つことを意味していた。この体制を補完したのが神聖同盟〔一八一五年〕であったが、これは、メッテルニヒの原則を適用し、それぞれの国内で革命的な試みをすべて共同で軍事的に抑圧しようという決意を固めた大陸の君主制国家を結ぶ同盟であった。

これらはすべて、民族主義《ナショナリズム》、自由主義、民主主義の理想にさからうだけでなく、経済的・制度的近代化にも反抗するものだった。近代化は、戦争には革命を生む危険があると確信している諸国王の協調を樹立すべき〈ヨーロッパの均衡〉によって、不要になったと思われたのである。「現状」の主要な番人であったオーストリアとロシアは、こうして固定化の道を進み、しかもそれを他のいたるところで強制しようとした。神聖同盟とヨーロッパの革新派エリートとの争いは不可避だったのである。それゆえ、十九世紀前半、ドイツでは学生が陰謀を仕組み〔ブルシェンシャフト〕、スペイン、ナポリ、ピエモンテ地方、サンクト・ペテルブルグでは将校が権力の転覆を試み、フランスとベルギーでは革命が勃発し、ポーランドでは民族蜂起が起こり、ついにはフランスの新たな革命〔二月革命、一八四八年〕に続いて、ヨーロッパ全土が政治的・社会的騒動の強力な波に呑まれることになった。ベルリンではデモ行進が繰り広げられ、ウィーンとプラハではバリケード戦、イタリアでは反乱、ハンガリーでは独立戦争、ドナウ地方の諸侯国では政情不安が発生した。ただロシアだけがこの「諸国民の春」の波及をまぬかれ、ロシア軍がハンガリーとモルダヴィアで独立運動を弾圧する一方、ヴァラキアの弾圧はトルコ軍に任せたのだった。

ナポレオンの失墜からこれら一連の事件までのほぼ三十年間で、「現状」の変更に成功した民族蜂起は、わずかふたつしかない。すなわち、一方でオランダの支配に対して起ち上がったベルギー人の反乱〔一八三一―三九年〕があり、他方、それより以前、オスマン帝国に反抗したギリシア人の運動があるだけである。ギリシア解放戦争〔一八二一―二九年〕こそ、とりわけ独立派とともに戦ったバイロンが没した〔一八二四年〕後は、ヨーロッパ全土を興奮させた唯一の事件となった。たしかに、英国、フランス、ロシアの軍事介入がなければ、親ヘレニスト〔ギリシア独立運動支援者〕のグループと連帯デモだけでは、ギリシア人の勝利を保証し、ギリシアの独立を実現させられはしなかっただろう。とはいえ、ギリシア人の蜂起に対する世論の反応は、ヨーロッパ文化のなかで民族観がいかなる位置を占めるようになったかを示唆するものといえよう。この点で、ヨーロッパ文化は、十八世紀中葉の文化とは顕著な相違を示している。

ラテン語の非宗教的な使用は、いくつかの特殊な分野を除けば消滅した。フランス語の使用は、アンシャン・レジームの遺産が最も強力に残っている外交と上流階級サロンだけに限られるようになった。生きた文化は、それ以外のところにあるのだ。文化に活気を与えるのは、あらゆる国でわきおこった、部族の根源、言語、領土、民族史への情熱である。ウォルター・スコットの範にならった歴史小説、敬虔な態度で発掘、公刊される民族史史料、祖国の特殊性を示す景観や自国の歴史における英雄と大事件——史料に基づくものであれ伝説的なものであれ——を描く絵画、人々が蒐集し、いずれ博物館に収蔵されるであろう歴史の遺物。これらはいずれも、こうした情熱を表現するものにほかならない。文化の主要構成要素にまつりあげられた国民性《ナショナリティ》は、文化自体の綜合的再編成を余儀なくさせるものであった。

エリート文化は、もっぱら古典古代だけに向かう姿勢を放棄した。それは理解できる。なぜなら、古代はヨーロッパ人の共有財産であったのに、いまや各国民《ネイション》それぞれが固有にもつ財産に価値をおくようになったからである。ローマ以上に古代ギリシアが、芸術でも――とりわけ、大英博物館に展示されたパルテノン神殿の大理石〔エルギン伯T・ブルースが運び出した、いわゆるエルギン・マーブルズ。一八一七年より同博物館で一般公開〕のおかげである――文学でもかつてないほど存在感をもっているにせよ、いまは中世こそが、歴史的関心と同時に芸術的想像力を最も強くかきたてるようになった。中世に関して学問的な著作や小説が書かれ、大成功をおさめたし、中世絵画の模倣がなされ、ゴシック建築が再発見され、中世の遺物が博物館を満たした。これと並行して、エリート文化はエリートの作品だけに関心を抱く態度を捨てた。いまや文字より口承が優位にたつと見なされ、人々はホメーロス、『ニーベルンゲンの歌』、武勲詩《シャンソン・ド・ジェスト》に熱狂した。また、民衆こそ創作者の威厳をもつものと顕揚され、国民性《ナショナリティ》の最も純粋な表現と思われた歌謡、舞踊、寓話、物語、伝承、習俗の採集、公刊、研究が行なわれた。これらを文学も発想源としたが、それ以上に音楽は民衆文化を素材にした。ショパン、リスト、スメタナ、ムソルグスキー、グリーグといった作曲家によって、民族の個性はメロディとリズムの相違として表現されたのである。

つまり主観性が勝利をおさめたといえる。それは個人の主観性だけでなく、民衆の主観性でもある。この主観性は個人においては、癒しえないほど不幸な内的葛藤に引き裂かれる場合が多いが、民衆の主観性は、未来への歩みにおいて紛争を超越する能力をもっている。極端な個人主義は、外部から押しつけられる規準、模範、尺度を拒否する。それゆえ、理性は退潮を示していた。眼鏡をかけた学者の眼は、感情と信仰に直面して通用するような、世界についての情報をなんら与えてはくれない。抽象的な散文は読者を失った。歴史ですら、オーギュスタン・ティエリのように詩的になり、リアリズム小説でさえ、バルザックのように詩的になった。なぜなら、感情、知的でない直観、内的ヴィジョン、創造的想像力には、詩こそが言葉を与えてくれるからである。つまり、詩は国語から最も民族的《ナショナル》な部分、特別で無比、翻訳不可能な部分を抽出するのである。だからこそ、詩は文学の女王になり、当時最大の作家と見なされたのは詩人であった。すなわち、飛翔のさなかに雷に打たれた若き英雄バイロン、民衆の未来を予言するミツキェーヴィチ、幻視者ユーゴーといった人たちである。こういった風土のなかで、理性と同じく非宗教化傾向も後退し、宗教が再び流行した。それは、神秘的潮流・宗派の輩出、啓蒙的な宗教性よりも民衆的信仰につらなる信心の採用、宗教芸術の再興といった現象に見られる。

主観性、民族《ネイション》、中世、民衆、庶民の信仰を強調するロマン主義的態度は、十八世紀末から一八五〇年代まで、あらゆる国々にあらわれた。いずれの国でも、ロマン主義の普及、いやそれ以上にロマン主義が支配的な地位を獲得したことでエリート文化は変容し、エリート文化と民衆文化とが、相対立するとはいえ分離不可能な二極をなすように、国民《ナショナル》文化のなかに統合されることになった。たしかに国民《ナショナル》文化はヨーロッパには古来存在するが、それまでは、あらゆる民族《ネイション》のエリートに共通なヨーロッパ文化に従属する地位を与えられていた。その状態がいまや終わったのである。もはや、ヨーロッパ・エリートのコスモポリタンな文化は存在しない。ヨーロッパ文化は、多言語使用者、旅行者、翻訳家の仲介によって相互に影響しあう国民《ナショナル》文化の集合体になった。しかしながら、ロマン主義の支配下に国民《ナショナル》文化がひとたび成立したとたんに、啓蒙文化が完全にあとかたもなく滅んだと結論することは、大きなまちがいである。なぜなら、啓蒙文化は消滅しておらず、国、時代、分野に応じて異なる関係をロマン主義文化ともちつづけていたからである。

ロマン主義文化は、北方から到来した。すなわち、英国、ドイツ、スイスからである。しかしこれらの地域でさえ、ロマン主義文化と啓蒙文化とは両立しえないという主張から、相互の交流と綜合の試みへと移行した。ドイツにおける綜合の試行は、文学ではゲーテ、音楽ではベートーヴェン、哲学ではヘーゲルに代表される。ヘーゲルは、啓蒙主義に直接由来する文明の進歩の観念と、ロマン主義的主観性の感覚との間に一連の媒介を導入し、こうして両者に変容を与えてひとつの綜合のなかに統合するのであった。ヘーゲルの哲学はスラヴ諸国、イタリア、フランス、英国で莫大な影響力をもった。同じく、シュライエルマッハーとともに解釈学が生まれたのも、ロマン主義と啓蒙主義との遭遇によっている。解釈学とは——まずは宗教作品を対象にし、その後、文学・芸術作品に向けられた——、作品の外面にのみ関心を示していた古来の批評とは異なり、作品を理解するために、そこに内在する原則、それぞれの作品に有機的な統一と固有の意味を与える原則を把握しようとつとめる方法である。

作品を理解するには学者がみずからの内に作品を再創造しなくてはならない——ただし再生可能な仕方で——として学者の直観と想像力に訴える解釈学は、考証学者と哲学者の修正を経た人文主義の遺産に当時まで基づいていた、精神史、文学史、哲学史、宗教史、芸術史ならびに文献学を革新した。解釈学の影響は政治史にも及んだが、それはとりわけ、中世の史料を公刊する叢書としてその他の国々でも類似の企画を実現するきっかけになった『モヌメンタ・ゲルマニアエ・ヒストリカ』叢書〔一八一九年刊行開始〕を通じてであった。こういったことが可能だったのは、その他の諸国とは異なり、ドイツの大学が研究と教育を合体させはじめていたからである。それは、真実を理解させるには真実を発見するすべを知り、他人のために真実を自分の内に創造しなくてはならないという解釈学の原則に基づく合体であった。この道は、すでに十八世紀からゲッティンゲン大学によって開かれていた。しかし、プロイセンの近代化をめざした改革の産物であるベルリン大学〔一八一〇年創設〕の内容整備にあたったヴィルヘルム・フォン・フンボルトによって、この原則は最大限に活用されたといえる。こうして国家の財政補助を受けつつも、知識の獲得と伝達に関するすべてに自治権をもつ研究教育機関が誕生した。ベルリン大学の学問的名声は、たちまちあらゆるヨーロッパの大学の模範と称替されるほどであった。

フランス、イタリア、スペインは、ロマン主義の影響を北方から受けた。これは、ヨーロッパ文化史のなかで転回点となる事件である。それまで、これらの国々は他国に影響を与える役割を演じていたからである。なるほど宗教改革はあったが、これは宗教の領域に限定されており、文芸・科学・芸術の新しい模範をヨーロッパのエリートに提示するものではなかった。ところがいまや、はじめて大きな文化的革新が南ヨーロッパを起点にしないという事態が発生したのである。しかし、この刷新は南ヨーロッパにたちまちのうちに到来した。たとえば、スイスの媒介とドイツに亡命していた人たちのおかげで、フランスは第一帝政〔一八〇四－一四年〕下にすでに影響を受けはじめている。いたるところにロマン主義を迎える土壌があったが、それは、秘教的・神秘主義的傾向や錬金術、天啓説の流派の隠れた作用とルソーとによって十八世紀以来、準備がなされていたからである。啓蒙主義と闇の原則——悪魔的原則とさえいえるかもしれない——との緊張関係が作品全体を規定しているゴヤのような画家は、各文化がロマン主義を受容しうるだけの内在傾向をもっていたことを如実に示している。

しかしながら、フランスをはじめとする何か国かでは、ロマン主義は、公式制度をすべて掌握していた啓蒙文化の強固な抵抗に出会った。王政復古はこの点でなんら変更をもたらしはしなかった。ところで一八二〇年代末、フランスの啓蒙文化は衰退からはほど遠かった。ラプラスの天体力学と確率論研究やキュヴィエの古生物学は啓蒙文化の科学における活発さを証明していたし、アングルの絵画はその芸術的な活力を立証していた。啓蒙文化は、人間研究における画期を生みさえした。一八二〇年代以降、ラプラスの路線に乗ったケトレが人間に関する諸現象に統計の手法を応用したため、この見方によって、人間行動は決定論に支配されるものとされたのである。こうして生まれた社会科学は、解釈学的方法とは正反対の立場にあった。

たしかに文学においては、啓蒙主義は堕落し、反キリスト教的要素をすべて失っており、いまや不毛となった古典主義の伝統の一要素にすぎなくなっていた。しかしそれでも、一八三〇年代初頭までは、啓蒙主義はフランスの公式制度内では支配的な地位を占めており、ロマン主義的傾向を周縁に追いやっていた。ロマン主義は、栄光を求める若い詩人、制度をはみ出した画家、大学に属さない歴史家といった人たちに見られるのである。他方、啓蒙主義がアンシャン・レジームと結びついていたため、ロマン派には反体制派的な威光が与えられた。それはロマン主義を信奉する者がみずからブルボン王朝支持派と宣言しても同じである。こうしてフランスでは、ロマン主義と啓蒙主義の衝突は、きわだった政治的性格を帯びたのである。とはいえ、ギゾーの歴史学やコントの実証主義といった綜合の試みを妨げるものではなかった。

英国文化は、文学におけるバイロンとウォルター・スコット、絵画におけるフューズリ、演劇に見られるシェイクスピア回帰、建築におけるネオ＝ゴシックによって、諸国の国民《ナショナル》文化のなかで、最も古くから最も深くロマン主義が浸透した文化といえよう。それに対してプロイセンは、ロマン主義と啓蒙主義との綜合の例を公式文化のなかに示している。他方フランスでは、ロマン主義世代の代弁者を権力の座にのぼらせる変動が起こるまでの長い間、啓蒙主義が公式文化を支配しつづけた。北欧諸国とポーランドでも、状況は類似していた。

しかし最も多いのは、前もって毒を抜かれた啓蒙主義から借用した要素と、宮廷文化・スコラ主義・人文主義とを混合したかたちを主流とする公式文化が支配するという形態である。オーストリア帝国、イタリアとドイツの諸国家、スペイン、ロシアがこれに該当する。これらの国々ではロマン派は、しばしば民族主義《ナショナル》運動と結びついた反体制派――イタリア、ドイツ、ポーランド、ボヘミアがそうだった――であった。もはやヨーロッパの文化地図を単純なかたちで描くことはできなくなったのである。

第十七章　諸国家の道——西欧

フランス革命とナポレオン戦争によって、ヨーロッパは、一千年以上前、異民族《バルバロイ》が「境界線《リメス》」を越えたときに始まった諸国民《ネイション》の漸進的な生成の最終段階に突入した。この生成は、同時にふたつの次元で展開する。一方に、それぞれの国民《ネイション》が、宗主国あるいは属国に対して——ときには宗主国と属国の双方、あるいは単なる隣国に対してでもある——自己を確立してゆく〈水平の次元〉があり、他方に、それぞれの国民《ネイション》を構成するグループどうしの紛争——経済的・技術的革新によって悪化ないし発生した紛争——を解決し、超国民的な文化からエリートを引き離し、社会階層の底辺にいる者たちまでを統合してゆく〈垂直の次元〉がある。各国民《ネイション》を個々に見れば、その軌跡は異なっている。しかし、いずれの場合も出発点は似通っており、到達点も、少数の例外を除けば同じであった。同様に、全体としてひとつの軌跡といえる道程の途上にもまた、それぞれに共通の要素が含まれているのである。

つまり、ヨーロッパ各国民《ネイション》の生成の起点には、しばしば憎みあう異なった部族《エトニー》が、それぞれ指導者、祭司、戦士、平民、信仰、伝統、風習をもって存在する。それは、たがいに理解しあうのが不可能か、きわめて困難な複数の言語共同体であり、一般に世襲的な法的地位、とりわけ奴隷制あるいは自由と従属の対立によって区別された諸集団であった。国民《ネイション》形成の終点には、相当数――少なくとも数百万――の成員からなる共同体ができあがっている。圧倒的多数の場合、伝統、生活様式、信仰、制度、象徴、領土、しばしば無意識の習慣に刻まれた歴史、記念碑、風景、言語によって他の類似した共同体とは区別されてはいる。しかし、共同体の全成員は市民として同一の法的地位をもち、それゆえ現行の法規が定める様式に従って公的活動に参加する同一の権利を有し、年齢・性・健康状態によってのみ変わる同一の義務を課せられている。

しかしながら、この共同体は、しばしば対立し、両立不可能なほど異なった利害を有し、ときには暴力的に紛争状態に入る、複数の社会範疇《カテゴリー》から構成されている。だが、共同体に属することは、その他の点で隔てるものがあろうと、それよりも強力な絆を創造するのだと成員はとらえており、したがってそれは、領土、経済、宗派、職業に関する分裂や、エリートと民衆、都市居住者と農村居住者、信徒と無神論者、ブルジョワジーとプロレタリアートを対立させるものよりも、概して強い絆と見なされるのである。だからこそ、このような共同体の根本性格は、偶発的、一時的、特殊、地方的だとして知識人・芸術家から軽蔑されはしない。つまり共同体は、世界中で認められるべき不滅の作品にインスピレーションを与える価値がないどころか、作品の普遍的な価値を保証するような表現手段、テーマ、モデルを提供することができる――その他に提供するものがないとはいわないが――と見なされる。ただ、科学と哲学だけがこの点で問題になった。

部族《エトニー》から国民《ネイション》へという出発点と到達点を結ぶ軌跡は、六種の要因が作用して生まれた結果である。それらの要因は協力しあったり衝突したり、場合によってさまざまな組み合わせが生じるのだが、さて、いかなる要因があるだろうか。第一に、住民ならびに外国人の目に国を体現していると見え、しばしば聖化されて忠誠な執着の対象になり、共同体のアイデンティティ感情を結晶化している、君主一族がある。第二に、独自の階層構造、伝統、象徴、組織的な暴力と強制力の使用、臣下の管理様式をもつ官僚・軍隊組織としての国家《ステイト》がある。第三に、都市や州（プロヴァンス、カントン）といった領域集団があり、そこでは、国家のある種の特権は住民一般ないしは選出機関に属し、共同体のアイデンティティ感情は、個人ではなく社会生活の慣習形式を中心に固められる。第四に、文芸・学問・芸術を含む文化的諸制度とエリートの存在がある。彼らは、集団的な記憶、集団的な想像世界、言語を共有するという感覚、領土、過去と将来に関する持続的な客観化された土台を産出する。第五に、宗教の制度・権力がある。すなわち、教皇を中心として諸地方に分かれるカトリック教会、正教会、プロテスタント諸派、ユダヤ教のラビといった存在である。最後に挙げるべきは、国民《ネイション》自体ないしは国民の構成要素である。それは、部族の段階からすでに、外部と制度の圧力に抵抗し、ときには主導権を握り、それゆえみずからの歴史の受動的な対象であるばかりか、共同の創造者となる人々の存在にほかならない。以上六つの要素が、あらゆるヨーロッパ国民《ネイション》の命運を動かすのである。ただしそれらの役割と比重は、場合に応じて異なっている。

イングランド、デンマーク、スコットランド、スペイン、フランス、ポルトガル、スウェーデンといった国民《ネイション》はそれぞれ、おもに王家とその派生としての国家《ステイト》によって形成された。たしかに、王家の意図や利害が、軍隊や官僚が理解するような国家のそれと異なる場合はあった。しかし、時とともに、国家は王族より優位にたって王家を象徴にしたてあげ、各君主は元首であると同時に第一の従僕になっていった。そのとき、ふたつの勢力は共同で行動しはじめ、必要とあらば、国家の利益のために王家の利益が犠牲にされた。こういった変遷は、前記の諸国ならびにその他のいくつかの国で起こった。しかし、各国のリズムはそれぞれ違っている。

つまり、これらの国で相次いで指導的な役割を演じた国家と王家とは、結局、イングランド、デンマーク、スコットランド、スペイン、フランス、ポルトガル、スウェーデンとなる大小の領土を結集するために、何世紀にもわたってさまざまな策を講じたり闘ったりしたのである。国家は国境を強要してその防衛ならびに国内安全の確保にあたり、人と物の流通が円滑に行なわれるように意を払った。他方、国家は教会の信仰箇条を認め、その発想を学び援助を受け、しかも国の拡張と覇権の道具に使おうとつとめながら、支配下におく民衆の宗教的統一をめざした。その場合、地域によってユダヤ人を追放したり、ユダヤ人とモリスコ（ムーア人）を排斥したり、あるいは君主と同一の信仰をもたない者を排除したりしたが、どこでも異端の迫害は行なわれた。また、住民の言語的統合も心がけ、王族との一体化、祖国を視覚化するとされた象徴との一体感、外国人に対する原住民の優越意識、伝統・習慣・風習を共有するという感覚を、民衆に——公式的な教会の助けを借りて——植えつけようとした。

王族の問題ならびに国家自体の問題をみずからの利益になるように解決することしか念頭

になかった国家は、こうして国民《ネイション》を組織する核の役割を演じ、各国の〈水平統合〉を、国によって異なるが、十四世紀から十七世紀にかけて肝心なところは完成させることができた。国家はそれと並行して、国内の〈垂直統合〉も追求していた。奴隷制はキリスト教の影響によってすでに十二世紀には事実上、西欧では消滅していたが、それを受けて国家もまた、農奴制の廃止に貢献し、そうして大多数の民衆が個人の自由を享受できるようにした。また、世襲的な法的地位の多様性を徐々に減らす努力もして、ついには貴族と平民の二種だけにすることに成功した。これらの平均化の活動は、国家の強化にともなっており、絶対国家の成立につれて強力に推進されたのだが、国民《ネイション》を垂直的に組織する方向をめざしていた。しかし同時にそれは、国家《ステイト》と国民《ネイション》との激戦を用意するものでもあった。なぜなら、エリートによって代表される国民《ネイション》は、国家の独占によって公務への影響力をすべて喪失したからである。

イングランドとスコットランドなどの統合体である英国では、後のフランス同様、この紛争は革命によって解決され、その結果、ついには政府が選出議会の監督下におかれるような国民主導体制《ナショナライゼーション》が成立した。デンマークとスウェーデンでは、同一の結果が、十九世紀中葉に平和裡に獲得された。これらの諸国では、国民《ネイション》の成立過程がこうして完成の域まで到達したのである。しかし、いずれも農村に居住する農民中心の国民《ネイション》であった。したがって、大衆民主主義にほかならない産業化と都市化の挑戦を受けなくてはならず、それが十九世紀の政治活動の中心問題になった。

スペインでは事情は違っている。スペインにおいては、対仏戦争が同時に革命でもあったのだが、ナポレオンの失墜後、絶対主義の再建を阻止することはできなかった。スペイン国民《ネイション》と国家との係争は、それゆえ二十世紀後半まで続いたのであった。紛争が泥沼化したのは、一方にスペイン国家の多民族性——カタルーニャ人とバスク人も属している——のゆえであり、他方、十九世紀後半以降、農村主体の農業中心国として完成するために起こる問題と、産業化・都市化に起因する問題とが錯綜したからである。権力機構の不安定性を長い間特徴とするスペイン政治史の特異性は、ここに由来する。この不安定さから脱したのは、ごく最近、民主主義の勝利によってであった。ポルトガルはどうか。短期の自由主義的な幕間の後、一八二〇年代末に絶対主義が復活したポルトガルでは、植民地問題に支配されたその後の歴史は、スペインの場合と同じく、国民《ネイション》の完成の二段階が重なり、近年実現した民主主義の勝利にいたるまで、独裁政治と議会制とが交替するというかたちをとった。

スイス、オランダ、ベルギーといった国民《ネイション》は、それぞれ、複数の領土集団——スイスでは都市と農村中心の州《カントン》、オランダ・ベルギーでは都市と州（プロヴィンシ、プロヴァンス）という集団――が共通の敵に対して団結したところから生まれた。スイス人がまず団結したのは、オーストリアに敵対してであり、その後、ブルゴーニュ公国、ついで神聖ローマ帝国とフランスを敵にした。州《カントン》の数も、十三世紀の三州から十六世紀には十三州、十九世紀初頭には二十二州へとふえていった。スイス人の独立が国際的承認を受けたのはウェストファリア条約（一六四八年）においてだったが、条約を無視したフランス革命軍は、彼らにヘルヴェティア共和国を強制した（一七九八年）。ネーデルラント連邦共和国を継承するオランダは、対スペイン戦争から生まれた（一六〇九年、独立承認）。それと同時に、ベルギーもまた誕生したといえる。スペインの占領によってネーデルラント連邦共和国から引き離され、それゆえカトリックの地域になったベルギーは――プロテスタントは北部に亡命した――、オーストリアの管轄下に入ったりフランスに併合されたりした後、オランダと合体したが、オランダに対して蜂起したのである（一八三〇年、独立宣言）。つまり、この三国民《ネイション》は、外部の国家によってまず創設され、その後、外部の支配に対して闘いを起こしたといえる。しかし、ベルギーに関しては外から強要された当初の統一は、スイスとオランダにおいては、宗教改革とともに宗教の分野にまで拡張された古来の地方特権、とりわけ都市特権を中心として形成されていた。

ところで、この統一は、どこでも最初は脆弱であった。オランダでは総督と都市・州《プロヴィンシ》の代表との紛争が統一を脅かしたが、十八世紀中葉、総督の勝利に終わった。以後、革命の余波とフランス軍の侵入があっても、オランダは国家を維持しつづけ、都市も重要だがおもに農業・商業型であった国民《ネイション》を産業時代に適応させてゆくのは国家の役割であった。それは、何度にもわたる憲法の自由化と二十世紀初頭の普通選挙の導入をとおして行なわれた。他方スイスでは、統一は言語の相違によって弱められるばかりか、宗教改革の結果生まれた宗教的分裂にも蝕まれていた。カトリックの州《カントン》とプロテスタントの州《カントン》の紛争が発生したし、十九世紀半ばには内乱が勃発し、それは新連邦憲法の採用によって終結した〔一八四八年〕。それ以後、このスイス連邦——軍隊、官僚、関税、貨幣に関する権限をもつ——は、連邦議会と国民投票とともに、スイスの国民《ナショナル》統一を強化する主要機関になる。独立以後、王家をいただいていたベルギーでは、国家は、大衆民主主義とベルギー国民感情の形成への移行を成功させながらも、言語分裂に対する統合努力では挫折した。連邦制の措置によって、ほぼ百五十年前にスイスで開拓された道にベルギーが進みはじめたのは、ようやく近年のことである。

歴史のある時点で王家と国家とを喪失した民族は、これまで挙げた国々とは異なった国民統合の道をたどった。西ヨーロッパでは、カタルーニャ、バスク、ウェールズ、アイルランド、ノルウェー、アイスランドがこれに該当する。これらすべての民族《ネイション》は、みずからの国家をもっていたが、十三世紀から十六世紀にかけて、異なる民族《ネイション》から生まれた国家が支配する、より広い集合体のなかに統合されてしまった。カタルーニャとバスクはスペインとフランスに、ウェールズとアイルランドはイングランドに、ノルウェーとアイスランドはデンマークに併合されたのである。どこでもこうした併合は、王家の盟約、婚姻、相続の結果であった。それゆえ、伝統的な自治ならびに、それに付随することもあった権利と特権をすぐさま喪失することはなかった。

マドリッドの権力がカタルーニャの権利を剝奪しようとしたのは十八世紀になってからであり、バスクの特権状《フエロス》が廃止されたのは、スペイン内乱（一九三六－三九年）後のことであった。フランスでは、君主制が始めた慣習法・言語に関する特殊性排除の政策は、フランス革命の時期にようやく実効力をもつにいたり、その後、すべての体制によって継続されることになった。ウェールズのイングランド化は、十六世紀以降のことである。十七世紀以後、イングランドはアイルランドの植民地化に乗り出したため、民族的《ナショナル》であると同時に宗教的な長期にわたる闘争が始まった。それによって、カトリシズムへの執着が、アイルランドの民族意識の不可欠な構成要素になってゆくのである。デンマークは、十六世紀にノルウェーとアイスランドの自治をほぼ完全に廃止し、彼らにルター派信仰と公式のデンマーク語を強要し、十七世紀にはアイスランド貿易を独占した。つまり、特別な崇拝の対象になる言語と伝統に基づく、これら諸民族《ネイション》のアイデンティティ意識は、土着の王家と国家をもたない以上、オランダとスイスの場合のように、慣習的な制度を中心として結晶化し、一時はそれを尊重しながらも抑圧者となった国家に対する抵抗ないしは闘争をとおして、成熟したのである。こうした闘争は、暴力の度合に差はあれ、十九世紀全般にわたって行なわれた。スウェーデンに対するノルウェーの闘争は、独立獲得によって終結した（一九〇五年）。その他の闘いは二十世紀まで継続され、なかには今日も繰り広げられているものもある。

イングランド、アラゴン、カスティーリャ、フランスといった諸国家がすでに民衆を統合していたとき、ドイツ、オーストリア、イタリアは神聖ローマ帝国に属していた——もちろん、その所属形態は多様であり、イタリア全土が属したことはなかった。ところで、神聖ローマ帝国は、長い間、南を向いていた。皇帝たちが戴冠式を挙行しようと執着したのはローマであったし、権力を堅固にするために何度も赴いたのはイタリアであった。十六世紀以降、トルコの脅威によって神聖ローマ帝国は、南東を向かざるをえなくなった。こうしたこと、ならびに世襲領土にしか完全な権力をもっていない皇帝の地位のために、神聖ローマ帝国の歴代皇帝はドイツとイタリアで平均化と統合化の政策を実現することができなかったのである。

態様はまったく異なるとはいえ、ドイツとイタリアはともに分断されていた。北ドイツは、バイエルンやオーストリアよりはバルト海沿岸諸国と強い絆をもっていた。北部と東部がルター派になり、南部と西部が、両プファルツ選帝侯国のカルヴァン派地帯とヴュルテンベルクを除いてカトリシズムを維持したとき、さらにこの断絶は強化された。侯国と都市という領土集団もまた、この分割を悪化させていた。なぜなら、領土集団にとっては、領地の拡張と自治権の保持だけが関心の的だからである。帝国制度だけを唯一の紐帯にしているドイツは、きわめて多様な地位をもつ大小さまざまな、およそ三百五十ほどの単位からなるモザイクであった。なるほど、言語と伝統が共有され、とりわけ三十年戦争〔一六一八－四八年〕における共通体験に基づく国民感情は存在していた。しかし、口先だけのものにすぎず、地域ごとの愛郷精神に圧しつぶされていた。国民感情に政治的表現を与えることができる別の要因がまったく欠如していた以上、三十年戦争の終結後、その役割は文化制度が演じはじめるようになったのである。

早くも十七世紀後半から、大学がエリートの国民的統合《ナショナル》に大いに貢献しはじめたが、それにはとりわけ、学生が各地の大学で学ぶ習慣があったことがあずかっている。こうして大学教授のなかには、ドイツの知的世界にあまねく知られる人物もあらわれた。これに続いては、文通、定期刊行物、学会といった「文芸共和国《グレールテンレプブリーク》」の諸制度の時代が到来した。その場合、音楽も忘れてはならない。各地を周遊して公開演奏をする作曲家兼演奏家がいたし、作品もあちこちに流布し、場合によっては私的にアマチュアによって友人どうしで演奏されるというかたちでも広まったのである。一七七〇年代には、ゲーテを筆頭とする「シュトゥルム・ウント・ドラング（疾風怒濤）」の詩人をはじめとする作家たちが、ドイツ史の起源、ドイツ・ゴシック建築をとりあげ、宗教改革や三十年戦争の時代の人物たちをよみがえらせた。だが、それ以上に重要なのは、彼らの詩、小説、戯曲が、全ドイツの読者層に向けられていたことである。その読者層とは、フランス流啓蒙主義の拒否、ルソーの流派の受容、国家よりも個人に対する興味、政治よりも教育への関心を特徴とする「啓蒙主義《アウフクレールング》」の担い手という具体的な存在であり、もはや抽象的な理想型ではなかった。

同じ時期、ドイツ語による哲学もまた、カントの著作とともに飛躍を始めた。

「啓蒙主義《アウフクレールング》」の頂点のひとつというべきカントの著作は、認識の観念自体に革命をひきおこし、空間と時間にいまだかつてなかった意味を付与し、神学の根本を問い直し、倫理学と歴史哲学を革新し、対象が芸術作品であれ人間であれ、判断力批判を行なった。ヨーロッパの哲学に対するカントの影響は深く、しかも長く続いた。カント自身あるいはその継承者か敵を通じてのドイツ文化の全領域への影響もまた深層に及び、持続的であった。ドイツでは哲学の後を追って、ドイツの口承と諸言語を発見することになる文献学、民族史を中心とした歴史学、ドイツの過去と風景を称揚するロマン主義絵画が発展した。中等教育・高等教育機関によって各自が知識を習得すると同時に国民意識を植えつけられたおかげで、いかなる「関税同盟」や国家的統一よりもまえに、ドイツ国民《ネイション》は文化的に統合されたのである。

ドイツとイタリアには、きわだった類似点が多数ある。イタリアは、ドイツと同様に政治的に細分化されており、南北を隔てる境界線が国を横切っていた。北部では、ピエモンテ地方はフランスのほうを向き、ロンバルディア地方はハプスブルク帝国に属し、ヴェネツィアはアドリア海とレバント地方に視線を注いでいた。南部では、ナポリ王国はスペインとの絆を忘れてはいなかった。南北の中間では、トスカナ大公国をはじめとする小型の諸侯領がいくつもあった。それ以外にイタリアの独自性として挙げなくてはならないのは、普遍的目標を掲げる以上、帝国と等しい価値をもつと見なしうる宗教権力の世俗的基盤としての教皇領の存在である。ドイツとは異なり、イタリアは宗教的には均質でありつづけた。しかしこの均質性は、教皇領の存在ゆえに、むしろ、統一化どころかイタリア愛国精神の形成にすら逆行する方向で作用した。

とはいえ、イタリア愛国心が存在しなかったわけではない。しかしそれは、多くの地方それぞれのきわめて活発な愛郷心のうえに重ねられた文化的愛国心として存在していた。この文化的愛国心は、すでに十六世紀に形成されたイタリア史の共通性の意識ならびに、文学語・文学・芸術の統一性の意識に基づいている。また、イタリアの過去の偉大性の自覚と、ダンテをはじめとする英雄の崇敬をも根拠にしている。他方、古代遺蹟への執着と、かつての地位を取り戻すには国を近代化しなくてはならないという、啓蒙時代の著作家たちに顕著だった確信にも根ざしている。イタリア文芸においては古くから存在し、かなり広く普及していたこれらの思想によって、一般世論のかなりの部分は、言語・歴史・文化の共同体としてとらえられた同一の国民《ネイション》に所属し、その国民《ネイション》こそ自分のアイデンティティを保証し、遂行すべき義務を課すものだという感覚を植えつけられていた。

ドイツに関してもイタリアに関しても、フランス革命とナポレオンの時代は、領土の改変と複数の組織・単位の消滅の時期であった。こうした変容によって、いずれにも、きわめて単純化された政治地図がもたらされた。ドイツ——正確にはドイツ連邦〔一八一五-六六年〕——は、約四十の領邦から構成されている。イタリアには、真の意味で重要な国家は五つしかなく、そのうちロンバルディア゠ヴェネツィア王国は、オーストリア帝国に属していた。他方、この時期、ドイツでもイタリアでも、政治参加の訓練を受けた文化的エリートが生まれていた。そのなかには、革命を支持したフランス派もいたし、反革命派の列に加わった者もいたが、大多数の者は、ナポレオン帝国に反抗する国民運動に参加していた。イタリアでもドイツでも、国家的統合の観念が芽生えたのは、この国民運動のなかからである。アンシャン・レジームの復興は、そもそもどこでも完成されることはなかったとはいえ、国家統一を単なる夢想にしかねないように思われた。しかしながら、王政復古の時代に地下組織が継承したその思想は、ロマン主義者の作品に表現され、「諸国民の春」の間に大規模な民衆運動として爆発した——それは反乱、蜂起、武力闘争の試みへと展開していったものの、いずれも失敗に終わったが。しかしいまや、国民《ネイション》の政治的統一の必要は、ドイツでもイタリアでも多数の人々から、文化的統一の正当な結果だと見なされるようになっていた。

そこで、国家がその路線を継承した。カヴールを指導者とするピエモンテ地方は、フランス第二帝政〔一八五二–七〇年〕の援助を受けて、オーストリアとの戦争に勝利をおさめ、イタリア王国が創設された〔一八六一年〕。当初ヴェネツィアとローマは除外されていたが、ナポリと南イタリアを含んだ王国である。少し後、ビスマルクの率いるプロイセンは、まずデンマークに攻撃をしかけ〔一八六四年〕、ついでオーストリアに手痛い打撃を与え〔一八六六年、ケーニヒグレーツの戦い〕、ついには、統一化への最後の障害となる影響力をドイツ南部諸国家に与えていたフランスに立ち向かった〔普仏戦争。一八七〇–七一年〕。この対仏戦争における勝利によってプロイセンは、アルザス＝ロレーヌを併合し、南ドイツを強制的に支配し、ベルリンを首都とする新しい帝国〔ドイツ帝国。一八七一–九〇年〕を創出することに成功した。その間、イタリアはヴェネツィア〔一八六六年、ウィーン和約〕とローマ〔一八七一年〕を傘下におさめていたため、一八七〇年代初頭、イタリアとドイツにおける〈水平統合〉は本質的に完了したといえる。残る課題は、〈垂直統合〉を完成させ、産業とプロレタリアートの発展による問題を解決することであった。

一八七〇年代初頭には、ウィーン会議〔一八一四–一五年〕で構想された西ヨーロッパは、もうほとんど残っていなかった。フランス、ベルギー、イタリア、ドイツで反革命的、反国民主義的な努力をしたが挫折した神聖同盟は、「諸国民の春」とともに潰えた。他方、〈ヨーロッパの均衡〉体制は、体制を推進した諸国家が繰り広げる戦争を阻止することも、戦争に続く政治地図の変動を阻止することもできなかった。しかし、これら五回の戦争——ナポレオンの失墜から第一次世界大戦までに西ヨーロッパを巻き込んだ戦争はこれ以外にはなかった——は、すべてこの時期の半ばの十五年間に集中している。しかも、クリミア戦争（一八五三－五六年）を除けば、いずれもイタリア統一とドイツ統一の産物であった。両国の統合が完成した後、西ヨーロッパは四十年間の平和を享受することができた。この平和は中央ヨーロッパにまで拡張されたが、中央ヨーロッパでは、ロシア、オーストリア、ドイツという諸帝国に併合された民族の満たされない国民国家願望が相変わらず活発であった。この四十年間にヨーロッパ大陸で起こる戦争は、かつてトルコに征服された民衆の解放に結びついて東ヨーロッパで展開されるものだけである。

「現状」維持に基づいた和平を確立することはできなかったものの、〈ヨーロッパの均衡〉体制は、国際関係を平和化することには成功した。というのは、まず、戦争のない時期を数十年も続けることができたし、また、戦争が短期の、局地的な、文明化されたかたちで行なわれる条件を創出したからである。唯一クリミア戦争において戦闘状態がほぼ二年続いただけで、その他の戦争は、すべて数か月のうちに終結し、一年を越えることはけっしてなかった。これらに参戦した国はせいぜい三か国に限られており、戦場も限定された地域であった。たしかに熾烈な戦いではあったが、デュナンによって赤十字が創設され〔一八六四年〕、戦傷者、戦争捕虜、文民保護に関する条約が各国で採択されたのは、まさにその残虐さを緩和するためであった。しかし、戦争が文明的になったというのは、戦争とは軍人の問題であり、彼らだけが祖国の祭壇に生命を捧げるべきで、それゆえ残る国民から特別の尊敬を向けられなくてはならないと見なされるようになったという意味である。だからこそ、将校をはじめとする軍隊の威光が生まれ、軍人の大半が貴族出身だったことも、それに貢献したのである。

これらはすべて、軍事技術の形態が「決戦」に決定的な重要性を与えることにもかかわっていた。ライプツィヒ〔一八一三年〕とワーテルローの戦い〔一八一五年〕からソルフェリーノ〔一八五九年〕とサドヴァの戦い〔一八六六年。ケーニヒグレーツの戦いともいう〕を経てスダンの戦い〔一八七〇年〕にいたるまで、戦争の運命はつねに、限られた場所で短時間のうちに決定した。しかしそれはまた、戦争に課される目的にも関係がある。政治を組織的暴力で継続する戦争とは、均衡体制の枠内では、敵を潰滅させようとして国家が始めるものではなく、たとえば領土か水路使用権を奪取するとか、ある第三国の存在ないしは国境の不可侵性を容認させるとかいう、限られた点に関する意志を相手に強要するために行なわれるのである。政治家が戦争をとおして達成すべき目的を定義し、場合によっては、よりよい和平を締結するために凱旋将軍の過度の要求を抑えることもできたのは、ヨーロッパのいかなる強国も他国をすべて長期間支配しつづけることはできない以上、あらゆる国が共存する運命にあることを彼らが確信していたことの証拠であろう。全員が最大限の利益を勝ち取ろうとつとめたが、それもすべてこの既存の枠組みのなかでなされたのである。

これが可能だったのは、ヨーロッパのエリートが、価値観を共有しているという意識をもっていたからである。その価値観とは、ある者には封建時代の伝統に由来する名誉であり、別の者にはキリスト教、また違う者には、啓蒙主義に由来する進歩と科学というものである。この意識を一層強化したのは、王家と上流階級にとっては相変わらず意義をもちつづけていた家系という絆である。さらにまた、紛争の長期化は、エリート――貴族にせよ富豪にせよ――の権力を弱め、大衆が公的舞台に侵入したり文明が崩壊したりする事態を招きかねないという意見が、共和主義者も含めて広く通用していたことも重要である。他方、少なくともウェストファリア条約以来、危機が直接衝突に転じないようにするために、国家どうしが接触を維持することのできる機構が存在していたことも忘れてはならない。ウィーン会議から第一次世界大戦までの時期は、ヨーロッパ外交の黄金時代にあたり、外交の手続きが成文化され、外交特権が定義され、首脳会談や会議が催され、条約や協定が結ばれ、大使館や領事館が増加した。対外政策の暴力的な側面を軍隊が体現しているとすれば、外交はその平和的な顔だといえよう。つまり、ヨーロッパの戦争が短期の、局地的、文明的なものですんだのは、外交官が将軍の跡を継ぐだろう、また、紛争のきざしが見えたり戦闘状態が開始される段階から早くも、平和を維持するか再建するための解決策を求めて調停者が活動を始めるだろう、ということが前もってわかっていたからでもある。

さて、一八七〇年代以降、とりわけ十九世紀末から、〈ヨーロッパの均衡〉体制は、外交官の努力だけでは救えないほど深刻な危機に突入した。まず、フランスとドイツが、平和的な関係をもちつづけながらも、紛争をやめることがなかったことが、体制を弱めてしまった。この争いは、それまでの係争とは性質を異にしている。なぜなら、フランス国民《ネイション》の〈水平統合〉がすみ、〈垂直統合〉が進展した時点で起こったドイツによるアルザス＝ロレーヌ併合は、単なる領土の喪失としてではなく、国民《ネイション》の一部の切断ととらえられたからである。そもそもこの現象は、ひろく一般的に見られるものである。ヨーロッパの諸国民《ネイション》の統合が進むにつれ、隣国との紛争は以前とは違う経験と見なされるようになった。もはや、紛争はたんに国家《ステイト》だけに関係があるのではなく、国民《ネイション》の成員ひとりひとりにかかわるとされるのである。たとえ、戦争で勝利をおさめるための準備を国に与えておく責任が平時には軍人に帰せられるとしても、戦争はもはや軍人の問題ではなくなる。国民各自が戦争に備えねばならなくなったのである。

〈ヨーロッパの均衡〉体制を崩した要因としては、国民的《ナショナル》イデオロギーの影響のほかに、軍事技術の進歩の影響を挙げなくてはならない。この進歩によって軍拡競争がひきおこされ、敵に暴力を独占させないためには絶対必要な、暴力の利用における工業的有効性の名のもとに、伝統的な価値観への執着が放棄されるようになった。それゆえ、機関銃のような大量殺戮の道具がなんの躊躇もなく採用され、射撃の速度と射程距離と威力、軍隊の機動性、要塞の抵抗力を増す努力が際限なくなされた。ところで、軍拡競争はいまや地球規模で推進されていた。十九世紀末、アメリカ合衆国が国際政治に介入してきたのである。アメリカはスペインとの戦争に勝利をおさめた後、キューバとフィリピンを保護領とした〔一八九八年〕。数年後、日本はロシアに対して大勝利をあげた〔一九〇五年〕。〈ヨーロッパの均衡〉体制が崩壊してゆく一方で、世界的列強だけからなる新たな国家集団が形成されてきた。この集団に属する国家とは、以下のとおりである。アメリカ大陸を支配し、太平洋に拡張するアメリカ合衆国。カナダ、南アフリカ、インド、オーストラリア、ニュージーランド、諸植民地を傘下におさめ、エジプト、ペルシア、アフガニスタン、マレーシアを監督する帝国の中心で、中国にも進出していた英国。アルジェリア、テュニジア、ブラック・アフリカの大部分、インドシナ、太平洋の島々を含む帝国の中心フランス。最後に、バルト海からベーリング海、北極海から中央アジアまで切れ目なく続く領土を保有するロシアである。

ロシアに勝利した日本は、世界的列強集団に名乗りをあげた。ドイツも同様で、植民地を要求し、集中的な海軍増強に突入していった。しかし、この政策は英国からは、その海上支配を脅かしうる危険と見なされ、その結果、英国とフランスの絆は、それまで以上に強化された。他方ロシアは、バルカン半島で新興スラヴ諸国家を支援したため、ドイツの同盟国であるオーストリア＝ハンガリーと紛争状態に入った。以前から始まっていたフランスとロシアの接近は、こうして、正当化する補足的な理由を得たのであった。英露協商〔一九〇七年〕によって、ヨーロッパは相対立するふたつの陣営に完全に分かれた。その間、第一次モロッコ事件〔一九〇五‐〇六年〕、ボスニア事件〔一九〇八年〕、第二次モロッコ事件〔一九一一年〕、バルカン事件〔一九一二‐一三年〕と、危機は加速化していった。世界大戦の機は熟していたのである。

第十八章　民主主義、産業、国民統合

ナポレオンの失墜時に〈水平統合〉をほぼ完成させていた国民《ネイション》——その数は多くはない——ですら、〈垂直統合〉に関しては達成からほど遠かった。大半の国々で復活していた絶対権力にせよ、選挙権と被選挙権を最も裕福な納税者に限定していた法制——英国とフランスの場合——にせよ、いずれも各国国民の大多数を公的活動から排除し、要求を表明したり権利を擁護したりする可能性や、それを代議制の制度内で行なう可能性を奪ってしまっていた。これら疎外された階層すべてにとって、国家は彼らの国家ではなかった。それゆえ、王政復古期〔一八一四－三〇年〕のフランスでは、当時の国家に国民国家の称号を与えることを拒絶し、それを外国から力で強要された創作物としか見なさない者たちもいた。

代議制をもっていたイギリス人とフランス人さえも、経済的かつ政治的な基準によって、当時の言葉を借りるなら「能動市民〔有選挙権市民〕」と「受動市民」に分かれていた。数のうえでは、後者のほうが前者よりはるかに多かった。実際、かなりの規模の不動産所有があってはじめて、公選の権限をもつことができたのである。世襲による法的地位の差別が消滅したか廃止されたにもかかわらず、国民《ネイション》を構成する個人にとって、法のまえの平等は理論でしかなかった。なるほど、「能動市民」のグループに加入するために要求されている財産の所有者になるようつとめることは誰にでもできるが、そのような企図の成功を保証するものはなにもなかった。自由だけでは、公的活動に参加する権利を得るためには十分でなかったのである。一八三〇年代初頭、あらゆる疎外された人々の圧力によって、英国でもフランスでも、選挙制度が改革され、十分な権利を獲得するために乗り越えるべき障害が低くされた。それにより、両国で有権者はいちじるしく増大した。しかし、納税額による制限選挙制の原則自体は、まったく再検討されることはなかった。

じつは、土地所有に力点をおくこの原則は、農村に住む農民主体の国状にはかなりよく適合したものであった。農業国では、社会階層は不動産所有の階層と重なりあっており、住む家がない者や、他人に奉仕している以上自分の意見をもちえない者が発言権をもとうと主張することは、正気の沙汰ではなかった。大地主には小作農のみならず近隣の小地主も間接的に従属しているため、大地主がかなりの部分を所有している選挙区を代表し、住民に損害を及ぼしかねない決定がなされないように監視する権利、いや義務さえも、当然彼に与えられていた。このような体制は、英国ではとりわけ名誉革命以来実績をあげてきていた。それゆえ、英国でも機能しつづけるだろうし、その他の土地でも適用できるだろうと考えるだけの正当な理由はあるように見えていた。

しかし、この外見は偽りであった。英国ですら、ロンドンの発展にともなって早くも一七八〇年代から、納税額による制限選挙制の本来の形態は麻痺しはじめていた。議会に圧力をかけるために群衆が公的活動に侵入してくる場合さえあった。一八二〇年代には、欠陥はますます明白になっていった。それは、大洋貿易と産業の飛躍によって、ロンドン以外のリヴァプール、バーミンガム、マンチェスターをはじめとする都市が発展したことと軌を一にしている。フランスでも同様であったが、フランス革命の記憶と行政の中央集権化により、パリがロンドン以上に大きな政治的役割を演じていた点は異なっている。他方、リヨンやボルドー、マルセーユといった港町の勢力は、そこに住む少数の地主だけに限定されるものではなかった。農村主体で農業中心の国のためにできていた納税額による制限選挙制は、その本来の形式では、大都市人口の代弁者を適切に選出することはもはやできなかったのである。

英国でもフランスでも、一八三〇年代初頭の改革は、都市の富裕なエリートに満足を与えるものだったが、ブルジョワジー全体が公的活動への参加を認められない点に変わりはなかった。この除外が許容しえないと強く受け取られたのは、制度、所有権、財産の不平等に固執しながらも、財産不平等と政治的権利とを結ぶ絆をもはや自明とは認めなくなっていた、教育を受け政治意識のある人々にかかわっていたからである。それゆえ、大土地所有に支配された農村選挙区と、住民がより同質的と思われた都市選挙区における社会関係の相違から出すべき結論は自明であった。すでに一八三〇年代末から、英国では請願運動が開始され、(男子) 普通選挙、同規模の選挙区制、議員が地主でなくてはならないという条件の撤廃、秘密投票、議員の歳費支給といった要求を行なった。これらすべては、ひとつの要請にまとめることができる。それは、各人の政治的権利と、その財産状況とを完全に区別するという要請にほかならない。

こうして、納税額による制限選挙制をはじめとする諸制度自体が、公民権と所有権、国家と市民社会、政治と経済の関係という問題に中心的な重要性を与えていた。だからこそ、あらゆるイデオロギー的論争の要になったのである。富の生産と分配の法則を発見することができる以上、諸国民《ネイション》の進歩を予見できると見なされた経済学は、社会科学の筆頭の位置にすえられ、政治行動を良い方向に導くことができる唯一の学問とされた。そして、十九世紀の思想家は誰もが、政治と経済の両分野の関係に関して各自の理論を提出し、綱領を引き出した。自由主義的な説によれば、ひとたび基本的な自由が保障され、選挙制の不公平が排除されれば、あとは個人の問題であり、市民がふたつのカテゴリーに分けられている点は心配にはあたらないと考えられた。他方、民主主義的な説はそれでは満足せず、地主であろうとあるまいと、各人が政治活動にじゅうぶんに参加する権利をもつべきだと主張した。最後に、社会主義的な説では、公民権の平等は、所有財産に関する平等をともなわないかぎりは虚構にすぎないと見なされ、各自が他人と等しい所有財産をもつか、あらゆる所有物が共有されなくてはならないと要求した。

自由主義理論は、納税額による制限選挙制を維持しつつ、「能動市民」の数をふやす方向をめざす政治綱領をたてた。フランスと英国の選挙法改正は、この立場に由来している。民主主義理論は、納税額による制限選挙制そのものを廃止しようとした。この見方によって、十九世紀中葉、フランスでは普通選挙が成立したのである（一八四八年）。社会主義理論は、一八二〇年代から三〇年代にはなんら政治的な役割を演じなかったが、社会批判の発想源にはなった。それは、ユートピア思想家の伝統を継承する完璧な社会の夢想と、共同所有以外の所有権を認めない、成員が真に平等になれる共同体を創設する試みというかたちをとった。

名誉革命の神話に満ちた一八二〇年代の英国の自由主義者と、その例にならった——目標を達成するために大衆を動員する点だけは異なる——後の民主主義者は、既存の体制を変えるにあたって、法の枠組みのなかで非暴力的な行動に訴え、議会が改革案を採決する方向にもってゆこうとした。社会的な暴動は、彼らの目には惜しむべき事件と思われたのである。だがフランスでは、王政復古に反対する者たちは、王政復古を、貴族階級とブルジョワジーの長い階級闘争の新たな段階と見なし、フランス革命においてブルジョワジーが獲得した権利を貴族階級が奪取しようとする試みだと考えた。一八二〇年代に始まるティエリとギゾーに代表されるフランス史の読み直しに基づき、フランス革命の記憶でかきたてられた、政治闘争を社会階級の闘争と見るこの見方は、暴力の使用を正当化していた。それゆえ、既存の権力を転覆させることが民主主義への正しい道だという確信のゆえに、この立場は革命のイデオロギーに吸収され、それに新たな展望——陰謀ではなく大衆運動によってこのような結果を獲得すること——を開いた。また、政治的平等のみならず経済的平等をも要求する姿勢の点で、社会主義にも消化されたのである。

ナポレオンの失墜から第一次世界大戦までは、百年足らずの年月しか経過していない。だが、ヨーロッパ史においてはわずかな断片にすぎないこの短い期間だけで、ヨーロッパが農業文明から工業文明へと変貌するには十分であった。たしかに、イングランド、フランス、スイス、ネーデルラントではすでに十八世紀から、おもに繊維生産、金属工業、鉱山業に従事する労働者によって、産業労働者の割合はかなり高くなってはいた。しかし産業はあちこちの田園に分散しており、水資源をはじめとする天然資源に依存していた。蒸気機関を産業利用に応用し、石炭などの燃料が確保できる場所ならどこでも産業が発展できることを可能にしたワットの一連の発明とともに、事態は十八世紀末の英国で変わりはじめた。つぎつぎとなされる技術革新に支えられた英国産業は、そのとき拡張期に突入した。一方、続々と改良を加えられたワットの機械はヨーロッパ大陸に浸透し、その普及は当初は遅かったものの、十九世紀後半には急速に各地にひろまっていった。

産業の成長と並行して、一八二〇年代から、イングランドとフランスでは鉄道の発展が始まった。鉄道は一八四〇年代以降、ドイツ、オーストリア＝ハンガリー、イタリアにもひろまっていった。最初は遅々たる進展だったが、十九世紀後半には、これらすべての諸国で鉄道網は年間数百キロずつ伸び、ロシアでは年間数千キロも伸びていった。蒸気船の数もまた、急速に増加した。蒸気による産業革命の第一の波の後、一八七〇年代から、化学革命による第二の波がやってきた。一八九〇年代には、電気と内燃機関による第三の波が始まる。他方この時期には、一連の発明によって写真、電報、鉄骨建築、電話、自動車、映画、ラジオ、飛行機、新型兵器、おもに農業と工業に関する多くの機械、薬品、新製品がもたらされたばかりか、柱時計や腕時計といったそれまで贅沢品であった品物の大量生産が可能になった。

これらすべては、経済、戦争、日常生活を変容させ、国ごとの相違をきわだたせていった。諸国間の格差は十八世紀からすでに見受けられる。ヨーロッパの北西から南と東へ向かうにつれ、都市の数は減り、その平均規模は小さくなり、農業はしだいに旧式になり、村落とその住民の貧困の度合は増し、文明の総合的レヴェルは低下してゆくのであった。しかし、つねに同一の農業文明であることに変わりはなかった。それが十九世紀後半には、ヨーロッパはふたつの地域に分かれ、それぞれが異なる文明に属すようになったのである。ヨーロッパ北西部は産業地帯で、英国からオランダ、ベルギー、北フランスをへてルール地方にいたる軸を中心としている。この軸から、一方でドイツ経由でスウェーデンへ向かう線が派生しており、もう一方はスイスを通過し、その後さらに三方向に分かれる。すなわち、リヨンをへてバスク地方とカタルーニャに向かう線と、ピエモンテ地方、ロンバルディア地方にゆく線と、オーストリア、ボヘミア、シュレージエンに向かう線である。つまりヨーロッパの産業地帯とは、旧来の都市の帯に炭鉱地帯を加えた地域に呼応しているのである。ヨーロッパの農業地帯は、大陸の残る部分をおおっていた。

一八八〇年代初頭、ヨーロッパ産業地帯の諸国——英国を除く——の人口の半分近くは、まだ田園に住み、農業に従事していた。この状態が変わるのは、ようやく第一次世界大戦の前夜になってのことである。しかし、どこでも都市の発展はじつに急速で、産業労働者を含む都市居住者の比重は、同じ時期のヨーロッパ農業地帯におけるより、はるかに高かった。こうして早い段階から——英国では一八二〇年代、フランスでは一八三〇年代に始まる——ヨーロッパ産業地帯は、大量の移民の都市への集中が引きおこす問題に直面することになった。農村から流入してきたばかりのこれらの移民は、新しい環境に来た不安にかられ、悲惨な生活を余儀なくされ、農村共同体、小教区、家族という社会統合の制度の影響を奪われてしまった人たちである。彼らの流入によって起こる問題とは、まず、犯罪、売春、失業時の乞食暮らしという、警察にかかわる問題である。つぎに、アルコール依存症、病気、死という公衆衛生に関する問題があり、最後に、農民から工場労働者になりつつある層が、伝統的な正当性を欠き、しばしば強制と暴力によってしか権力に根拠を与えられない新興都市勢力に対して抱く深い敵意の結果として生まれる、政治的問題がある。

それゆえ、一般にキリスト教倫理に基づく慈善家と社会改革主義者は、労働者の境遇、生活と仕事ぶりを描写し、改善に向けた措置を提案し、認めさせようと努力した。労働者の状態が秘める危険を察知し、かつて田園に存在したはずの社会調和を工場に再現するための経営家族主義政策をとる意志のある雇用者層のなかには、彼らの努力を支援する者もいた。この同じ社会調和は、経済学者のなかで最もひろく通用していた立場によれば、産業を妨害せずに発展させさえすれば、ほとんど自動的な結果としてあらわれるにちがいないとされた。なぜなら、産業の発展は社会に有益な変化だけをもたらすだろうし、富の増加は、生活水準の全体的向上をつうじて、貧困とそれが生み出す社会病理を除去するにいたるにちがいないと思われたからである。なかには、産業の進歩の結果として、階級間の相違が消し去られ、平等な社会としての生産者社会が誕生すると予言する者さえいた。社会主義の産業中心主義的な変種といえるこの立場によれば、産業の成長こそ、労働問題を解決する唯一の手段であった。ここでは投資は倫理的な要請の威厳を与えられ、資本家は人類の恩人となるのである。

この見方に対しては、企業家を破産に追い込み、労働者の職を奪い、職にある者の生活水準さえも低下させてしまう経済危機の存在がとりわけ指摘され、十九世紀後半には、恐慌の周期性が発見された。ところで、もしも恐慌が資本主義経済に内包されているのであれば、将来の社会調和が不可能になるばかりか、労働条件の持続的で根本的な改善さえも不可能になる。失業と貧困、ならびにそれらに付随した諸現象は、この観点からは、資本と労働の分離、生産手段の所有と労働力の分離という近代産業経済の本質的特徴の結果としてあらわれる。しかも、こういった分離は、たんに経済的な現象ではない。なぜならこの分離は、社会をブルジョワジーとプロレタリアートというふたつの階級に分割し、前者だけがすべての権利をもち、後者にまったく権利が与えられないという事態を生み出すからである。

こうして労働問題は、政治と経済の関係にかかわる問題につながる。長期にわたり両者を結びつけたのは、マルクスの功績である。歴史の進歩の必然的到達として、所有権も権利ももたない――それゆえ固有の利害をまったくもたない――プロレタリアートの解放は、マルクスによれば、人類の解放と同一視される。労働者階級が代表組織から教育を受け、生産力と支配関係の係争を解決する唯一の形態たる平等社会を樹立する任務をもつと自覚したときに実現するだろう革命的変動の結果としての生産手段の共有というかたちをとって、この解放は成就するであろう、とされた。社会主義の原型と呼ぶべきマルクスの理論は、すなわち未来を指向しており、政治行動の綱領へとつながりうるものであった。

ユダヤ系ドイツ人、哲学博士にして、古典的教養をもち、ヘーゲル思想の感化を受けたマルクスは、パリとブリュッセルに滞在した後、ロンドンに居を構えた。ロンドンでマルクスは、各国の首都に多数存在した諸国の革命派知識人の代表がしていたような活動を展開した。マルクスの毎日は、政治活動と、家族の生活を保障する――あまりたいした稼ぎではなかったが――ためのジャーナリスト活動と、プロレタリアート闘争を科学的に正当化すると見なされた哲学的・経済学的著作の準備に捧げられていた。当初ドイツの新ヘーゲル派とロンドンの亡命者のなかで有名になったマルクスは、個人的接触と、とりわけ著作や論文をとおして、徐々に国際社会主義運動の中心的存在になっていった。マルクスの著作は、十九世紀末までにヨーロッパの大半の言語に翻訳された。マルクスの教えに基づく社会民主政党の出現とともに、マルクスの思想は、ドイツをはじめとする各国の労働者世界に到達する一方、大学にも浸透し、経済学、歴史学、社会科学に影響を与えた。ブルジョワジーのヨーロッパに対して、マルクスはプロレタリアートのヨーロッパを体現し、その認知を要求したのである。

労働者とその生活条件が社会につきつける挑戦は、なによりもまず政治的なものであった。なぜなら第一に、エリートのかなりの部分は労働者を治安に対する脅威と見なしたからである。労働時間の遵守を規則によって労働者に強制することは、所有権、階層秩序を尊重させたり、礼儀を守らせるのと同じである。労働者のストライキと反逆は、波及しないように弾圧しなくてはならないし、組織化の試みも抑えつけねばならないのである。そもそも、二十年の間隔をおいて起こった二度のパリ労働者の大蜂起〔一八四八年の六月暴動、一八七一年のパリ・コミューン〕がいずれも流血をともなう鎮圧で終わったことは、フランス国民《ネイション》が実際にふたつの階級に分けられており――フランスだけが例外というわけではないだろう――、両者は衝突する機会を待つだけの潜在的な内戦状態にあることを示すと解釈する人もいる。

しかし、労働者階級による挑戦は、この抑圧的方針に反対する者たち――誰もが弾圧に賛成ではなかった――にとっても、政治の分野に属している。実際、雇用者が企業に導入しないかぎり――その場合でも雇用者の善意は競争が許す範囲にしか及ぼされることはない――、この領域における変化はすべて、国家の介入を必要とした。納税額による制限選挙制に関して、それは明らかである。労働者数の増加がこの制度の不十分さを深刻かつ明白なものにしたため、フランスでは一八三〇年代から労働者による反対運動が発生しはじめ、英国ではチャーティスト運動〔一八三七頃－四八年〕に多くの労働者が参加した。また、フランスでは革命期と帝政期に制定された法律によって禁じられた、労働組合結成の権利も同様である。他方、労働時間についても同じで、児童労働にせよ一日当たりの労働時間にせよ、ただ国家だけが制限することができた。しかしながら、国家が労働時間を制限しようとする動きは、倫理と宗教の要請に基づき、労働者を統合するための基礎となるはずではあったが、強力な反対にあった。反対する立場は自由主義の原則をかかげ、資本家と労働者という私人間の契約関係に公共権力が介入すると、絶対権力がしていたように個人の基本的権利を侵すことになる、と主張した。

児童の労働時間の制限に始まり、児童労働の廃止をめざすための闘いと、一日当たりの労働時間の短縮と労働条件の監視のための闘争は、十九世紀全般にわたって繰り広げられ、各国がヨーロッパ産業地帯に加わるにつれて、各地で展開していった。この領域での進歩と並行して、初等教育と成人教育、ならびに民衆図書館も発達し、それによって、識字率はいちじるしく上昇し——読み書きのできない者がほとんど消滅した国もあった——、その結果、労働者世界——程度の差はあれ、田園も——が文字流通の網のなかに組み込まれるようになった。さまざまな国で義務化された初等教育が一般に公共権力に依存していたのに対し、成人教育の運動は、当初は宗教機関か雇用機関によって推進され、その後、十九世紀末になって、ようやく合法化された労働組合と労働者組織の傘下に入った。また、ヨーロッパ産業地帯の大半の国では、アルコール依存症と非行に対する闘いや、労働者に将来計画と貯蓄の習慣を植えつけ、協同組合を結成し、住宅条件を改善するための努力において、慈善家と経営家族主義的な雇用者の跡をついだのも労働組合であった。

イタリアとドイツの統一は、それが成し遂げられる前から、ヨーロッパ諸国家の力関係を大きく変えていった。クリミア戦争におけるロシアの敗北〔一八五四年、セヴァストポリの攻囲〕の後、ハプスブルク帝国の弱体化によってプロイセンはヨーロッパ大陸第一の強国になった。ところで、いまやドイツの運命と同一視される運命をもつことになったプロイセンの力は、なるほど官僚制と軍隊にその基盤をおくとはいえ、それ以上に、普通選挙制と国王にさえ反対しうる議会制を規定した憲法が十九世紀中葉に制定されたことで可能になった政治活動への参加と兵役と教育制度の産物としての、民衆の愛国心の結果であった。これより後、強国への道はこのプロイセンの模範を応用しなくてはならなくなった。

この道に、英国は、早くも一八六〇年代後半から進んでいった。まず有権者の数が倍増し、その後二十年間に、秘密投票が導入され、選挙区が平等にされ、さらに有権者が倍にふやされ、労働組合《トレード・ユニオン》の権利拡大を含む一連の社会改革が推進された。フランスも、一八六〇年代半ばから同じ道をたどり始め、反組合的な法制が廃止され、普通選挙に真の政治的意味を与える議会制立憲帝政に強権帝政を変貌させるための諸改革が採用された。たしかに、これらの変化は遅すぎて、プロイセンに敗北を喫し〔普仏戦争。一八七〇‐七一年〕、アルザス＝ロレーヌを喪失し、パリ・コミューンが勃発することを阻止するにはじゅうぶんではなかった。

しかし、第三共和制〔一八七〇－一九四〇年〕の任務を容易にしたのは確実である。一八七〇年代以後の国際環境のなかで、ヨーロッパ産業地帯に属する各国家の戦略的に最重要の課題は、国民《ネイション》の〈垂直統合〉の完成であった。なぜなら、いまや各国の政界指導者は、社会紛争を排除することの不可能性を明確に意識するようになり、それゆえ、ぜひとも強化しなくてはならない国民的《ナショナル》なまとまりを脅かさないように社会紛争を導かざるをえないと理解したからである。しかたなく、彼らは民主主義に転向したのである。フランスでは、その結果として、公立学校における無償の義務教育〔一八八二年〕、集会・出版報道・結社の自由が保障された〔一八八一年〕。ドイツでは、疾病保険、災害保険、老齢保険に関する法律が制定された〔一八八三－八九年〕。他方、前記の英国の諸改革の仕上げとして、おもに労働災害と養老年金に関する社会立法が二十世紀初頭に実現したのも〔一九〇八－一一年〕、この流れの結果である。

ヨーロッパ産業地帯のその他の国でも、〈垂直統合〉は、政治的民主主義と社会的平等の進歩、とりわけ所得税の採用に示される税制の民主化をとおして実現された。その結果、当初は権威主義的だった国家は、代議制機関に譲歩するばかりか、労働者政党と戦術的な同盟を結ぶことも余儀なくされた。他方、もともと自由主義的だった国家は、国家介入の領域を拡大しなくてはならなくなったが、それは、強力な行政権をもつ政体において頂点で政策を決定する以上に、議会制においては困難な事業であった。ともかく、出発点がどうであれ、こうした行動をとる諸国家はすべて、性質を変えたといえる。すなわち、議会と世論の代弁機関に表現されるかぎりの、国民《ネイション》を構成するあらゆる階層、階級の要求と利益を汲みあげるという意味で、国民国家《ナショナル・ステイト》になったのである。もちろん、これらの階層と階級が立法機関と政府の決定に際して、すべて等しい比重をもつことはない。しかし、政治活動から除外される階層、階級はひとつとして存在しないのである。

しかしながら、労働者階級の統合には、特別な問題があった。各国で、労働者の票を確保しようとするさまざまな勢力間の争いの的になっていた労働者階級は、議会をはじめとする政治の舞台では、社会党、社会民主党、労働党によって代表されていた。納税額による制限選挙制の体制に適応していた旧来の政党が、選挙期間中に開かれる宴会の間だけ集まる名士の集合であるのとは異なり、普通選挙の産物である社会党は、みずから大衆組織であろうとして、多数の人々に焦点を定めていた。並行してブルジョワ政党も民衆の有権者層を獲得できるように体質を変更していたため、選挙戦は大規模な宣伝活動《プロパガンダ》をともなった階級衝突の様相を呈するようになった。議員と機関紙——出版社をもつこともあった——、執行部、活動家と信奉者のための教育体制といった活動によって、社会党は労働組合とともに、労働者階級を国民《ネイション》に統合するための最も有効な道具として機能した。しかし、国と人によって異なる度合でマルクスの思想に発想を得ていた彼らの言説は、むしろブルジョワジーによるプロレタリアートの搾取を強調し、たとえ市街戦よりは投票所をとおして行なうにせよ、既成秩序の転覆の見通しを語り、平等社会のみならずプロレタリアートの専制の見取図を描いてみせていた。世界的と標榜しながらじつはヨーロッパに限定されてはいたが、ともかくインターナショナル〔第二インターナショナル、一八八九年創立〕として一八八〇年代末から結集した労働者の諸政党は、地平線に浮上しつつあった戦争に反対し、ヨーロッパの平和的統合を強制する決意をかためた超国家的な勢力をなすように見えた。

つまり労働者階級の統合とは、一方で、政党と政党の指導下にある労働組合の影響と、他方、国民全体と同じように労働者が学校と兵役によって、あるいは発行部数の多い新聞と安価な書籍を読みながら受ける、国民《ナショナル》精神を植えつけようと努力する教育とが相剋する舞台だったのである。しかし、この国民《ナショナル》精神自体、分裂していた。なぜなら、十九世紀末－二十世紀初頭の国家は、かならずしも相容れるとはかぎらないふたつの異なる原則に基づいた制度を結びあわせていたからである。一方には、民主主義があり、複数政党制、選挙、議会、世論が認められている。他方には、行政機関と、とりわけ軍隊があり、これらこそ強権体制の遺物であった。いずれの国でも指導者層を養成してきたのは強権体制であったため、たえず培われていた貴族的伝統、王家に対する、あるいは王党派の過去の歴史——フランスの場合である——に対する忠誠の念によって、指導層が強権体制に抱く愛着は強かった。

民主主義と軍隊の間で、紛争は潜在的に存在した。両者の機能のしかたは異なった規則に従っており、それぞれが提出する国民《ナショナル》統合の模範も別であった。国内における敵対者すら、同じではなかった。民主主義にとって——それはフランスの場合に顕著である——主要な敵はカトリック教会であった。教会の影響力は弱まったとはいえなお健在であり、十九世紀末におけるトマス・アクイナス復興とともに知的な威厳を取りもどしさえし、回勅「レールム・ノウァールム（*Rerum novarum*）」〔一八九一年、教皇レオ十三世が発布〕によって労働者世界への開放を始めてもいた。イタリアも同様で、反教権主義者に支配されていた。一方、軍隊にとって、どこでも最大の敵は社会主義であった。付随的には民主主義も嫌われ軽蔑されてはいたが、避けがたい悪として容認されていた。しかし、民主主義と軍隊の両陣営の大多数には、共通の国内の敵がいた。それこそ、民主主義者にとっては金権体制の権化、軍人から見れば最高のコスモポリタンな異邦人とされた、ユダヤ人にほかならない。こうして反ユダヤ主義は、その他の点ではほとんどすべて対立していたふたつの民族主義《ナショナリズム》陣営を固める材料になったのである。だからこそ、当時の政治活動に反ユダヤ主義が大きな地位を占めたのだし、ドレフュス事件〔一八九四－一九〇六年〕の国際的な重要性が理解できるであろう。ドレフュス事件とは、民主主義が軍部に対して平和的におさめた最初の勝利であった。

民主主義的民族主義《ナショナリズム》と強権的民族主義《ナショナリズム》とを結ぶ絆は、さらにふたつあった。それは、国際問題の解決の正当かつ当然の手段として戦争を認める立場と、外部の敵の策略を強調する姿勢である。軍国主義と排他的愛国主義《ショーヴィニスム》と呼んでよいだろう。このふたつの宣伝活動は、いずれの国でも、祖国を脅かす危険の描写と、植民地、自然国境、生活圏をもつことは自衛のために許されるとする政策の正当化において、協調していた。また、敵を有害だが劣等な存在と見なす扱い方、過去の輝かしい戦勝の喚起、軍服の崇拝、男性的美徳の顕揚、体操とスポーツの実践の強調、戦争賛美においても、両者は一致していた。自動車と戦車はすでに走り、飛行機は飛びはじめていた。大砲と機関銃だけでなく、鉄砲と拳銃さえも、もはや以前と同じではなかった。しかし、人々が想像する戦争とは、相変わらず祭であった。はげしく、流血をともなうとはいえ、楽しい祭典なのである。前線には皆、ボタンホールに花をさし、口々に歌をうたいながら出発することであろう。

第十九章　諸国家の道――中欧と東欧

教皇領とオーストリア帝国は、イタリア統一とドイツ統一の二大犠牲者であった。教皇領として残されたのは、イタリア領内のいくつかの小さな飛地だけであった。歴代教皇の千年以上にわたる世俗権力に終止符を打った、狙撃隊員《ベルサリエーレ》〔一八三六年創設のイタリア歩兵隊〕によるローマのポルタ・ピア突破〔一八七〇年九月二十日〕は、公共生活の脱宗教化とカトリック教会の政治的影響力の後退を証言するといえよう。しかしカトリック教会は、すでにそれより数年前、教皇ピウス九世の『謬説表《びゅうせつひょう》』〔一八六四年〕によって、近代世界の知的・イデオロギー的革新をすべて断罪していた。教皇の無謬性の教義を宣言した第一回ヴァティカン公会議〔一八六九年〕は、教会と周囲との断絶をさらにきわだたせ、教皇が「ヴァティカンの囚われ人」となったとき、それは目に見えるかたちをとった。

ドナウ帝国〔オーストリア〕はといえば、ドイツからもイタリアからも押し出されたため、ハプスブルク家が獲得したか征服するかした領土に退却せざるをえなかった。すなわち、オーストリア、ハンガリー、ボヘミアとモラヴィア、ポーランド南部、そしてスロヴェニア人、クロアティア人、セルビア人の領土である。プロイセンに喫した敗北〔一八六六年、ケーニヒグレーツの戦い〕の結果、帝国は議会制をもつ立憲国家になった。オーストリア皇帝が選出国王〔フランツ・ヨーゼフ一世。一八六七年にハンガリー王に戴冠〕を務めるにすぎないハンガリーの旧来の権利に基づいた民族的《ナショナル》要求を満足させるため、両国が結んだ「和協《アウスグライヒ》」によって、オーストリアとハンガリーは平等の立場におかれることになった〔一八六七年、オーストリア＝ハンガリー二重帝国成立〕。他方、あらゆる部族集団には、民族性《ナショナリティ》と言語を保持し培う権利が憲法によって保障されていた。とはいえ、オーストリア＝ハンガリー帝国はドイツ的要素——軍隊では、ハンガリー人部隊ですらドイツ語が命令の言語であった——とオーストリア民族《ネイション》に支配されていた。王家と国家を中心に形成され、その歴史の大半をつうじて英国やスペインとは比較を絶するほど異質な多民族集合体のなかに含められてきたオーストリアは、いまや、〈垂直統合〉の最終段階に突入したのである。

オーストリア＝ハンガリー帝国の覇権は、国家を失ったか、一度ももったことのない中央ヨーロッパの複数の民族に及んでいた。南から北に順に列挙するなら、クロアティア人、スロヴェニア人、スロヴァキア人という民族である。セルビア人は別個に扱うべきであろう。他方、リトアニア人、ラトヴィア人、エストニア人、フィンランド人はロシア帝国に服従していた。これらの民族の歴史は、西ヨーロッパで国家を喪失した諸民族の歴史と、いくつかの点で類似している。すでに十二、十三世紀から、クロアティアとスロヴァキアはハンガリーに属し、スロヴェニアはハプスブルク家に支配されていた。十四世紀には、リトアニアとポーランドの合邦が成立し、フィンランドはスウェーデン領になった。ドイツ騎士団の領地だったエストニアとラトヴィアは、十六世紀にポーランド国王の封地になり、その後スウェーデンに占拠された。しかし、これらの諸地域の住民は、ときには宗教に関してまでも、自治を保持した。それはとりわけ、二国の合併がどちらかの征服によるのではなく、王家間のなんらかの協定に基づく場合に顕著であった。

十九世紀になると、民族運動《ナショナル》の伸展とともに、各地で紛争が頻繁に発生しはじめた。民族運動は当初はおもに、言語の保護と新語導入、民族の文学と歴史の称揚、学校の開設といった文化的目標を掲げていた。その後、愛国主義協会や協同組合を創設し、ときには議会に代表を送ろうとすることもあった。しかし、リトアニア、ラトヴィア、エストニア、フィンランドのこれらの運動は、ロシア帝国内では即座に禁止され、弾圧を受けた。それは、ロシアでは支配権力に由来しない発議は認められていなかったためであり、同時に、とりわけウクライナに見られるように、あらゆる被征服民族を正教に改宗させ、ロシア化しようとするツァーリの政策に、民族運動は反していたからである。スロヴァキア人とクロアティア人の運動もまた、ハンガリーでは障害に逢着した。なぜなら、オーストリア＝ハンガリー二重帝国が成立し、とりわけ「和協《アウスグライヒ》」が結ばれてからは、ハンガリー政府は、ハンガリー人が少数派である帝国内で諸民族をマジャール化しようとしたからである。ハプスブルク帝国の最後の五十年間、合法的に活動しえたのはスロヴェニア人だけであった。

抑圧的な国家の妨害を受けたこれら諸民族《ネイション》の形成史のなかで、本質的な役割を演じたのは、唯一認可された組織である教会であった――許可されているとはいえ、とりわけロシア帝国内では教会も妨害にあったが。フィンランド、エストニア、ラトヴィアにおけるルター派教会、リトアニアとクロアティアにおけるカトリック教会、スロヴァキアにおけるルター派とカトリックの両教会は、こうして、これらの民族の言語と歴史的記憶の保持に貢献したのである。他方、とりわけ十九世紀末以降――それ以前に始まる場合もある――、ブルジョワジーないし農民出身の知識階級《インテリゲンツィア》が形成されはじめ、彼らは物語と歌謡をはじめとする民間伝承を採取する作業を行ない、民族的《ナショナル》な文学、音楽、芸術の素材にした。国家によって創出された国民《ネイション》がある一方で、ここで問題になる民族《ネイション》は、宗教的・文化的エリート、司祭、牧師、教師によって創造されたのである。

王家と国家をもちながら外国の支配下におかれてしまった中央ヨーロッパの民族《ネイション》のなかには、ハンガリー人、チェック人、ポーランド人も数えられる。それまで類似していた彼らの運命は、この時点から、いくつもの点で異なる軌跡をたどることになる。ボヘミアは、カトリシズムへの強制的復帰〔一六二三年〕とともに、伝統的エリートを喪失した。それゆえ、十九世紀前半のチェック民族の覚醒は、農民かブルジョワジー出身の知識人によるものであった。ロマン主義精神に満ちた彼らこそが、チェック語に文学的な威厳を与え、チェコの歴史を再発見し――捏造に走る場合も見られた――、演劇、音楽、オペラ、絵画、科学にわたる文化を創造したのである。十九世紀後半、彼らは産業にも関心を示しはじめた。

ハンガリーとポーランドでは、民族《ナショナル》文化の継続性は、けっして中断することはなかった。また、この二国において、ロマン主義は、主として貴族によって――貴族だけによってとはいわないが――推進された民族的《ナショナル》な要求運動に文化を奉仕させるのに貢献したとはいえ、民族の希求は、反乱や、独立をめざす秘密結社、政治亡命者たちの活動のなかにまず表現されたのである。ハンガリー人の民族的な希望は、「和協《アウスグライヒ》」によって満足させられた。ハンガリー人は独立こそしなかったものの、「和協《アウスグライヒ》」が締結された段階で、じゅうぶんな国内自治権をもったのである。チェック人とポーランド人がそこにいたるのは、ようやく半世紀後の独立〔一九一八年〕によってであった。しかしチェック人は、いまや立憲体制となったオーストリア帝国に暮らしていた。つまり、文化的自治をもち、ほぼ民主的な政治活動に参加していたのである。それに対してポーランド人は、プロイセンとロシア帝国のなかでも暮らしていた。プロイセンは議会制による法治国家であり、ロシアでは相変わらず専制政治が行なわれていたとはいえ、どちらの場合も、ポーランド人の言語・伝統・宗教を攻撃する政策がとられていたことに変わりはなかった。三分割されたポーランドの地域で合法的に存在した制度とは、カトリック教会と文学と芸術だけである。

こうしてハンガリー、チェック、ポーランドの三民族《ネイション》は十九世紀に、異なる道をたどっていった。彼らは、それぞれ異なる国家の支配を受け、エリートは同一の性質ではなく、民族《ナショナル》アイデンティティの意識はまったく別の制度を中心にして結晶していた。それゆえ、彼らの統合がぶつかる障害は、それぞれ違うのである。チェック人の統合は、早くも第一次世界大戦以前に、水平の次元でも垂直の次元でも実現していた。〈水平統合〉は、チェック民族の領域内での強力なドイツの存在、ドイツ語、ドイツ支配に対して、チェック語の権利のための闘争〔一八八〇年、ドイツ・チェック両語同権認可〕と、ふたつの共同体の分裂になろうとも教育制度と文化制度を分離させようとする闘いをつうじて行なわれた。〈垂直統合〉の主要な道具は、民族国家の欠如をおぎなうものとしての、政党と結社、教育・文化機関、報道機関であった。ボヘミアとモラヴィアにおける産業の急速な発展によって、一八六〇年代にはすでに労働運動がさかんになり始めていた。ドイツの法制にならった社会立法をオーストリア帝国が採用したために労働条件と生活条件が改善されたことにより、チェコ社会民主党が躍進を開始し、二十世紀初頭の普通選挙では、第一の強力な政党になった。

ハンガリー人とポーランド人の〈水平統合〉は、彼らが多民族国家に包含されつづけていたため、チェック人の場合に比べてより困難で、長期にわたるものであった。実際、〈水平統合〉の動きは、彼らとともに暮らし、彼らが支配していた――ポーランド人は支配されていたのだが――民族のなかに、反動的な反応をひきおこし、それは民族主義《ナショナリズム》的、分離主義的な傾向をとった。これはハンガリーにおいては、トランシルヴァニアのルーマニア人、スロヴァキア人、クロアティア人に見られる。マジャール化によって問題を解決しようとしたことで、この傾向は激化するばかりであった。ポーランド人も似たような困難に遭遇したが、その相手は、ルテニア人、ウクライナ人、白ロシア人、リトアニア人である。おもに言語によって定義されるハンガリー人の〈水平統合〉は、第一次世界大戦以前に完了したように見えたが、その後、ふたたび問い直されることになった。ポーランド人の〈水平統合〉は、第一次世界大戦後、三帝国（ロシア、ドイツ、オーストリア＝ハンガリー）の崩壊とともに独立を奪還してようやく達成されるのであった（一九一八年、ポーランド共和国宣言）。

〈垂直統合〉もまた、ハンガリーとポーランドの両民族《ネイション》においては、独自の障害に遭遇した。彼らのなかでは、農奴制の記憶をなお強く保持していた農民と貴族の分裂がきわだっていたが、その一方で、一八八〇年代以降には労働運動が行なわれるようになった。そのため、農村中心の農業国としての統合がかかえる問題を、都市中心の産業国としての統合がひきおこす問題とあわせて解決しなくてはならず、いずれの処置も複雑になるばかりであった。ハンガリーでは、「和協《アウスグライヒ》」の後、国民《ナショナル》統合の任務は、国家と、その他の場でも活躍していた諸制度にまかされていた。他方ポーランドでは、統合に重要な役割を演じたのはカトリック教会である。ただし、合法的活動であれ地下活動によってであれ、文化的組織、結社、政党がしだいに教会と競合するようにはなっていった。

ユダヤ人は、古代以来共存してきたヨーロッパの諸民族のいずれよりも古い歴史をもつが、部族《エトニー》から国民《ネイション》への長期的な変貌によって、何度も、さまざまなかたちで影響を受けてきた。

フランス、イングランド、スペインでは、統一化の意志をかためた強力な国家によって、十三世紀から十五世紀にかけて、支配下の領土からユダヤ人を追放する法令が出された。当時、キリスト教の伝統的な反ユダヤ主義は、国民《ナショナル》統合政策のために使われたのである――その後も、似たような出来事はくりかえし起こる。したがって、ヨーロッパにおいてユダヤ人が住む地域は、長い間、弱体国家か、財政問題の解決のためにユダヤ人に頼る国家に一致していた。たとえば、ヴェネツィア、教皇領の何か所かの都市（ローマやフェラーラ）、ピエモンテ地方、ドイツのいくつかの領邦国家、ポーランド、ハプスブルク帝国という地域である。

教会がかきたてる人種差別の犠牲となったユダヤ人は、十三世紀以降、特定の街路や地区――「ユダヤ人居住区（juiveries）」や「ユダヤ人街（Judengasse）」――か、彼らだけの村落に暮らさなくてはならなくなった。十六世紀にはヴェネツィアで「ゲットー」が生まれた。しかし、隔離政策は、キリスト教徒や国家の迫害から――とりわけ、社会騒動、ペスト、飢饉、戦争の間――ユダヤ人を保護するものではまったくなかった。マリア＝テレジアの時代になってもオーストリア帝国は迫害を組織的に行なったし、ロシアでは迫害は二十世紀まで続いた。この体制に関する少数の例外のうち、特筆すべきはネーデルラント連邦共和国（オランダ）であろう。ネーデルラントには、その宗教的寛容のおかげで、スペインから排斥されたユダヤ人が居住することができた。フランスとドイツの哲学のみならずヨーロッパ思想全体にきわめて多くの実りを与えることになる、ユダヤ教の伝統に対する考究とデカルト思想との遭遇が実現したのは、まさにネーデルラントであり、スピノザの人と作品のうちにであった。

ヨーゼフ二世が発布した寛容令〔一七八一年〕によって、ユダヤ人はオーストリアの一部とハンガリーに永住することを許された。また、ルイ十六世の王令〔一七八四年〕は、アルザス地方のユダヤ人にフランス国王の臣下となる資格を賦与した。しかし、はじめてユダヤ人に法的地位を与えたこれらの法制は、法のまえでの完全な平等を意味する市民権をユダヤ人に賦与したフランス革命の根本的革新〔一七九一年〕によって、たちまち超越されてしまった。この措置は、フランスの支配下におかれた国すべてにおいても強要された。その他の国では、オーストリアにならい、ある制限つきで公民権が認められた。ナポレオンの失墜とともに、ヨーロッパのユダヤ人は、君主の好意にのみ運命を左右されるような無法者《アウトロー》ではなくなった。ロシア帝国を除く各地で、彼らは「市民」になったのである。

ユダヤ人の法的地位の根本的変化は、啓蒙主義の影響を受けてユダヤ文化それ自体のなかで一七八〇年代以来起こっていた、ゲットーの伝統と断絶して知的な近代化と生活様式のヨーロッパ化を試みる潮流に、まさに合流するものであった。この動きのなかで、ユダヤ人はヨーロッパ文化を消化すべきだという思想があらわれた。この思想に賛同する者たちは、伝統的な服装を放棄し、居住国の言語を主要言語とし、非ユダヤ的な教育機関に子供を通わせ、宗教的な規律の遵守を緩和しようと考え、極端な場合には、ハイネが述べたとされる言いまわしによれば、「ヨーロッパのパスポート」を購入するためにキリスト教に改宗してもよいと見なしていた。十九世紀後半、このような傾向は各地にひろまっていった。ただし、西から東に移動するにつれ、また社会階層の点では大都市から大小村落へ、裕福な資産家階級から貧困階級へ、高学歴層から読み書きのできない層に移るにつれて、この風潮の勢いは衰える。たしかに一八七〇年代以降、ヨーロッパ各国の首都——とりわけベルリン、ブダペスト、ワルシャワ、ウィーン、ヴィリニュス〔リトアニア〕——において、多かれ少なかれ同化したユダヤ人が住民のなかで相当の割合を占めていたとはいえ、ユダヤ民族の大半は、それまでと同じく、中央・東ヨーロッパ各地に散在する「ユダヤ人村落共同体《シュテットル》」に暮らしていたのである。

さて、この同じ時期、とりわけ一八八〇年代以降、自主独立主義的で伝統主義的な民族主義《ナショナリズム》イデオロギーが、国民《ネイション》の根拠を自然——「大地」、「人種」、「血統」といった自然

――に求め、他者を憎悪するという新しい傾向をともなって急進化する現象が各国に見られる。そして、キリスト教における古来の反ユダヤ主義が、しばしばキリスト教とは離れて疑似科学的な外観をとってではあるが、ドイツ、オーストリア、フランス、ポーランド、ハンガリー、ロシア帝国において、専制的民族主義《ナショナリズム》――民主的民族主義《ナショナリズム》の場合もある――の一構成要素になり、世論のかなりの部分に影響を与え、政治的に力をもつようになってきた。ユダヤ人固有の国家を創設するためにユダヤ人をパレスティナにもどすという綱領〔一八九七年、バーゼル綱領〕を掲げるシオニズム運動は、同化の試みの失敗が明らかになったことにより再燃した、これらの隔離と排斥の思想に応えるものであった。しかしそれはまた同時に、近代的なユダヤ民族《ナショナル》感情の出現を証言するともいえよう。すなわち、ユダヤ人を数ある民族《ネイション》のひとつとする意志を正当化するために、歴史を引き合いに出し、宗教を根拠とはしない姿勢である。

ヨーロッパ諸国民《ネイション》のなかで最後に統合を実現した国民は、正教に属する国々であった。ロシアは、十五世紀に独立し、十八世紀には強国になったとはいえ、農奴制を廃止したのは、ようやく一八六〇年代のことである〔一八六一年〕。それまで、ロシア国民《ネイション》は二種類のカテゴリーに分けられており、そのうち農民身分は、事実上まったく権利をもってはいなかった。

したがってロシアの国民感情《ナショナル》は、このような分裂が維持されてきた国のすべてで見られるように、ふたつの形態をとっていた。貴族身分は、ツァーリ、国家、祖国への愛着に満ちあふれ、たいていの場合ロシアより低劣と見なされた西欧とは宗教・文明・文化のいずれにおいても異なっているという意識が明確で、民衆に関しては、物質的な富を生産し勢力の道具ではあるが、放任すれば破壊力になる以上、たえず見張り、指導しなくてはならないという見方をしていた。他方、農民階層では、村落のアイデンティティと、貴族との隔絶感が支配的であった。農民における国民感情《ナショナル》は、宗教的崇拝の対象としてのツァーリを中心にするか、それほどではないが、正教会を根拠にしていた。

農奴制の廃止は、一連の近代化の措置の一環であった。この近代化は、一八二〇年代以来のロシアの現状維持主義に妨害されてきたが、クリミア戦争においてトルコと同盟を組んだ英国とフランスに喫した敗北の後、列強の一員たる地位を喪失したくなければ、それは必要不可欠であった。これらの近代化政策がめざしたのは、国内産業の発展を助成し、鉄道網を拡張し、西ヨーロッパの科学技術と資本を誘致し、教育を受ける者の数をふやすと同時に、平均的な教育水準をあげるといったことであった。この政策は、国家の大規模な介入によって高い効果をあげ、とりわけ一八八〇年代以降は急速な経済発展を実現したため、第一次世界大戦直前、ロシアは世界で五番目の産業国になっていた。しかしその一方で、ロシア国民《ネイション》の形成過程には支障をきたしていた。

ロシア国民《ネイション》の大半は、相変わらず農村に住む農民であった。しかも、農業国としての〈垂直統合〉は、完成にはほど遠かった。貴族と農民の断絶は深く、農奴制は廃止されても農民は土地を得られなかったため、土地をめぐる紛争によって、両者の関係は悪化する一方であった。また、国民を構成する貴族と農民、あるいは都市居住者と農村居住者を統合することのできる制度は、その他の国々が普通選挙制をすでに導入していた時代に、租税額による制限選挙制であれ代議制がまったくないロシアにおいては、存在しなかった。ところが、新しい条件のもと、国家も教会も、統合のための唯一の組織としては、田園地帯であれ、もはや十分ではなかった。

しかしながら、半世紀にわたる産業活性化は、労働者階級の出現と都市の発展に結びついたあらゆる問題をひきおこしていた。これらの問題は、法律が定める枠内の政治闘争では解決しえなかった。同様に、ウクライナの炭鉱地帯やアゼルバイジャンの油田地帯、ロシア帝国の西部地域において、顕著な経済発展によって噴出してきた民族問題も、法的枠組みのなかでは解決しえなかった。実際、相変わらず専制的に支配されていたロシア帝国には、憲法、選挙、代議制組織、合法政党、自由な報道機関のいずれも存在しなかった。だからこそ、六十年遅れた「諸国民の春」と呼ぶべき革命〔第一次ロシア革命、一九〇五年〕が、農民の不満、労働者の過激化、暴力にしか美徳を認めない社会民主労働党の活動によって急進化したかたちで勃発したのである。これだけでは、この革命はおそらく成就しなかったであろうが、革命を助けてくれた出来事が起こった。それは、ロシアが日本からこうむった手痛い敗戦である〔日露戦争、一九〇四－〇五年〕。なぜなら、二世紀かけてもまだ近代化を達成させられなかった国に対して、ヨーロッパ化されたばかりの国家のほうが優れていることが立証されたからである。これら国内外の大変動のなかから、ロシアでは、国会《ドゥーマ》が設置された。たしかに、まったく屈従する意志がない専制政治によってつねに脅かされ、きわめて限られた議会制ではあったが、これは、ロシアの国民統合の完成と、白ロシアとウクライナの自治を完成させる見通しを開くものではあった。白ロシアとウクライナの知識階級《インテリゲンツィア》は、ほとんど農民出身であったが、彼らは、十九世紀中葉以降、言語と伝統を復興させ、固有のアイデンティティを主張してきており、とりわけウクライナにおいては独立の機運が高まっていた。議会制はまた、民主主義の獲得に門を開くものでもあった。しかし、第一次世界大戦とその後の情勢は、民主主義を遠ざけてしまい、今日でもなお実現からはほど遠いようである。

一八二〇年代から一八八〇年代にかけて、ギリシア、セルビア、ルーマニア、ブルガリアの各国は、独立への道をたどっていった。当初はビザンティウム帝国に従属していたこれらの国々の民族は、独自の王家と国家をもった時期が、長短の差はあれ、存在したとはいえ、いずれもトルコの支配下におかれてしまった。トルコが直接に統治するか、土着の君主かファナリオット〔ギリシア人新興貴族＝官吏〕の仲介によって覇権を行使するか――モルダヴィアとヴァラキアがこれにあたる――の違いはあったが。これらの民族において、何世紀もの間、正教会は、文字言語と歴史的記憶を保持し、同一の信仰すなわち同一の起源と地位をもつ人々を結ぶ絆を維持するための、唯一といっても過言ではない主要な民族的《ナショナル》機関であった。それゆえ、これらの民族のいずれにとっても、正教はアイデンティティの一部となり、イスラム教やカトリシズムへの改宗は、民族性《ナショナリティ》の変更を余儀なくさせるものであった。たとえば、一般的にいって――もちろん例外はある――、セルビア人とクロアティア人とを区別するのは、前者が正教徒で後者がカトリックだという宗教上の相違だけなのである。正教はまた、ロシアがトルコ問題に介入する理由を提供し、この介入は、南東ヨーロッパの諸民族が独立を勝ち取る過程で決定的役割を演じた。

新興諸国家が解決しなくてはならなかった中心的課題は、それぞれがさまざまに外部の支配を受けていた民族《ネイション》を〈水平統合〉する問題であった。たとえばルーマニア人は、ハンガリーに属するトランシルヴァニア、ロシアが占拠するベッサラビア、オーストリアに併合されたブコヴィナに分かれて暮らしていた。ブルガリア人は、マケドニアの住民をブルガリア人と見なしていたが、同じ住民を、ギリシア人はギリシア人、セルビア人はセルビア人としていた。他方、セルビア人は、オーストリアからボスニアを奪取し、ハンガリーに内包されていた王国をもつクロアティア人とともに唯一の国家を建設することをめざしていた。この地域のどの民族《ネイション》も〈水平統合〉を完遂するには、国境の総体的変動をともなわざるをえず、またとりわけ、スラヴ民族の連合によって国内でも批判の的になっていたオーストリア帝国の解体が必須であった。ところが、そのような規模の変化は、地域の枠を超え、ヨーロッパ全体の勢力均衡を改変するものであった。いやそれどころか、オーストリア帝国がドイツの主要な同盟国である以上、植民地をめぐる競合関係の舞台となった地球全体にもかかわるといえよう。二度にわたるバルカン戦争（一九一二－一三年）は、局地的紛争にとどまった。しかし新国家の要求は、しだいに列強間の係争点になっていた。フランスは復讐に燃え、セルビア人に武器を提供したし、ドイツはトルコとイラクに拡張する意向を示していた。一方、英国は、中近東における覇権の維持をおこたらなかった。他方ロシアは、極東で失った分を黒海沿岸で取り戻そうとしていた。バルカン半島で勃発する戦争が世界大戦になるための条件はすべて揃っていたのである。

第二十章　第一次世界大戦まで

ナポレオンの失墜以降、国民《ネイション》――国家《ステイト》をともなった国民《ネイション》――は、人間社会の至高の形態と見なされてきた。相変わらず教会は、人間における普遍性を擁護し、インターナショナル派社会主義は、地上で苦しむ者すべての連帯を説き、人道主義的潮流は、赤十字にならって万人の認める権利と倫理の基準を実現するための超国家的組織の創設を主張し、その実現の思想的基礎を作ってはいた。しかし、これらの声は弱く、国家政策への影響は微々たるものであり、労働者と農民への教育効果も薄く、一般大衆は、完璧に排他的愛国主義《ショーヴィニスム》や反ユダヤ主義とまでゆかなくとも、民族主義《ナショナリズム》的態度を植えつけられていた。各国民《ネイション》の個性、特異性、その他の国民《ネイション》との対立関係をほぼ百年間にわたって強調してきたあとで、国民文化《ナショナル》は、第一、第二のヨーロッパ統合の刻印をなお保持していたであろうか。十九世紀末から二十世紀にかけてのヨーロッパが、たんなる地理的概念に終わらないための要因や性格は、存在したであろうか。

それにはまず、ヨーロッパ精神が残っていた。すなわち、伝統と価値を共有し、共通の未来――それが戦争という将来であれ――をもつというかたちで体験されたヨーロッパへの漠とした帰属感である。また、ヨーロッパ文明はその他の文明よりも根本的に優れているという確信も残っており、それはひろく普及し、ときには戯画的形態をとるほど強化されてもいた。ある者にとっては、この優秀性とは、人類の基本的問題にヨーロッパ文明だけが見つけることのできた解決策の普遍的有効性に由来していた。社会的ダーウィニズムを信奉する者にとっては、ヨーロッパ文明の卓越性は、環境の拘束に最もよく適応できたことを実証する、ヨーロッパの勢力に主として起因するとされた。あらゆる人間社会をヨーロッパの模範にあわせて作りなおす権利、いや義務までもヨーロッパ人に認める人々がいる一方で、文明を裕福にするために劣等民族を働かせる権利をヨーロッパ人に与える人々がいた。こうしていずれの立場も、かつてない規模で一八八〇年代以降行なわれてきた帝国主義を正当化していたのである。

実際、ヨーロッパのなかで力関係を変えようとすれば戦争勃発を余儀なくされるために行動に出られなかったヨーロッパ諸国家は、競合関係をヨーロッパ以外の地域で行なうほかなかった。いかなる国家にも属していないために入手可能と見なされた土地を植民地化するとか、国家として認めた国を保護国にする、適当な口実を見つけて占領する、という方法で競いあうのである。新たに獲得したこれらの領土は、戦略的な意義をもつだけではなく、本国で製造した産物を売りさばく市場になり、しかもその支払いには、本国が必要としていた原料を当てさせられるだろうと考えられた。また、余剰人口を吸収してくれることも期待された。たしかに、これらの期待は政治的エリート全体が共有していたとはいえず、一般的に、植民地拡張を主張する者は、ヨーロッパ政治に集中することこそ肝要とする者たちの抵抗に打ち勝つ必要があった。ほとんどの場合、それは成功した――ただし、挑発や、事件の捏造、偽の情報などの策略に訴えることもあったが。

ヨーロッパの拡張は、主としてふたつの方向に向けられていた。まずアジアである。スエズ運河の開通〔一八五九―六九年〕以来アジアは近くなっており、日本とは強制的に関係が樹立されたほか、中央部、すなわちアフガニスタンとペルシアは英国とロシアの競合の対象になり、中国では、ヨーロッパ列強ならびにアメリカ合衆国と日本が、共通の利害の名のもとに行動したり衝突したりしていたし、インドシナはフランスに征服されていた。他方、拡張はアフリカにも向けられた。アフリカの大半は、英国とフランスが、たがいの摩擦もあったとはいえ、併合していた。また、赤道アフリカの主要部分はポルトガルとベルギーの支配下に入り、ドイツはカメルーンと南西アフリカを植民地化し、イタリアは、エティオピアを征服しようとして失敗したものの、リビアを占拠した。二十世紀初頭、旧世界はこうしてヨーロッパ諸国家の影響下におかれた地帯に分割され、列強には、朝鮮と満州を占領した日本も間もなく加わった。アメリカ大陸はといえば、一八二〇年代からすでにアメリカ合衆国の独壇場となっており、合衆国は、アメリカ大陸の問題に介入する権利をもつのは合衆国だけだと何度も宣言してきていた。英国ですら合衆国のこの権利は認めざるをえず、パナマ運河を建設し〔一九一四年開通〕、その監視にあたる権利も合衆国に認められたのであった。

こうした世界分割は、大砲によって行なわれた。インドのセポイの乱〔一八五七‐五九年〕、中国の義和団運動〔一八九八‐一九〇一年〕、スーダンのマフディー帝国の蜂起〔一八九八年敗北〕、アルジェリアの原住民の反抗、ズールー戦争〔一八七九年。南アフリカ〕、アフガン戦争〔第一次一八三八‐四二年、第二次一八七八‐八〇年〕などは、植民地化に対する抵抗の最も劇的な発現にすぎない。さらに、南アフリカのブーア人という白人との戦争〔一八九九‐一九〇二年〕さえあった。これは、ブーア人が、英王室に属するケープ植民地に組み込まれるのを嫌ったために起こったのである。この戦争は、国際関係に大きな影響を与えた。なぜなら、そのために英国はドイツと距離をおき、フランスと接近するようになったからである。ヨーロッパの諸国家がそれぞれの覇権地域をめぐって繰り広げたその他の紛争によっても、ふたつの陣営が形成されてゆき、第一次世界大戦で衝突することになった。しかし、植民地膨張がヨーロッパの思想的風潮を重苦しくし、戦争を準備することになったのには、別の道もあった。実際、植民地拡張にともない、人種間の不平等という旧来の観念に科学的な正当化を与えようとする理論や、黄禍を告発する説、あるいはキップリングのように、運命によって劣等民族を統治する任務を負う「白人の負担」を称える主張などが登場したのである。なるほど、ヨーロッパの使命の名のもとにコンラッドは、ヨーロッパに隠されており、異文化と衝突するときにしか見えるかたちにならない〈闇の奥（The Heart of Darkness）〉〔一八九九年作の小説の題〕を明るみに出してはいた。しかしながら、外部から見れば、ヨーロッパの統一とは、封建的・キリスト教的価値観にも啓蒙主義的・ロマン主義的価値観にも束縛されない覇権への意志に、科学、技術、企業精神のすべてを従属させたところにあらわれていたのである。

他方、二度のヨーロッパ統合の遺物としては、肯定的なものも残っていた。まず、ギリシア＝ローマの古典古代の遺産である。この遺産は、ラテン語、ギリシア語、古代史を教える学校において講読される古典著作家を介して、エリートの文化のなかではつねに生き生きと存在していた。また、宗教・倫理・名誉によって人間の行動が支配される、消えゆく世界と、なにものも快楽・知識・権力・富の追求を抑えることのない未来の世界との関係の問題を中心として展開されるテーマと伝説も、共通基盤として存在した。ヨーロッパ人が抽象的ではない言葉でこの問題に接近できるようになったのは、ほとんどすべて十六、十七世紀の作品のおかげである。しかし、それらの作品があらゆる国民《ナショナル》文化のなかに浸透し、大衆の手の届くところにおかれるようになったのは、十九世紀になってからである。

たとえば、セルバンテスの書物（『才気溢るる郷士ドン・キホーテ・デ・ラ・マンチャ』前篇一六〇五年、後篇一六一五年）の翻訳――しばしば挿絵入りであった――のおかげで、ドン・キホーテとサンチョ・パンサのコンビはヨーロッパの市民権を与えられ、解釈によって、幻想と現実、過去への郷愁と現在への固執、「上層」文化と「下層」文化、詩と散文、理想の追求と生活の束縛の甘受、さらには芸術家と俗人、といった関係を体現すると見なされた。また、いかなる妨害からも解放され、自己目的化した知への意志、非人間化した科学と技術の表現といえるファウストのテーマは、ドイツと英国の間を往復し、大道芝居から文学へ、さらにゲーテによって哲学にまで昇華させられた後（『ファウスト』第一部一八〇六年、第二部一八三〇年〕、ヨーロッパの大半の国の文学の小説や演劇、あるいはオペラや絵画の発想源となった。さらにまた、倫理規範、名誉、宗教に対して投げつける挑戦の威厳にまで高められた性的快楽追求の権化としてのドン・ファアンのテーマは、モーツァルトのオペラ〔『ドン・ジョヴァンニ』一七八七年〕を介してあらゆる音楽愛好家に知られ、ティルソ・デ・モリナ〔『セビーリャの色事師と石の招客』一六三〇年〕とモリエール〔『ドン・ジュアン』一六六五年〕の翻案によって各国の舞台の上演題目に加えられたばかりか、作家たちによってあらゆる言語で変種が書かれ、キェルケゴールによって哲学的な意味を賦与された〔「直接的、エロス的な諸段階」、『あれかこれか』所収、一八四三年〕。他方、十九世紀は、シェイクスピアをヨーロッパの作家のなかで最も人気のある作家にし、ヴェルディのオペラと無数の翻訳、上演、模倣によって、ハムレット、オセロ、フォルスタッフ、シャイロック、ロミオとジュリエット、マクベス、リア王といった人物は、権力欲、嫉妬、金銭欲、家系の争いに妨げられる恋愛、の典型として定着した。さらに、各地の国民《ナショナル》文化がモリエールを消化したことで、タルチュフ、「町人貴族」、「気で病む男」といった人物は誰にも親しいものとなった。最後に――この一覧はいくらでもふやすことができよう――、ヨーロッパ規模の神話的人物になったものとして、ロビンソン・クルーソーとガリヴァーが挙げられよう。二人とも、デフォー〔『ロビンソン・クルーソー漂流記』一七一九年）とスウィフト（『ガリヴァー旅行記』一七二六年）の長篇小説が子供向けに縮められ、潤色を施され、教訓をつけられたかたちで、ヨーロッパ中に浸透したのであった。

各地の国民文化《ナショナル》がそれぞれ独自の手法で反映した伝説とテーマのヨーロッパ的共通性は、さらに大きな総体に属している。音楽は、いわゆる国民楽派に分かれたとはいえ、相変わらずひとつのヨーロッパ芸術である。また、オイラーとラグランジュからガウスとコーシーをへてポワンカレとヒルベルトにいたる数学の発展は、ほぼすべての国の出身者の共同作業であった。長い間フランス人とドイツ人が筆頭をわかちあっていたにせよ、重要な貢献をした学者には、英国、ハンガリー、イタリア、ノルウェー、ロシア、チェコの人々が含まれている。その他のあらゆる精密科学、自然科学ばかりでなく、社会科学、人文科学も同様である。専門的学術誌は発行点数も発行部数も増加し、それによって観察や実験の結果はヨーロッパ大陸全域に報告された。各地の学者が滞在する知的センターも、いくつも存在した。ベルリン大学では、ヘルムホルツが物理学と生理学、モムゼンが古代史、ランケが近世史に関してそれぞれ指導的役割を演じた。また、パリのパストゥール研究所〔一八八八年創設〕、ナポリの海洋生物学研究所〔一八七四年創設〕、ゲッティンゲン大学の数学科、ケンブリッジのキャヴェンディシュ研究所〔一八七四年創設〕も、それぞれ中枢となっていた。一八六〇年代以降しだいに多くの分野で定期的に催されるようになった国際会議、それより規模は小さいが国際的な性格をもつ学会、二十世紀初頭〔一九〇一年〕以降ノーベル財団によって授与される国際規模の賞、これらはすべて、科学を国境を越えた制度とするのに貢献した。

大都市パリと、一段下がってロンドンもまた、ある種のヨーロッパの芸術的・文学的・知的統一を有効に維持していた。これらの都市には、十九世紀全般をとおして、自由と独立を奪われた民族の政治的・文化的亡命者が集まってきた。それは、イタリア、ドイツ、ハンガリー、ルーマニア、ポーランドの人々である。他方、各地から作家と芸術家が長期や短期の滞在に訪れたため、接触や交流が可能になり、同じような本を読み、同じ芝居を観、同じ展覧会と美術館を見学することを通じて、彼らの趣味の統一化がはかられた。パリとロンドンでこそ、新たな風潮が生まれ、流行が巻き起こるのであった。十九世紀末には、ウィーンも文化の都になり、その影響はオーストリア帝国の国境を越え、とりわけドイツと中央・東ヨーロッパの国々に及んだが、ウィーンの音楽、建築、装飾芸術は、ヨーロッパ全土を席捲した。その他の都市もそれぞれ、より専門化された領域で文化地図上の拠点を形成していた。スカラ座を擁するミラノはオペラの中心地であったし、ワーグナーが「祝祭劇場」を建設

〔一八七六年〕して以降のバイロイトも同様である。またミュンヘンは、十九世紀後半には画家たちの都となっていた。さらに、ルネサンスに魅せられたこの時代には、ローマ以上にフィレンツェとヴェネツィアが、ヨーロッパ文化を完璧に習得しようと思う者なら誰でも行なわねばならない巡礼の中心であった。

しかしながら、さまざまな国民《ナショナル》文化がヨーロッパ的規模を維持することができたのは、まず第一に、古来のラテン世界のすべての国々と、かつてのギリシア世界に属する領域のうち、しだいにふえてきた部分において、国民文化そのものがもっていた、文化の継承・再生産・普及にあたる制度の類似性のおかげである。その制度の筆頭には、教育制度が挙げられる。すなわち、自国の歴史と文学を別にすれば、およそ似通った授業科目をこなす高等学校と、十九世紀後半に、当事者の反対をおしきってまで各国の公共権力がベルリン大学の模範を強要して近代化した大学、そして相変わらず新古典主義的精神に忠実な美術学校が存在したし、研究所や天文台その他の研究機関は、まだまれではあったが、着実に増加していた。他方、美術館の数は各国でいちじるしく増大し、いずれも国民の過去をさかのぼれるかぎりさかのぼってみせるだけでなく、自国の芸術の歴史とならんでイタリア・フランドル・オランダの芸術、中世芸術、ギリシア＝ローマ芸術の歴史、ときにはヨーロッパ以外の文明の産物、さらに未開民族、異国の品々を可能なかぎり展示することもあった。また、劇場、オペラ座、コンサート会場も各国に存在し、そのレパートリーのかなりの部分は共通しており、随所で同じ演奏家、歌手、指揮者が呼ばれた。文学創造と芸術創造の組織についてもヨーロッパ各地の類似性は指摘できる。ただし芸術創造に関しては、公的・私的の注文と市場のそれぞれの役割の比率は、国ごとに異なっていた。

これらすべての要因が結びついて作用した結果、すべての国民文化《ナショナル》はひとつの全体をなすことになり、その構成要素は、それぞれ独自のリズムをもってはいるが、すべて同じ方向に向かって発展していった。ロマン主義は、公式的傾向になり、相変わらず追随者によって実践されていたとはいえ、十九世紀半ばには、芸術・文学・知のエリートの最も革新的な部分にとっては魅力を失いはじめていた。過剰な主観主義は流行遅れとなり、内心の吐露や理想の追求は、あるがままと思われた現実の描写にとって代わられた。新しい詩は、悲壮な主題と高尚な文体を放棄して、話し言葉により近い言語を用いて日常性を描き、それと同時に、詩法と韻律法の伝統的規範を疑問視しはじめた。

この時代は、散文、とりわけ小説に特権的地位を与えた。小説は、たんに詩に背を向けただけではなく、リアリズム的、いや実験的であろうとさえした。たしかに、毎度のごとく、作家たちの実際は大仰な宣言の急進性とは隔たっていたとはいえ、倫理主義的な野心のかわりに認識——社会、心理、哲学のいずれについてであれ——に関する野心こそが、ディケンズ、ジェイムズ、フローベール、ゾラ、ドストエフスキー、トルストイ、ハムスン、コンラッド、あるいは演劇におけるイプセン、ハウプトマン、チェーホフといった、その他の点ではまったく異なる作家たちを結びつける動機であった。絵画も並行した道程をとり、文学、叙事詩、歴史、宗教などではなく日常生活の場面や屋外の風景に主題を求めるようになった。画家のなかには、絵画表現の伝統的規範を、実践において放棄する者もあらわれはじめた。この傾向は、フランスではクールベを出発点としてマネをへて、印象主義、セザンヌ、そしてその後へとつながってゆく。似たような指向は、その他の国々でも見受けられる。

宗教の流行は去り、大衆の間では、ふたたび科学の人気が高まってきた。ところで、そのとき科学は、歴史上第二の革命を経験しているところであった。一八五〇年代末、自然淘汰による〈種の起源〉の理論が刊行されるとともに、ダーウィンの名はヨーロッパ中に知れわたった〔『種の起源』一八五九年〕。他方、物理学において十九世紀に始まった主要研究領域のひとつである熱力学の研究は、同じく一八五〇年代に、ヘルムホルツによるエネルギー保存則ならびに、クラウジウスとウィリアム・トムソンによってエネルギー変換の不可逆性の概念が導入されて確立された〈熱力学の第二法則〉に到達した。また、同じように物理学に属する光学と電気力学——これもまた十九世紀の産物である——は、少し後、マクスウェルの理論によって統合された。マクスウェルは、光、電気、磁気という一見異質な三つの領域を、一連の同じ基礎方程式によって説明したのである。また同時に、パストゥール、コッホをはじめとする細菌研究者の努力のおかげで、病気との闘いは目覚ましい進歩をとげていた。発明と発見の増加によって、ヨーロッパ人の古来の夢想のなかで最も大胆な夢といえる海底旅行や月旅行が、実現可能なものに見えてきたほどである。ジュール・ヴェルヌの小説は、夢想を新たに描くにあたって、発展する科学の業績を援用していた。

エネルギーは、熱エネルギーにせよ電磁エネルギーにせよ、力学の対象である粒子の運動に還元されるものだろうか。これこそ、いまや科学が哲学に投げかける問いになったが、その問いは、物理学だけの問題ではなかった。生命は、化学的過程に還元されるのだろうか。歴史の流れは、ダーウィンのいうような〈進化〉によって説明されるのだろうか。知識の進歩を自然淘汰で、人間の精神活動を生理学で、思想を感覚で説明できるだろうか。ロマン主義の残滓《ざんし》をすべて除去した実証主義の信奉者が還元主義的立場を擁護したのに対し、カント主義——一般に経験主義的な方向で見直されてはいる——を名乗る者は、還元主義の立場を棄却した。このふたつの傾向は、無数の変種を含みながらも、哲学の舞台を支配しており、彼らが衝突する論争は、当時の知的議論の中心を占めていた。しかも、文化のあらゆる領域にその余波はあらわれている。

余波のひとつの例として挙げられるのは、人間研究における、統計学の応用から生まれた社会科学と、解釈学の応用である精神科学との争いである。社会科学は、反復される多数の現象を、決定論に従う自然現象のように扱い、「説明」しようとする。それに対して精神科学は、個別の現象にしか関心を示さず、それを精神の発現、自由な意志の産物として扱い、しかもその現象は、「理解」することしかできないと見なしている。社会科学が誕生と死、自殺、経済的資料を取り上げ、精神科学が哲学、文学、芸術の作品を対象にしているかぎりは、論争の余地はなかった。しかし、歴史学の分野に足を踏みいれるやいなや、事情は一変する。社会科学の信奉者は、歴史学を社会科学のひとつに含めるべきだと主張するが、精神科学の支持者はそうした立場を拒絶するからである。

ロマン主義は、一八五〇年代以降周縁に追いやられたとはいえ、消滅したわけではなかった。ロマン主義の運命は、啓蒙主義の運命を想起させる。ある国々では公式文化のなかに生きつづけ、しかも刷新能力を保ってもいたからである。十九世紀末は、文学と芸術において、ロマン主義が若返ったかたちで復活した時代である。英雄的な煽動や宇宙に対する挑戦の手法としてではなく、みずからの没落《デカダンス》を感動しつつ熟視する態度として経験されるようになった主観性が、新ロマン主義の小説の主人公を特徴づけている。他方、この傾向の絵画は、過去に発想源を求め、そのままでは表現しえないような超越した実在を象徴すると見なされたイメージを堆積していった。ふたたび宗教が、哲学だけでなくより広く文化全体に影響力をもつようになった。それと同時に科学は、人生の問題に答え、科学自体の矛盾——矛盾は実際に存在した——を解決し、実用的以外の正当性をもつことができなかったという評判をとり、事物と記号の操作にほかならないという地位に落とされた。科学の真実とは、部分的な真実以外は約束事にすぎないとされたのである。この科学批判に、ベルクソンの哲学は最も完璧な表現を与えた。だからこそ、彼の思想はヨーロッパ全体に反響を呼んだのである。

しかしこれは、ロマン主義の「白鳥の歌」であった。初期の表現と比べた場合にこのロマン主義がもつ最大の特徴は、かつて大きな勢力をもっていた国民的次元が欠如していた点である。ポーランドとフィンランドのように、なお独立を勝ち取らなくてはならなかった国だけで、この次元は保持されていたにすぎない。新ロマン主義運動は、文学と、それ以上に造形芸術において、国による変種——英国のラファエル前派、フランスの象徴主義、ミュンヘンとウィーンの分離派とその中央・東ヨーロッパへの伝播——は示しながらも、全体としては断固ヨーロッパ的であった。この性質は、万国博覧会において十分に明らかにされた。その点に関しては文学、芸術の前衛も、まったく相違はなかった。もちろん前衛は、その他のあらゆる面では新ロマン主義を批判する場合が多かった。たとえば、新ロマン主義の過去を向いた態度には、綱領として未来派的な態度を対置したし、近代生活に背を向けるどころか、前衛は都市、機械、群衆を歌った。また、不可視の実在との超感覚的な接触を樹立しようとはせず、可視世界をその構成要素に分解しようとしたし、詩の書法にせよ絵画表現にせよ、伝統的な規範を、先人以上に根本的に否定したのであった。

二十世紀初頭は、ヨーロッパのあらゆる国と文化のすべての領域で、驚くべき創造の時代であった。当時はまだ萌芽期にあった新潮流は——成熟期に達するのは第一次世界大戦後である——、ロマン主義だけでなく、ロマン主義に対立する立場——実証主義にせよ新カント主義にせよ——とも断絶したことを共通の特徴としている。すなわち、それぞれの個体の一貫性を保障する非理性的な包括的原則の作用ゆえにそれぞれの個体を還元不可能と見なす立場と、個体の上部レヴェルをすべて構成要素に帰着させる還元主義とを同時に拒否するのは、外的要因——心理的要因や社会的要因など——に対する作品の自律性を、作品自体に固有で作品の整合性と総合性を保障する論理的原則の存在による自律性として発見したことを通してなされた。この発見こそ、絵画において、タブローの整合性を保障する規則をあらわにする試みであるキュビスムの革新の基礎にあったものであるし、見えるがままの物《オブジェ》に対するタブローの色彩の自律性を求める試みとしての色彩派《コロリスト》の刷新の基盤にもあったのである。この発見によって、建築においては、妥協のない機能主義のために、〈装飾という罪悪〉と縁を切る姿勢が生まれた〔アドルフ・ロース、一九〇八年〕。また、著作家の注意は、小説に内在する時間へと向けられた。その時間は、作家が熟慮したうえで構築してゆけるものであるため、日常生活では知りえない時間の意識を読者のなかに形成させられるのである。

二十世紀初頭は、しかし、ヨーロッパ文明にとっては、危険が急速に浮上してきた時代でもある。〈ヨーロッパの均衡〉は、もはやその思い出しか残っていなかった。いまや、ふたつの陣営が不信感をつのらせて対峙していた。一方の陣営には、世界的列強であるフランスと英国とロシアがおり、他方に、ドイツとオーストリア゠ハンガリーという中央ヨーロッパの帝国がいた。さらに、それぞれの国もまた、国内の政治闘争の舞台になっていた。自由主義勢力と民主主義勢力——後者においては社会党が主流をなし、ほとんどつねに反宗教的態度と近代化肯定をともない、選挙のたびに支持率を伸ばしているように見えた——は、たんに議会と報道においてのみならず、文化活動の全領域において民族主義《ナショナリズム》勢力と衝突していた。民族主義《ナショナリズム》勢力は、つねに軍国主義を標榜し、多くの場合、人種差別と反ユダヤ主義を唱え、一般に宗教と伝統的価値の擁護にまわり、市場経済には敵意を示し、独裁権力の到来を願うか、すでに独裁権力が存在する国では、権力を支持する立場をとった。この民族主義《ナショナリズム》勢力の影響力は、各地で強大なものであった。

各国国内の分裂は、社会主義の内部にもあらわれていた。愛国主義的傾向は、戦争を是認し、議会制民主主義と資本主義経済の精神をしだいに取り込みつつあったため、革命的、平和主義的なインターナショナル派の左翼を自認する流派の代弁者たちからは、裏切りだと非難されていた。この社会主義左派は、とりわけロシア、中央ヨーロッパのいくつかの国々、ドイツ、イタリア、スペインで活発であったが、スカンディナヴィア、英国、オランダ、ベルギーではほとんどなきに等しかった。フランスは、中間的な位置にあった。民主主義が定着している土地では、革命は魅力をもたなかった。民主主義の歴史が浅く、弱体であるか、アンシャン・レジームに固執する者たちに攻撃されている場でこそ、社会主義革命によって民主主義を強化することができると思われたのである。

つまり、祖国、宗教、倫理規範、社会階層、既存の権威、さらには男性優位といったものを――これらはすべて、当時まで、ほとんど万人の支持を得ていた――、既成秩序を廃棄しようとする者は攻撃し、それだけになおさら、万難を排して秩序を維持しようとする者たちは熱心に擁護したのである。伝統的エリートは、社会が増大する大衆の勢力に脅かされるため、従来どおりエリートが社会を支配する力をもちえなくなるのではないかと憂慮していた。暴力は、ある人々の目には戦闘的と映り、別の人々にはゼネストこそが十分な表現となるはずの革命とされたが、反動派も未来派も、現在暮らしている社会とは根本的に異なる社会を生む要因になるとこぞって見なしていたため、暴力はたんなる賛美ではなく崇拝の対象にさえなっていた。それゆえ、作家のなかには、喜び勇んでにせよ、苦悩をともなってにせよ、癒しえないほど病んだブルジョワ文明の死を予言し、戦争と独裁の時代を予告する者たちがいた。共有された価値としてのヨーロッパは、危機に瀕していたのである。

科学もまた、不安を与える新しい世界に突入していた。エネルギーの量子という観念によってプランクは、物理学の基盤そのものに関係していた、理論の予想と実験結果の不一致を排除した。しかしそれは、輻射《ふくしゃ》の連続性という一見自明な概念との決別によってなされたのであった。ローレンツとポワンカレの試論に続いて、アインシュタインは、理論的予想と実験結果のもうひとつの不一致を、特殊相対性理論によって排除した。だがその代償として、同時性の概念という誰にも明らかに見えた概念の定義の変更が行なわれていた。他方、実験物理学者たちは、いかなる理論も予測していなかった現象を発見していた。まずX線が発見され、その後キュリー夫妻の研究によって、新型の輻射を示す放射性物質が発見され、その法則とメカニズムはラザフォードによって解明されはじめたのである。これらすべては、物理学を日常の経験から引き離し、科学の危機が重大化しているという印象を与えるものであった。さらに、数学の基盤における矛盾が明らかにされ、生物学が困難に直面していたことも、この印象を強化していた。

たしかにまだ主題としては扱われていないが、危機の問題と、危機から脱出するにはヨーロッパの諸学問——つまりヨーロッパの理性と価値——の将来における再建の基礎となりえるような必然的確実性を再発見するしかないという確信は、フッサールの現象学の中心にあり、彼においては、それは作品——この場合には論理学——が自律性をもつという主張と重なり合っていた。これはフレーゲにも存在する主張であるし、言語に関するソシュールの理論にも見られる。フッサールをはじめとするこれらの人々の名前は、すでに当時から国際的に知れわたっていたが、斬新で難解な思想という印象がつきまとい、それ以前から名声を博していた思想家たちの威光の陰に隠れていた。実際、哲学においても文化全般においても、新しい潮流は、衰退しつつある自然主義的実証主義と新ロマン主義の発現と共存していた。しかも、知的な優勢は、相変わらず、ベルクソンのような新ロマン主義の代弁者か、フロイトのように同じ問題系統のなかで反ロマン主義の立場をとる者にあったのである。

しかし、この時代を最もよく反映しているのは、誰よりもニーチェであろう。ニーチェこそ、その死後、ロマン主義者、ダーウィン主義者、民族主義者《ナショナリスト》、社会主義者、ニヒリスト、道徳主義者、軍国主義者、平和主義者の誰もが崇拝する対象になった。またニーチェの思想は、ヨーロッパの諸矛盾を、耐えがたくなるほど凝縮している。ニーチェが自身について抱いていた意識、ヨーロッパの未来に対する憂慮によっても、また、ドイツとスイスとイタリアを放浪したこと、彼を取り巻くコスモポリタンな環境、古代との親和的近接性、ワーグナーとの関係、彼の読書によっても、またとりわけ、ヨーロッパの大半の言語に翻訳され、各国語で注釈が施された彼の著作の影響力によっても、ニーチェはヨーロッパ的規模の人物になっていった。ニーチェの狂気は、ヨーロッパの運命を、たんに第一次世界大戦下の四年間にかぎらず、二十世紀の大部分の時期に関して予告していたのである。

あとがき——第三のヨーロッパ統合に向けて

〈ヨーロッパの均衡〉という枠組みによって制限されていた十九世紀の戦争とは逆に、第一次世界大戦は、短期的な局地戦ではなく、文明化された形態をとってもいなかった。大戦は、四年の間、ベルギー、フランス、北イタリア、バルカン半島、ロシアならびに、アジアの一部、アフリカの何か所かの場所、極東、海上——とりわけ大西洋で集中的に——において、列強——最終段階でアメリカ合衆国も参戦した——のみならず、中小の複数の国家を巻き込んで行なわれた。しかも交戦国は、戦争に使うために物理的資源と人口のすべてを動員した。いかなる領域も、戦争の影響をまぬかれることはなかった。経済では戦時体制が敷かれ、科学が軍事利用され、戦争用の発明をふやす任務が技術に与えられただけではなく、文化さえも、敵を非人間化して怪物にすることを主要目的とするプロパガンダの道具と化した。絶対目標として掲げられた戦勝によって、軍事行動の舞台においても民衆の教育においても、用いられるあらゆる手段が正当化されると見なされた。どちらの陣営も、個々の点に関して相手に自分の意志を強要することをもはやめざしていたのではなく、相手を潰滅させようとしていたのである。

こうした精神にあふれたヴェルサイユ条約〔一九一九年〕は、法的には和平条約であったとはいえ、じつは休戦協定にほかならなかった。その点はすぐに理解されたため、一九二〇年代に成人となった若者たちは、自分たちを〈両大戦間〉の世代と規定していた。ヴェルサイユ条約と付随的な講和条約によって、アルザスとロレーヌはフランスに返還され、ドイツとベルギーの国境はベルギーに有利に変更され、ドイツは植民地を奪われた。他方、オーストリア＝ハンガリー帝国は解体し、トランシルヴァニアはルーマニアに併合され、中央・東ヨーロッパの大半の民族の民族的《ナショナル》要求は満足させられた。すなわち、フィンランド人、エストニア人、ラトヴィア人、リトアニア人、ポーランド人、チェック人、スロヴェニア人、クロアティア人、セルビア人という民族である。

しかし同時に、ヴェルサイユ条約はドイツ人の民族的《ナショナル》要求を燃え上がらせる結果をまねいた。なぜなら、この条約によって、それまでオーストリア帝国で主導権を握っていたドイツ語使用者と、再びポーランドの領地となった土地に住むドイツ人は、新国家に服従する少数派に転落したからである。いやそれ以上に、ヴェルサイユ条約は、領土を縮小してドイツを監視下においたとはいえ、ドイツの軍隊を解体したり領土を占領したりすることはなく、ドイツでは大半の人が、背後からの攻撃という裏切り行為のためだけで敗北したと確信していたからでもある。多数のドイツ人の目に、ヴェルサイユ条約がヨーロッパから彼らを不当に排除する決議と見え、帝国の跡をついだ共和国〔ヴァイマル共和国。一九一九－三三年〕が外国から強要された政体で、暴力に訴えてでも反抗してかまわないと映ったとしても、なんら不思議ではなかった。

第一次世界大戦に際して、勝利をおさめることも、数年間にわたって戦争を継続することもできなかったロシアは、近代化の不十分さを露呈した。その意味で、この大戦こそが、ツァーリズムを廃し、普通選挙、議会、出版報道・結社の自由を導入した革命の起源にあるといえよう。しかし、これらの民主主義の萌芽は、成熟する時間がなかった。一徹な旧体制の支持者たちの脅威にあったため、これらの萌芽は、レーニンが指導するボリシェヴィキによるクーデター〔一九一七年、十月革命〕によって摘まれてしまった。このクーデターは、マルクスが予言したプロレタリアートの世界革命の開幕を飾る行為とされ、参加者たちもそのようにとらえていた。

この結果、古来のロシア帝国——分離・独立した民族は除く——において、政治決定はボリシェヴィキによって独占され、内戦が勃発した。当初は新体制の敵——実際の敵であれ仮想の敵であれ——に対して攻撃が展開されたが、その後それは、大規模な恐怖政治と化し、新しい国名であるソヴィエト連邦〔一九二二年、ソヴィエト社会主義共和国連邦創設〕の統治体制として成立した。そして、恐怖政治を用い、計画経済によって完全に実現するとされた経済的合理性を標榜することで、スターリンの指導下において世界革命を待たずに社会主義を樹立しようとしたボリシェヴィキは、産業国営化を強制したのであった。また、農業ならびに社会的、文化的活動のすべてを国営化したのも、この恐怖政治によってである。十月革命に始まるこれら一連の流れは、ソ連以外の国々の社会党内部に分裂をひきおこした。暴力によって権力を獲得するという目的の道具とするために労働運動の組織原則を使うボリシェヴィキの政策を模倣する者たちは、選挙手続きを尊重する社会主義の伝統を支持する者たちと決別したのである。世界規模での解放者の役割を党と国家に賦与する新しい革命的メシアニズムにあふれたソ連の側も、ボリシェヴィキによって破壊すべき資本主義の砦と見なしたヨーロッパから離れていった。それと同時に、各国で、共産主義者と社会民主主義者との間で争いが起こった。それは戦前、革命的、平和主義的なインターナショナル派左翼が強力だった土地で、とりわけ熾烈であった。

第一次世界大戦によって弱化し、引き裂かれたヨーロッパは、もはやみずからの運命を司ることができなかった。そもそも戦争の決着をつけたのはアメリカ合衆国であったし、和平の調整もアメリカの貢献によっていた。テイラーによる労働の科学的組織、フォードによる自動車大量生産、夢を与えるハリウッドの映画と眩《まばゆ》いスターたち——しかし、夢の裏側を見せるチャップリンもいた——の国アメリカは、一九二〇年代末の大恐慌までは、経済的に成功し、科学技術の革命を成し遂げ、野心のある者なら誰にでも社会的な地位上昇の道が開かれている国というイメージを示していた。ヨーロッパが老化と疲弊に苦しみ、堅固で不変の階層組織に束縛され、その上流階級と君主たちが、アンシャン・レジームに由来する古びた儀式を相変わらず執り行なっていたのに対し、アメリカは若さと未来の国に見えた。テイラー・システムとフォード・システムは、強国への新たな道を探るドイツ人を魅了しただけでなく、アメリカの生産性とロシアの革命的躍動を結びつけようとしたボリシェヴィキをも幻惑した。さらに、第一次世界大戦以前から、芸術と学問の前衛にいる者たちも、アメリカに夢中になっていた。それに対して、近代性を拒否する人たちすべてにとっては、アメリカは近代性の最悪の部分を体現していると見なされた。すなわち、金銭第一主義と大衆の君臨、無名性と機械化、際限ない自然の搾取といった害悪の権化にほかならなかったのである。

ヨーロッパは、第一次世界大戦から弱化し引き裂かれて脱出しただけではない。ヨーロッパ精神そのものも、打撃をこうむっていたのである。なぜなら、何度も述べるように、第一次世界大戦はそれまでの戦争とは同じではなく、総力戦だったからである。参戦した数百万の人たちの大方にとって、四年間の戦闘——それ以上に及んだ場合もある——は社会活動への入門でもあったが、彼らはこの経験で、身体的にも精神的にも癒しえない習慣と反応を植えつけられた。すなわち、死、危険、ものごとの脆さへの慣れ。戦友との絆がすべてに優先し、自分たちと他者との絶対的な相違に力点をおく、きわめて強烈な集団帰属意識。相手を潰滅しようとまでする憎悪——論争の段階にとどまるかぎりは言葉による攻撃だが、許されうる場合には肉体的攻撃にいたる。自分たちと敵とを誤解の余地なく隔てていた前線で経験した状況の明確さとあまりにもかけはなれている、民主主義政治の複雑さとニュアンスに対する軽蔑。ある陣営に所属していることを明示する制服の必要性。深い知識を備え、遠くを見通すと思われた指導者に対する信頼と従順。戦争によって粗暴になった人々のこうした特徴は、退役軍人によって市民生活のなかに浸透したが、これらの特徴に美徳の地位を与えるようなイデオロギーは、すでに以前から普及していた。

急進的民族主義《ナショナリズム》と革命的社会主義は、あらゆる点で対立すると思われていた。それぞれ対立する伝統に根拠をおいており、民族主義が、ロマン主義と君主制を拠り所にするのに対し、社会主義は、啓蒙主義とジャコバン派に根拠をおいていた。また、彼らが使う修辞も異なり、民族主義が国民《ネイション》、人種、大地、血統という個別性に力点をおくのに対し、社会主義はインターナショナル、人類、世界革命といった普遍的価値を掲げていた。さらに、戦争に対してはまったく相容れない態度をとるにいたっており、民族主義者にとって、戦争は祖国防衛であったが、革命的社会主義者にとっては、帝国主義的殺戮にほかならなかった。こうして、大戦後、とりわけロシアとドイツに生まれた不安定な状況──イタリア、ハンガリー、オーストリアでも同様であった──を利用しようとして、彼らは武器を手に衝突したのであった。とはいえ、急進的民族主義は、革命的社会主義といくつも共通点をもっていた。それは、革命的社会主義の原初的形態であれ、共産主義、極左、無政府主義といった異種であれ変わらなかった。

共通点として何よりもまず挙げなくてはならないのは、複数の政党が競合し、投票用紙によって記入ボックスの秘密のなかで勝者が指名される選挙制をもち、出版報道・結社の自由を認める議会制民主主義の拒否である。民族主義者にとって、この民主主義は、相対立する多様な個人と集団を、不当にも国民《ネイション》——有機的統一体、総体——に代置するものであり、この体制においては、指導者の唯一の声のかわりに、食い違う意見の不協和音ばかりが聞こえ、指導者を中心として結集する唯一の民族《ナショナル》政党によって唯一の国民的《ナショナル》意志をもつ可能性は封じこめられ、国家政策はなりゆきまかせに変転せざるをえなかった。社会主義者にとっては、この民主主義は形式にすぎなかった。なぜなら、ブルジョワジーとプロレタリアートという、社会の相対立する階級区分を維持しながら、共通の富、国民《ナショナル》統合という虚構と、大資本いや大土地所有の発現にほかならないにもかかわらず、人民を代表する権力という虚構を作り出していたからである。階級のない社会が到来するまで、唯一可能な統一とは、労働者階級の政党の統一であった。この政党こそ、マルクスの教えに基づく科学的イデオロギーによって労働者階級の利害を認識することができるし、政党指導部、いや最高指導者のうちに、階級の集団的な知恵は体現していたからである。

つぎに指摘すべき共通点は、法治国家の拒絶である。民族主義者《ナショナリスト》にとって法治国家が容認できなかったのは、指導者の権力に制限を加える非個人的な法律によって指導者が縛られてしまうからであった。同じように革命的社会主義者にとっても法治国家は是認しえなかったが、それは、政党がイデオロギーのみを指針として行動し、国家的な諸制度を独占的に利用して社会を支配することが禁止されてしまうからである。第三の共通点としては、国家が監督する公的領域と、現行法規を遵守しさえすれば個人が自由に行動できる私的領域を区別することの拒否があった。社会主義の見地からしても、この点で社会主義の発想をとり入れた民族主義《ナショナリズム》の立場にとっても、個人は朝から晩まで、誕生から死にいたるまで、いかなる活動に従事しようとも、たえず指導と教育を受ける必要があった。仕事においても余暇においても、個人は、政党の延長線上にある大衆組織によって高度の総体——階級ないし国民《ネイション》——のなかに完全に統合されなくてはならなかった。この総体こそが、人生に意味を賦与し、人生を生きるに値するものとしてくれるのであり、必要とあらば、あらゆるものの源泉である総体のためにすべてを犠牲にしなくてはならなかった。

富の配分装置の役割を果たす市場の否定は、公的領域と私的領域を区別することを拒絶する姿勢から引き出される結論のうち、最も重要な帰結であった。実際、相互に独立している だけでなく中央権力とも独立して行動し、競合関係にある経済主体が複数存在することは、私的利害が衝突する場としての経済が、指導者ないし政党の領域である政治に対して自律していることを意味していた。これは、民族主義者《ナショナリスト》にとっては、国民《ネイション》が生産も流通もあやつれない以上、国民《ネイション》を不完全な総体にしてしまう事態であったし、社会主義者にとっては、資源の合理的管理を禁ずることであった。このふたつのテーマは、たがいに遭遇したり交叉したりしたが、それによって急進的民族主義者《ナショナリスト》と共産主義者の双方は、戦時経済の原則に基づいて経済を組織する中央計画経済の綱領を掲げ、実現可能になった時点でたちまち強要したのである。また、このテーマがあったからこそ、すでに指摘したように、テイラー・システムとフォード・システムなどに関心を示したのである。

急進的民族主義《ナショナリズム》と革命的社会主義には、さらにもうひとつ共通点があった。それは、政治活動における暴力の使用が、十分に正当化しうる当然のことであり、権力を奪取し社会を変革するための唯一の手段である、という確信である。いずれの流派も暴力を崇拝しており、ためらうことなく暴力を用いる人も賛美の対象になっていた。さらに、暴力の教育といっても過言ではない訓練が、支持者には課せられていた。それは、暴力を行使する練習であると同時に、敵に加える言語的・肉体的暴力に無感覚になるための指導であった。仲間と他者の区別の絶対的価値を強調し、仲間との完璧な連帯感と敵に対する憎悪を植えつけるしくみを活用したのも、こうした教育の一環であった。敵という場合、ユダヤ人――激烈をきわめることもあった反ユダヤ主義は、大半の急進的民族主義《ナショナリズム》に含まれた構成要素である――を筆頭とする劣等人種とか、各国によって異なるが、概して長大な一覧表になる劣悪民族であったり、共産主義者の恰好の標的になった、ブルジョワジー、貴族、富農《クラーク》、労働貴族、社会民主主義者であったりした。

階級・人種・民族《ネイション》の闘争という戦闘的な言語の使用もまた、この暴力の教育に属していた。この用語法は、絶え間なく前線、戦場、決戦、戦勝を喚起して、政治を戦争のように表現するものである。さらに、軍隊にならった一連の道具や儀式もまた、この暴力の指導の一環といえよう。すなわち、制服、旗、行進、観閲式、軍歌といったものがふんだんに用いられたほか、突撃隊か民兵に抜擢された者たちには、戦闘技術の訓練が施されたのである。なお、社会問題の解決には指導者ないしは政党が知っている単純な方法をあてればよく、現在のあらゆる害悪の唯一の特効薬として、革命を起こすか独裁制を樹立するには、上からの命令を実行すればすむという思想も流布していた。これらすべての点において、急進的民族主義《ナショナリズム》と革命的社会主義は、双方ともに、軍人が戦時中に植えつけられた社会観にきわめてよく適合するイデオロギーとなり、そのイデオロギーは、それぞれの流儀で理論として集約され、行動に移されることができたのである。

一九二〇年代から三〇年代には、一方の〈黒〉と他方の〈赤〉で象徴される、政治の色調における両極端の相違のほうに人々は敏感であった。もちろん、この相違はけっして看過できない。ときとしてたがいに殺しあった、それぞれの運動の支持者たちは、相手との違いしか認めていなかった。両者の目につく類似点が、表面的、偶発的なものではなく、全体主義的イデオロギーとその実現のふたつの変種の親近性を表現しているのだという見方は、当事者には最高の侮辱と見なされたであろう。しかし、大国で最初に権力を奪取した急進的民族主義《ナショナリズム》であり、その意味でヨーロッパ全土に模倣の波をひきおこしたムッソリーニのファシズムにおいて、革命的社会主義からの借用は明白であった。この借用は、ヒトラーの場合にはさらに顕著であり、「国家社会主義ドイツ労働者党」という名称自体に、この両方の系譜は明示されている。ヒトラーによる権力征服——選挙での勝利をクーデターによって補完した——とともに、ドイツでは人種差別を標榜する独裁制が成立した〔一九三三年〕。この政権は、ヴェルサイユ条約を抹消しようとする意志を隠さなかったし、劣勢民族をアーリア人の支配に従属させることでヨーロッパに新しい秩序を樹立するのだという野心も秘密にはしなかった。ボリシェヴィキの勝利に続く、このふたつの全体主義政党の勝利は、民主主義者の間の内部分裂をさらに深刻にした。左翼において、社会民主主義者は共産主義者と衝突しなくてはならなかったが、右翼においては、伝統的諸政党は、ファシストとナチの追随者たちと競合関係に入ったのであった。

つまり第一次世界大戦は、ヨーロッパと世界における、イデオロギー、政党、国家、社会形態としての全体主義の時代の幕開きとなったのである。それと並行して、民主主義は弱体化していった。政治機能を破壊することしかめざさず、法治国家、市場経済、個人の自律性や民主主義の理想自体の信用を傷つけることに専念する諸政党によって、政治機能は麻痺させられ、ファシストのイタリア、ナチのドイツ、ソヴィエト連邦といった若く、未来にあふれ、攻撃的な国こそが社会問題を解決したとされ、模範とするに値すると見なされていた。こうして第一次世界大戦が創出した条件のもと、急進的民族主義《ナショナリズム》、反ユダヤ主義、革命的社会主義というヨーロッパの伝統的諸傾向の大量虐殺の潜在的可能性は、ソヴィエト連邦においては、農業集団化の過程における数百万の農民の粛清と政治犯収容所《ラーゲリ》のかたちをとって実現し、ナチのドイツにおいては、「強制収容所（Konzentrationslager）」と、その後、第二次世界大戦中の殲滅キャンプとユダヤ民族大量殺戮の実行で頂点をきわめることになった。あらゆる点で、第一次世界大戦は、われわれの父祖たちのヨーロッパと、今日の読者と私の人生の舞台となったヨーロッパ——それ自体、本書を執筆中の一九八九年秋に、われわれの目の前で解体しはじめているようである——との断絶をなしているといえよう。

この断絶とともに、本書の筆を擱《お》きたいと思う。なぜなら、その後の時代を、それ以前の時期と同じようには私には扱えないからである。この時期を、十五世紀以上にわたる長い歴史の短い付録としてだけ見なし、過ぎ去った過去に関してもちえたと思う距離——まちがった思い込みかもしれないが——をおいて語ることは、不可能である。第一次世界大戦以後の時代の半分を、私は成人として生きてきたため、その時代の反響は私の家族の歴史にも私自身の伝記にも属している。私の視点からその反響のもつ位置を語るには、別に、それだけに捧げた本を一冊書く必要があるだろう。しかも、ヨーロッパはそのような書物の対象になるとはいえ、ヨーロッパだけに対象を限定することはできないであろう。実際、ヨーロッパは、いくつかの点では世界の歴史を決定しているとはいえ、いまや、アメリカ合衆国はもちろんのこと、日本、中国、ヴェトナム、中近東、アフリカ、ラテン・アメリカも考慮に入れなくては、ヨーロッパの歴史を理解することはできなくなった。他方、十九世紀のある人物にとりわけ私が親しみを覚えるとか、当時のある主張が正当と見え、別の主張が不当と見えることがあるにせよ、これらの再構築された事象との関係は、私が経験した事象との関係とは、根本的に異なっている。

一人称で語っているとはいえ、これらは純粋に主観的な理由とはいえない。それはまず、歴史学の伝統が、歴史家が誕生する以前の遠い過去の歴史と、歴史家自身の時代の歴史を、ふたつの異なるジャンルとして区別して扱っているからである。しかも、この区別の基礎となる原則は有効なものである。なぜなら、いずれの場合も事実の確定は媒介的な知識の結果だとはいえ、いかなる事象を選択し、いかに諸事実を意味のある全体に統合するか、そして、事件や人物にいかなる判断を与えるかは、歴史家と歴史家が描く時代との時間的距離にかかわるからである。他方、本書の終章として選んだ第一次世界大戦という日付が、まったく恣意的なものではないことも指摘しておこう。実際、前述のとおり、これはヨーロッパ史上のひとつの断絶に呼応している。もちろん、あらゆる断絶がそうであるように、相対的な断絶ではある。しかし、それが、世界におけるヨーロッパの地位、ヨーロッパ内での政治に影響を与えたのはたしかであり、さらに政治を通して、国ごとに年によって異なる度合ではあるが、経済、制度、社会関係、科学、技術、芸術・知的活動、風俗、さらには個人の精神にまでかかわったことは疑いあるまい。

＊

私が本書を書きはじめたときには人々が夢想する勇気すらもたなかったような新たな急変が、今日出現しているのかもしれない。実際、第一次世界大戦がヨーロッパに残した最後の遺蹟が、消滅しつつあるように見える。ソヴィエト連邦では共産主義者が権力の座にすわり続けているとはいえ、その権力は性格を変えつつある。ソヴィエト連邦指導部は、ほんの数年前には全体主義的であったのに、いまや新たな正当性を獲得しようと試み、代議制組織の創設に同意し、自由の領域の拡大を許可し、計画主義の桎梏から経済を解き放して合法性を遵守する意図があることを表明している。他方、中央・東ヨーロッパの諸国では、四十年以上前から共産党がソ連軍の支持を受けて支配してきたが、いまやつぎつぎと議会制民主主義、法治国家、市場経済、個人の自律性への道を歩みはじめている。ヨーロッパの分裂の具体的表現であった、バルト海から黒海にいたるまで共産主義圏を民主主義圏から孤立させていた鉄条網と地雷原は、最近すべての場所で破壊された。ベルリンの壁も、いまや開かれた。

これら一連の出来事は、第二次世界大戦がナチス・ドイツとその同盟国に対する勝利とともに終結した直後に始められた、第一次世界大戦の遺産の清算の終幕といえるだろう。全体主義的右翼政党の政治活動のほぼ完全な消滅、武器によっても選挙投票によっても権力を獲得しえなかったフランス共産党の失敗、イタリアと西ドイツにおける民主主義の回復、マーシャル・プラン〔一九四七年提唱〕の枠内でのアメリカ合衆国の援助による西ヨーロッパ経済の再建、軍事保障の基盤としての北大西洋条約機構（NATO）の創設〔一九四九年〕といった一連の事象の、今日では明らかな歴史的意味も、潜在的な収斂の可能性も、当時は認識されえなかった。清算の第二幕は、ヨーロッパ人が植民地化した国々の解放に抵抗しようとして挫折した戦争と、当初はきわめて控え目であったヨーロッパ共同体（ＥＣ）の建設の前進を通して行なわれた。ヨーロッパ共同体に参加する国の数はしだいに増加し、統合も進展してきたが、その背景には、四半世紀以上続いた経済成長が条件として存在したのである。

その結果、西ヨーロッパではすべての国が近代化され、各国国民の生活条件、労働と余暇は、かつてないほど急激に改善されるという変化を見たし、農村から都市への大量の人口移動や平均的教育水準の上昇も起こり、風俗の自由化が進んだ。また、すでに民主主義が存在していた国では、とくに共産党の衰退によって民主制が強化されたし、その他の国でも、最後の独裁制が消滅した。それと並行して、ヨーロッパの北部と南部の習慣や生活様式の均一化が進行したが、それは、交通の便によって可能になった大量の観光旅行と、テレビやスーパーマーケットのおかげである。地域的な差がいまなお少なからず存続しているとはいえ、今日では、ヨーロッパ北部の人々もぶどう酒を飲み、オリーヴ油を使い、一年中野菜と果物を食べているし、ビールとバターとライ麦パンは南部にも浸透している。衣服に関する習慣も、異なる気候の必要に適応させられながら、同一になってきた。また、建築と広告は、各地の風景を似かよったものにしている。

近代化と文明の統合は、ヨーロッパ大陸のあらゆる国にかかわっている。ヨーロッパ共同体に属していようがいまいが、そうである。この流れの外におかれていたのは、中央・東ヨーロッパの各国だけである。西ヨーロッパが完全に民主主義を選んだまさにその時期に、中央・東ヨーロッパでは共産主義体制《レジーム》とソヴィエトによる支配が強要されたのである。そして、当初はどこでも全体主義的で流血も辞さない独裁制が四十年間続き、ソヴィエト連邦の模範にならった大規模な恐怖政治が行なわれ、ソ連支配を拒否したユーゴスラヴィアですら、共産主義独裁制であることに変わりはなかった。共産主義体制は、スターリンの死後、同時期に起こったハンガリーの人民蜂起とポーランドの民族的反乱〔一九五六年〕、その後の中ソ紛争とプラハの春〔一九六八年〕、さらにまたポーランドにおける「連帯派」の擡頭〔一九八〇年〕によって揺さぶられながらも、ヨーロッパにおいてはいくつかの異なる方向に向かっていった。独裁制の性格を緩和する国もあれば、独裁制を官僚の因習によって維持する国もあり、ルーマニアのように、極端な形態にまで独裁制を推し進めた国もあった。ソヴィエト連邦が民主化路線を進む気運が生まれてようやく、共産圏の国々で独裁制が倒れ、独立を取り戻しはじめたのである。こうしてボリシェヴィキ革命の、すなわち第一次世界大戦の残滓というべき、フィンランドとオーストリアを除く中央ヨーロッパとギリシア以外の東ヨーロッパを孤立させていた政治的・軍事的障壁は、いま消滅しつつある。しかし、西ヨーロッパに対して中央・東ヨーロッパが古来もっていた遅れに加わった、四十年以上に及ぶ計画経済の潰滅的な影響を抹消するには、なお数十年が必要であろう。

ヨーロッパ共同体（EC）は、ヨーロッパと同一視されることがある。しかし、まだ同一視することはできない。ヨーロッパ共同体はヨーロッパの組織の核のひとつにすぎないからである。それがヨーロッパと合致するには、まず、共同体加盟国のなかに新たな力関係を作ることになる東西ドイツの統合に適応する必要があるだろう。同時に、中央・東ヨーロッパの旧共産国の文明統合の挑戦を受けなくてはならない。それと並行して、親ヨーロッパ的感情を示しはじめたソヴィエト連邦との新しい協調の原則を決定することも要求されている。これらすべては、近い将来に経済統合と通貨統合を実現し、さらには政治的統合も実施することになっているヨーロッパ共同体内部の絆の強化に悪影響を与えないように留意しながら行なわなくてはならない。歴史がなんら教えをもたらさないというのは嘘である。しかし、歴史から教訓が得られるのは、過去の経験を有効に活用する意志をもつ者だけである。ヨーロッパにとって、教訓は明白である。ウィルスのように遺伝形質に入り込んで奇妙な突然変異をひきおこしかねない最悪の敵とは、民族《ネイション》、国家《ステイト》、イデオロギーに関する自己中心主義である。すなわち、いかなる正当化がなされようとも、自給自足体制を選ぶ姿勢、あるいは、覇権的な役割を追求する態度にほかならない。今後この敵が無害だと保証するものは何もない。むしろ、息をひそめて、再び猛威をふるう機会をうかがっているだけだと思わせる理由のほうが揃っている。いまなお予見しえないこの敵の将来における出現形態に対するワクチンを創出できてはじめて、第三のヨーロッパ統合の完遂を期待することができるであろう。

平凡社ライブラリー版のための追記

私は、本書を一九九〇年初頭に書き終えた。当時、ベルリンの壁は開放されたところであった。その際、流血を見ることはなかったが犠牲者が出なかったわけではない。共産党は、一九四五年以来事実上権力を独占していた中央・東ヨーロッパの諸国において（ユーゴスラヴィアは除く）、わずか数か月のうちに権力を失った。間もなく、ドイツ民主共和国は消滅した。一年後、ソヴィエト連邦は崩壊した。東側における共産主義の瓦解は、西側にも重要な影響を及ぼした。とりわけ、強力な共産党を政権から引き離してキリスト教民主党が戦後支配してきたイタリアでは、政治体制の内部破裂が可能になり、その結果、「清潔な手作戦」が進められ、裁判が行なわれ有罪判決が出され、政治の舞台の刷新が起こって旧来の政治家たちは引退を余儀なくされた。また、四十年間にわたって紆余曲折を経ながらヨーロッパ統合を推進してきた政治的、イデオロギー的な環境が大変動をこうむるという結果も起こった。

一九八九年以後のヨーロッパの建設──新たな不和の要素

ソヴィエト連邦の崩壊とともに、ヨーロッパ共同体（ＥＣ）は、みずからの利益に反してとはいえ、はからずもつねにヨーロッパを統合へと向かわせる役割を演じてきた敵を失ったといえる。ヨーロッパ共同体が生まれたのはソヴィエト連邦に敵対してであり、ある意味ではソヴィエト連邦のおかげであった。拡張主義時代のスターリンのソヴィエト連邦──プラハのクーデター、ベルリン封鎖、中国での共産党の勝利、朝鮮戦争──に対する恐怖こそ、独仏の和解を進めた要因であり、その結果、一九五一年にヨーロッパ石炭鉄鋼共同体という最初のヨーロッパ共同体が生まれたのである。それはまたヨーロッパ防衛共同体にも発展するはずであったが、その計画は阻止されてしまった。とはいえ、ローマ条約（一九五七年）によって誕生したヨーロッパ経済共同体（ＥＥＣ）は、共通の外交政策も安全保障政策ももたなかったが、その加盟国はすべて、フランス（一九六六年に統一軍から撤退するが）も含め北大西洋条約機構（ＮＡＴＯ）に属していた。その意味で、ヨーロッパ経済共同体とそれに続くヨーロッパ共同体は、ソヴィエト連邦が敵視した陣営に属し、ソヴィエト連邦を敵と見なす立場をとったのである。

だが、たとえ経済に関してだけであれ西欧が統合するという観念自体、伝統的にソヴィエト連邦の敵対感情をあおるものであった。ソヴィエト連邦としては、複数の国家を相手にしたほうが、それぞれの内紛を利用することが期待できた以上好ましく、ソヴィエト連邦のイデオロギーからすれば、単一市場の創設は大資本とヴァティカンと社会民主主義の勝利と映った。レーニンの時代からゴルバチョフの政権獲得にいたるまで変わることがなかったこの敵対感情は、冷戦開始後、まったく非生産的であった。なぜならソヴィエト連邦の脅威は、とくに危機的な時期に、ヨーロッパ共同体の統一化に働くばかりだったからである。政治的、軍事的なレヴェルでヨーロッパ共同体を統合させるというソヴィエト連邦の役割は、ソヴィエトのSS二〇に対抗してアメリカのミサイルをドイツ国内に展開することを受け入れるよう説得すべくフランスが大統領を筆頭にドイツに出向いた一九八二年、明らかになったといえる。

ヨーロッパ共同体の結束を維持するようにつよく働いた力がソヴィエト連邦とともに消滅したとき、ふたつの要素が逆の方向に作用しはじめていた。まず、再統一後、大陸最強国の地位を取り戻したドイツと、フランスとの、人口および領土に関する均衡の崩れである。この変化を予測したフランス大統領ミッテランは——英国首相サッチャーと同じく——、両ドイツ統合を阻止しようと試みた。効果はなかったとはいえ。しかし、ドイツはこうして拡大しただけでなく、東欧に接近する結果となった。それは、東側の隣接諸国との古来の紛争が再燃する脅威をふたたび生み出すか、あるいはなんらかの解決策が講じられた場合、ドイツの富と潜在的経済力に引きつけられるばかりか衛星国化されさえする中央・東ヨーロッパ諸国からなる「中欧（Mitteleuropa）」の結成という逆の脅威をひきおこすものであった。

だからこそフランスと英国は、当初消極的だったコール首相に圧力をかけ、ポーランド西部国境を統一ドイツに認めさせたのである。また、ヨーロッパ共同体の枢軸としての役割をパリ＝ボンからパリ＝ロンドンに移行させるという考えや、ドイツを中心にするであろう北ヨーロッパ諸国のグループとは別個にフランスを中心とする地中海グループを共同体内部に結成するという考えが生まれたのも、この脅威に由来している。いずれの思想も短い期間しか唱えられることはなかった。そのような路線を進めば最終的にはヨーロッパ共同体の解体につながる危険が増すことは、それほど明らかだったのである。その危険は、ユーゴスラヴィアでの戦争開始後、独英仏三か国のバルカン政策の相違が表面化して一層深刻になったのであった。

ユーゴスラヴィアの戦争は一九九〇年代初頭、こうしてヨーロッパ共同体内部の対立の第二の要素になった。クロアティアを支持するドイツとセルビアを支援する英仏というこの対立は、第一次世界大戦以前の紛争によって生まれ、第一次世界大戦と、とくに第一次世界大戦を通じて深刻化した古来の分裂に呼応している。ドイツはただちに、英仏に先だってクロアティアの独立を認めたが、その際フランスとも英国とも相談しなかった――相談する義務もなかったのだが。さらに、ドイツは、自国内に大勢いて、クロアティアにおける独立運動の物流・情報システム面での援助を組織していたクロアティア移民の活動を容認した。その間フランスと英国はセルビア側につき、ユーゴスラヴィアの持続性と不分割性を唱えるベオグラードの主張に同意しており、ミロシェヴィッチの政策自体がとくに一九八〇年代末以後、ティトーによって作られた脆弱な均衡を破り、民族主義の再燃への道を開いていたことに気づかなかった。歴史の教訓が何かに役立つことはありうるが、今回がその一例であった。ユーゴスラヴィア紛争によって対立へと走るかわりに、フランスとドイツは政策を調整し、ヨーロッパ共同体の団結を強化する方向で共同活動を進めるという選択をしたからである。これは、国際舞台において紛争の影響を将来ヨーロッパ共同体が受けねばならない事態を避けるためであり、ベルリンの壁の崩壊とソヴィエト連邦の解体によって提起されたもうひとつの問題に対して共通の態度をとるためであった。その問題とは、ヨーロッパ共同体の拡大の問題である。

一九八九年以後、大陸のすべての国は潜在的にヨーロッパ共同体加盟を申請しうる存在になった。しかし、実際に加盟できるまでの道のりは国によって大きく異なっていた。一方に、国民が望みさえすれば以前からヨーロッパ共同体に入れたであろう国々（ノルウェー、スイス）と、ソヴィエト連邦との協定ないし伝統ゆえの中立政策によってのみ加盟できなかった国々（オーストリア、フィンランド、スウェーデン）がある。他方に元のソヴィエト連邦陣営の国々があるが、元「人民民主主義国」間はもとより、それら旧「人民民主主義国」のなかで最も進んだ国々と旧ソヴィエト連邦支配下の国々――バルト三国は除く――との間には発展の面で大きな格差がある以上、それは不均質な集合体であった。

中立国に関しては、問題は政治的というよりは技術的なものであったが、これらの国々の加盟はヨーロッパ共同体内部の均衡を崩し、地中海沿岸諸国を少数派にしてしまった。一方、旧ソヴィエト連邦陣営諸国が加盟を申請する場合、みずからの経済と文明のレヴェルをヨーロッパ共同体諸国のそれに近づける手段を見つけねばならないだけでなく、ロシアとの関係という政治的問題にも直面していた。さらに、将来のヨーロッパ共同体の東側境界線の問題と、いずれは二十ないし三十に加盟国がなった場合の共同体の組織自体の問題という、さらなる難問への答えを見出すことが不可欠であった。ヨーロッパ共同体はたんなる大きな関税同盟になるのか。人が自由に移動できる場、あるいは一種の連合体、さらにはひとつの連邦になるのか。いずれも不和をひきおこしうる主題である。

ヨーロッパの新しい分割

ベルリンの壁の崩壊に続く新たな国際環境においては、不安定な地域がいくつも存在し、ヨーロッパ共同体諸国には解決を迫られる問題があった。したがって、ヨーロッパ統合は以前よりさらに困難になったといえよう。こういった挑戦に応えるべく、フランスとドイツは共同体内部の結束を強化する策をとった。その結果、ヨーロッパ連合（EU）条約の交渉が実現し、その交渉は一九九一年十二月九－十日にマーストリヒトで終了し、翌九二年二月七日に条約は締結された。長大で——十七の説明的な議定書と三十四の解釈宣言を除いても六万一〇〇〇語以上ある——、この条約によって変更されたヨーロッパ共同体設立の文書をつねに参照できない者には理解しえない、つまり通常のこの種の文書以上に読みづらいこの条約は、人々の関心を呼ぶようには見えなかった。しかし、三本の柱の上にヨーロッパ連合を創設しつつ、重要な革新を導入しているのだ。その柱とは、ヨーロッパ共同体、共通外交・

安全保障政策、司法内務協力政策の三点である。それに社会政策に関する議定書と経済通貨同盟がつけ加えられる。

政治の領域への拡大、単一通貨導入の予告、連邦を目標とするという宣言は、ヨーロッパ統合の性質自体を根本的に変えた。一九九一年十二月以前、マーストリヒト条約の締結ととりわけ批准に先立つ議論までは、ヨーロッパ統合は、物資の生産・流通・消費や、資本の流通、人間の移動に関するすべての原則を含め、ひろい意味での経済に限られていた。したがって、英国以外では大きな対立をひきおこすことはなかった。英国だけが、大陸路線と大西洋路線との間で意見が食い違い、とくに保守党内部でつよい反ヨーロッパ的傾向がヨーロッパ寄りの流れと対抗していた。フランスでも、ド・ゴール派政党には似たような対立が見られたが、指導者崇拝という特徴——この特徴はようやく消えはじめたところである——をもつこの政党の非民主主義的性格ゆえに、さほど激論が闘わされることはなかった。たしかに、ヨーロッパの建設の原則をめぐるこの全員一致的な雰囲気は、技術面での議論を排除するわけではなかったが、それは専門家の関心しか引かなかった。ところが、マーストリヒト条約締結以後、その点で変化が起こったのである。最近十年間で、ヨーロッパ統合の二次的な結果であった対立が次第に明確になり、よりはっきりと認識されるようになった。イデオロギー、経済、軍事すべての面で大陸が二ブロックに割れていた限り、ヨーロッパ連合は統合の力をもっていたが、いまはそうではない。ヨーロッパ全体でも、それぞれの国内でも、分裂の要因になったのである。

まず、現在のヨーロッパの主要な分割線を挙げてみよう。オーストリア、フィンランド、スウェーデンのヨーロッパ連合加盟（一九九五年）以降、ヨーロッパ連合の加盟十五か国と、非加盟国との間に分割線が引かれる。非加盟国もまた、複数のグループに分けられる。

——スイスとノルウェーの二国は、有権者の過半数が加盟を拒否しなければ、すぐにヨーロッパ連合に受け入れられたであろう。デンマークがマーストリヒト条約を二回目の国民投票でようやく批准したことは思い出すべきだろう。第一回投票では否決されたため、デンマークには例外的な特例を認めねばならなかった。

——二〇〇〇年以後、五年から十年のうちにヨーロッパ連合への加盟を約束された十か国がある。この猶予期間は、加盟が近づくにつれて延ばされる傾向があるようだが。それは、キプロス、エストニア、ハンガリー、ラトヴィア、リトアニア、マルタ、ポーランド、スロヴァキア、スロヴェニア、チェコ共和国である。

——日程に関して明確ではないがヨーロッパ連合が加盟を約束した三か国がある。すなわち、ブルガリア、ルーマニアと、最近このグループに加えられたトルコである。

——ヨーロッパ連合が何も約束していないとはいえ、遠い将来の加盟の可能性を排除していない、アルバニア、ボスニア、クロアティア、マケドニアという国がある。これはセルビアとモンテネグロに関してもいえるが、指導者と政策の変更が条件とされている。コシュトゥニツァが大統領に選出され、旧来の反ミロシェヴィッチ派が議会で絶対多数を占めたことで、この転換は始まっている。

——ヨーロッパ連合が加盟を拒否している国としては、ロシアとその他の旧ソヴィエト連邦支配下の国——バルト三国を除く——がある。この拒否を明言しないために、これらの国々とはさまざまな協力、提携、援助協定が結ばれている。


こうしてわれわれの前にあるヨーロッパの新しい地図には、ヨーロッパ連合とその外部との間に明確で越えがたい境界線が引かれ、連合外部においても、ヨーロッパ連合加盟の可能性と約束された加盟時期の遠近に対応したさまざまな領域間に境界線が描かれている。この点で、ヨーロッパ連合加盟を拒否した国はヨーロッパでも世界でも最も裕福な国々であることは注目に値しよう。加盟を望み、一九九〇年七月から九六年六月までに公式の加盟申請を提出し、遠くない将来に加盟できると期待できる国は、一般に、ヨーロッパ連合加盟国中最も貧しい国よりも貧しい国々である。この国々はキプロスとマルタを除いて中央ヨーロッパに属している。キプロスを除けばラテン・キリスト教世界につねに属してきたが、そのなかにはプロテスタンティズムを選択した国とカトリシズムにとどまった国とがある。各国の独立はいずれも第一次世界大戦以後であるが、その点でも、一九五九年に独立したキプロスと一九六四年に独立したマルタは例外である。また、英国に属したキプロスとマルタをこの場合も例外として、いずれの国も第二次世界大戦以後、ソヴィエト連邦に吸収ないし支配されたか、あるいは独自の共産主義政権下におかれた。これらの国々とヨーロッパ連合加盟国との違いはおもに経済面にあるが、いくつかの場合には、政教分離と法制に関する態度が違うこともある。

期限を定めずにヨーロッパ連合が加盟を約束している諸国は、別の性質の問題を提起している。一九九五年に加盟を申請したルーマニアとブルガリアは、その他の申請国すべてと同じくヨーロッパ連合の規則を受け入れるだけでなく、自国の経済レヴェルと国民の生活水準とヨーロッパの平均との格差を縮めるというさらに大きな障害を乗り越えねばならない。トルコは、一九八七年に加盟申請を提出した際ギリシアが拒否権を行使したため、いまや加盟申請権を待つ国にすぎなくなったが、経済と法律の面ですでに不利な条件をもっているだけでなく、アルメニア人大虐殺〔一九二〇－二一年〕を否認し、クルド人独立運動を鎮圧するといった人権侵害の諸問題を抱えている。しかし、ギリシアとの歴史的な係争は解決へと向かっているようだ。ただし、ギリシア系キプロス人とトルコ系キプロス人の争いは和解にはまだいたっていない。

第四のグループは、加盟がはるか遠い可能性としてしか考えられていないか事実上拒否された国である。それは、大陸で最も貧しい国々に属している。大半は公然と紛争を起こしているか戦争に突入する危険をもつ不安定な国家で、法制には欠陥が多く、民主主義が定着しがたく、資本主義経済はまだ初歩の段階にある。さらに、クロアティアを除けば、これらの国々はブルガリア、ルーマニア、トルコとともに、正教会かイスラム圏に属す。したがって、古来のラテン・キリスト教世界に対応する西・中央ヨーロッパと、古来の正教会世界——バルカン諸国は国によって十四世紀から十九－二十世紀にオスマン帝国に吸収された——に対応する東ヨーロッパとの間に、相変わらず深い溝が刻まれている。この原則に反するのは二か国、前記のクロアティアと、ヨーロッパ連合に唯一加盟できた正教会の国ギリシアである。

ひとつの世界をなすロシアは別枠である。サンクト・ペテルブルグからヴラディヴォストークまでという広大さ自体が、ヨーロッパ連合加盟を非現実的な観念にしてしまう。むしろヨーロッパ連合をロシアに併合するほうが考えられるくらいだ。ヨーロッパ大陸にある旧ソヴィエト連邦支配下の国々（バルト三国以外）も別個に扱おう。残るはバルカン諸国である。これらの諸国と西・中央ヨーロッパの国々との相違は、経済と生活条件のレヴェルにせよ、法律に対する態度にせよ、宗教がアイデンティティにもつ役割、民主主義の伝統の力、政治文化一般にせよ、深くかつ現実に存在する。こういった違いがあってもなんら不思議はない。ヨーロッパ各地域が何世紀にもわたって違う歴史を経験してきた結果の蓄積だからである。見た目にも明らかで統計上にも読めるこれらの相違によってヨーロッパ連合の慎重な態度は正当化できるが、その態度は当該国民には西欧の優越感の表明とも、かつての破門に根ざした宗教的、文化的な立場に基づく排斥とも見なされている。

ヨーロッパ連合内部の分割

ヨーロッパの新しい分割の一覧には、ヨーロッパ連合の内部にあらわれた分割をつけ加えねばならない。二〇〇二年一月一日、予想されていたよりはるかに容易にヨーロッパ連合内十二か国が単一通貨に移行して以来、最も重要な境界線は、ユーロ圏に属す国々と、ユーロ圏に属さずユーロ採用問題がひろく議論をひきおこしている国々との間に引かれている。後者に属す国としてはまず英国がある。これほどの大国が単一通貨の枠外にとどまるほうを選んだことは、「複数の変速ギアをもつヨーロッパ連合」という長い間払いのけられてきた観念が今後は現実化したことを明示していると見て間違いない。この観念につよく反対してきたジャック・ドロールのような人々さえ、統合化の異なる度合いに対応した複数の同心円――中心に連邦があり、周辺に自由流通の場がある――のかたちでヨーロッパの将来を構想しはじめている。

ヨーロッパ連合内部のもうひとつの境界線は、シェンゲン協定に加盟する国と協定を認めない国との間にある。実際このシェンゲン協定によって、加盟国間では人間の自由な移動が確立された。協定に加盟した国々が作る域内と加盟各国のそれぞれの国内との間では、人間の移動に関してなんら相違がなくなった。各国はそのかわり、移民と保護権に関する政策を調整し、警察の協力を強化することを約束している。ある加盟国に所属する者が別の加盟国に到着しても、国境ではなんら手続きを行なわず、国境が存在しないかのようである。しかし、ヨーロッパ連合に属しながらシェンゲン協定に調印していない国に属す者にとっては、相変わらず国境は存在しているのである。

ヨーロッパ連合内にはほかにも分裂があり、一般市民には感じられないにせよ、それは重要なものである。とりわけ、将来を考慮し、防衛政策、つまり外交政策の調整を考えた場合に大きな意義をもっている。英国とフランスは国際連合の安全保障理事会常任理事国であるが、ドイツはそうではない。現在ドイツにはその権利が十分備わっているにもかかわらず、第二次世界大戦末期、現在とはまったく異なる国際状況においておこなわれた決定がこの分野ではいまも有効だからである。ヨーロッパ連合はその立場上、安全保障理事会に連合の代表を送るべきではないだろうか。

そのような変更は国際連合の改革を前提とするが、その改革は国際連合に属す国々、第一に安全保障理事会常任理事国によって承認されねばならない。しかしそれはまた、フランスと英国が、ヨーロッパという単位のためにみずからの特権——帝国主義的な野心を抱く大国という地位の残滓——を放棄することも前提となるだろう。しかし、ポンドの廃止に消極的な英国や、世界のなかでの役割に執着するフランスが簡単に受け入れるとは考えにくい。この変革にはまた、フランスと英国がもつ核兵器と核運搬手段の問題を解決する必要がある。核は保持し開発しつづけるべきか、あるいは逆に、環境保護派が唱えるように放棄すべきだろうか。もち続けるとして、その使用を決める権利は誰がもつべきだろうか。こういった厄介な点は、状況によってはヨーロッパ連合加盟国の間に衝突をひきおこしかねないが、ほかにも難問は存在している。

ヨーロッパ連合は統一的な外交・安全保障政策をもちうるかという問題は、さまざまな難問を提起する。これは換言すれば、軍事、経済、衛生その他何であれ、外部からの脅威すべてに対して領土と住民を守るという、いままで各国が独占してきた機能に関して、ヨーロッパ連合は諸国家に代わりうるだろうか、という問題である。たとえば外交政策の三つの領域、アメリカ合衆国に対する姿勢、地中海とアフリカに対する姿勢、ロシアに対する姿勢をとってみよう。アメリカ合衆国との関係では、無条件の同盟国という地位を受け入れる英国と、それを拒否するフランスの間では明らかに意見が食い違っている。ここ五十年間の経緯を見るなら、アメリカ合衆国とヨーロッパ連合の利害が衝突する場合、フランスと英国の立場が過去と同じく対立するだろうことは容易に想像がつく。

他方、フランスにとっては中央・東ヨーロッパより地中海とアフリカが重要なのに対し、ドイツにとって重要性は明らかに逆である。したがって、フランスの外交政策は南を向き続けるであろうし、ドイツは中央・東ヨーロッパ諸国への影響力をつよめてゆき、ついにはヨーロッパ連合内部に一種の「中欧（Mitteleuropa）」を結成するだろうことは予想できるし、実はすでにそうなりつつある。ロシアは、いまはまだ弱体とはいえ、それがいつまで続くかは誰にも分からない。ロシアに対して、友好、警戒、中立、敵対のいずれの政策をとるべきか。現在のヨーロッパ連合でその答えを投票で決めねばならないとしたら、結果は予測しがたい。

そこで、さらにひろい問題が提起される。ヨーロッパは大陸として、多くの政治的な単位につねに分割されてきた。いずれの単位も大陸全土を覆うことは一度もできなかったとはいえ、それを試みなかったわけではない。なかには、ヨーロッパを政治的に分裂させる方向につよく働いた要因がある。地中海とバルト海を結ぶ南北の軸と、大西洋沿岸から大陸内部——その境界は地形上にはない——へとつながる東西の軸のふたつの対立を中心とした空間的な配置は、大きな役割を果たした。おそらくそれと結びついているが、ヨーロッパで使われる言語の多様性もひとつの要因である。しかも、ヨーロッパの北部と南部の相違はたんに地理的なものではないどころか、地理的な要素が主要ですらない。相違は第一に歴史的、文化的なものである。西部と中部と東部の相違も同様である。ヨーロッパ大陸の多様化へと働いた要因は排除されたであろうか。いまやヨーロッパの利害がその地理的な配置の制約から脱し、統一化されたと考えることはできるだろうか。

アメリカ合衆国やロシアはどうだ、と反論する人もいるだろう。両者とも大陸でありながら、ひとつの中心から発する外交・安全保障政策をそれぞれもってはいないかと。たしかにその通りである。しかし、いずれの国も、アメリカ合衆国のように最初からにせよ、ロシアのように早い時期にライヴァルを抑圧してにせよ、ひとつの組織の核が空間的に拡大して形成されてきた。したがって両国とも、中央権力には十分な正当性があり、離反するような傾向すべてに打ち勝つことができた。ところがヨーロッパは、複数の国家から出発し、異なる伝統——海洋国としての伝統の場合もあれば大陸国の場合もあり、なかには世界的な野心をもつ「フランスの偉大」の追求のように帝国主義的な伝統もあり、そのほかに、より控え目な国が存在する——に深く根ざしたさまざまなアイデンティティから統合が行なわれている。つまり、ヨーロッパは、容易に協調できないような共存しがたい複数の利害から出発して統合しているのである。

ヨーロッパの連邦組織が不可能とか、いずれそれを実現できるという希望をすべて捨てねばならないと結論づけるわけではない。ただそれは、法律の尺度によってではなく、歴史の尺度で考えるべき作業なのである。多くの時間と忍耐が必要だろうし、何世代にもわたって教育を続けなくては、ヨーロッパ全体の利益が各国の個別の利益に先行し、係争の場合にはヨーロッパの利害を優先させるべきだという確信を皆が共有できないだろう。というのも、いままではヨーロッパの人々にとって、ヨーロッパとは他人のことだったからである。だからこそ、ブリュッセルから出され、各国の決定をそれに従属させねばならないような共通外交・安全保障政策をヨーロッパ連合で実施しようという時期尚早の試みはすべて、国民の利益が連合の利益によって犠牲にされるという感情がある国に生まれた場合には、緊張関係や、ついには断絶をひきおこす危険があるのだ。このような断絶を今日避けることができているのは、それぞれの外交政策の責任をとるのがつねに国家だからであり、地政的な位置と伝統にふさわしい外交政策を国家が進めているはずだと見なされているからである。多極的で柔軟な関係のほうが、中央集権的で硬直した体制よりも安定している場合が多いのである。

ヨーロッパ統合の諸国家への影響

ヨーロッパ統合がヨーロッパ全体に与える影響は以上ですべてではないが、統合が各国のそれぞれに与える影響も挙げるべきだろう。ここでは一例をとりあげるだけにする。すなわち、フランスの政治論議の言葉を使うなら、「主権派」と「ヨーロッパ派」、あるいは「ヨーロッパ懐疑主義者」と「連邦派」の対立である。

一方が熱烈な愛国主義者と自称して相手をいわば「外国の党」と非難するとか、相手からは逆にナショナリズムとかポピュリズムという非難を受けるといった、両陣営が敵を戯画的に描く手法は忘れたほうがよいだろう。そもそも、ポピュリズムという言葉が政治において最高の侮辱になりつつあることは一考に値する。ともかく、この論争の本当の係争点は、われわれが自分たちの行為の意味を理解せずに作っている将来の姿なのだといおう。すなわちヨーロッパ連合の政治体制がかかっているのである。

今日メディアや強力な非政府組織（NGO）のなかで支配的な意見は、国の主権的権限を、その他すべての政治的単位に対する国家の優越の擁護にのみ結びつけている。この見方によれば、国家はみずからの利益とみなすことすべてを行なう権利をもち、国家の問題の場合にはみずからが判事であると同時に当事者でもありうる権利をもつこととされる。したがって、国の主権的権限には、人権とそれが正当化するとされる介入権が対立する。この視点に立てば、国の主権的権限とはセルビアやコソヴォにおけるミロシェヴィッチ、チェチェンにおけるプーチンだと断定される。しかし、このような見方によっては無視されているか気づかれてさえいないが、国の主権的権限にはもうひとつ別の次元もある。すなわち、それが民主主義を行使する際に不可欠の条件だという点である。この断言を正当化しなくてはならないのは、いささか気詰まりではある。それほどまでに、ある国の政策がある政党に投じられた過半数の票に反映された市民の意志に従属するには、国会が国民の意志だけの代弁者として決定を下しうる場合に限られるということは自明に思えるからである。なるほど国会は憲法とすでに批准した国際条約すべてに、つまり市民が過去に表明した意志に縛られてはいる。しかし、それ以外では主権をもつ。そうでなければ、民主主義は小さく狭められ、縮められはじめるだろうし、見せかけだけの戯れ、本当の政策決定者が利用する口実と感じられることになるだろう。単純な解決策をふりかざすカリスマ的な指導者や反対投票に好都合な雰囲気が生まれることになる。

さて民主主義は今日まで、ある土地、地域、国の枠内でしか行使されておらず、十五か国、いずれは二十にもなる国々の集合体にいかに拡大すべきか、まだ誰にも分からない。実をいえば、この問題自体、ヨーロッパ委員会委員にせよストラスブールのヨーロッパ議会議員にせよ、公人たちはまだはっきりとりあげてはいない。それは、これらの場において問題の重要性と困難さがまだ意識されていないことの証拠であろう。「民主主義の欠損」に関する発言は、いかにヨーロッパ連合内の民主主義の欠如が認識されているかを示すと同時に、官僚主義的な硬直した用語——それ自体硬直した思想を表現する用語——でそれが隠蔽されていることを示している。さらに、「民主主義の欠損」という言い方自体、問題が重大ではなく、とりわけ政治の問題ではないと示唆している。これは技術的な問題にすぎない以上、その「欠損」を埋める手段はヨーロッパ連合の官僚たちという専門家が見つけてくれるであろうから、彼らの手にゆだねるべきだと暗示しているのだ。

しかし、ヨーロッパ連合内の民主主義の問題は技術的な問題ではなく、政治の問題である。政治の問題として扱わない限り、その複雑さは分からないだろうし、答えを見つけることもできないであろう。なぜなら、ヨーロッパ議会、委員会、理事会のそれぞれの権力のバランスをたんに修正するとか、委員会を議会に従属させるといったことでは答えにはならないからである。ヨーロッパ連合のすべての病に対する万能薬と見なす人もいるとはいえ、ヨーロッパ憲法を公布しても回答にはなるまい。ヨーロッパにおいて諸国を廃止する宣言をしたり諸国が存在しないかのように振る舞うことはできないという状態を考慮に入れたうえで、真の想像力を働かせ、新たな解決策を模索することが必要なのである。

国《ネイション》というものは何世紀もたてばおそらくは消滅するであろう。それまでは、個人の心理を形成し、各自のアイデンティティ形成に介入し、習慣や反射を植えつけるのは国に対する帰属なのである。母語を介してそれは行なわれ、規範、記憶、隠喩、模範などの共通の蓄積を各人は母語から受け取る。また、若い時期にされる教育を通しても、それは行なわれる。たとえ社会的に似たような環境で育った者であれ、精神的な枠組み、感受性、生涯の軌跡は国籍に応じて異なる。それらの相違を抹消したり抑圧したり試みても無駄である。

したがってヨーロッパ連合を将来民主的に組織してゆく際、各国の相違、とりわけ国語の相違が存続することを考慮に入れるべきであり、経費節減を理由に英語だけを使うといった暴挙は慎まねばなるまい。そうしなければ、抽象的で外国の事柄と見なされるヨーロッパにアイデンティティを見出せない大半の人々から、ヨーロッパ連合は見捨てられてしまうだろう。言い換えれば、前例のない多国《マルティナショナル》的民主主義にならなくてはいけないのだ。スイスが例として挙げられる場合があるが、スイスとヨーロッパ連合では規模の違いがあり、それゆえ解決すべき問題の性質自体が変わってしまう。しかしながら、真の意味でヨーロッパ的な重要性をもつ決定に関してであればスイスの国民投票に似た方式の国民投票をより頻繁に使うことは、ヨーロッパ連合が市民自身の問題でありブリュッセルの匿名の官僚たちが独占するものではないことを市民に認識させる効果的な方法かもしれない。とはいえ、直接民主主義の行使にはヨーロッパ諸国、とくにフランス人の政治家たちのなかに反対する者がおり、彼らの反対を乗り越えることが前提になる。とくに左派において、直接民主制はファシズムとはいわなくともボナパルティスムの疑いをかけられているからである――この通念が間違っていることは多くの例で立証されているにもかかわらず。

こういった疑念を裏づける歴史的な論拠があることはたしかである。しかし、フランスの行政機関とそこから派生した政治家もメディアも、どのような傾向に属すにせよ、国会を含めて一般に民主主義的な手続きに懐疑的であり、政治は有権者にゆだねるには重大すぎる領域だと確信していることもまた明白である。それに反論する者は「ポピュリスト」の汚名を即座に着せられてしまう。この確信こそ、とりわけヨーロッパ石炭鉄鋼共同体の設立からマーストリヒト条約後までのヨーロッパの建設を導いてきたのであり、八十年間の敵対や戦争からようやく脱出したばかりの国々を統合するのにおおいに貢献した――可能にしたとはいわないまでも――点は認めねばなるまい。単一市場の場合には効果的であり正当化されるとはいえ、この手法は通貨を含む象徴《シンボル》や政治の領域に関しては効果的でも正当でもない。マーストリヒト条約以後こういった局面に達している以上、この条約の締結は、それまで以上に困難で、民主主義の問題を中心にすえたヨーロッパ建設の新たな章を開いたといえよう。

ヨーロッパ連合と各国の普通選挙

しかし、民主主義の問題はヨーロッパ連合のレヴェルで提起されるだけではない。今後は、ヨーロッパ連合に属することで生まれる制約と普通選挙の結果とが相容れるか否かという問題のかたちで、加盟各国においても提起される。それは、オーストリアの連立政権にハイダーの自由党が入ったときの反応によく示されている。ハイダーは反ユダヤ主義と外国人嫌悪の言動で知られ、露骨にナチズムへの郷愁は表明しないまでも、ヒトラーが何者だったか、第三帝国の時代に実際何が起こったかをまったく理解しておらず、その悲惨さを過小評価し、大量虐殺を忘れようとしている。にもかかわらずハイダーは、オーストリアで最も人気のある政治家になった。ただし、彼が表明するイデオロギーに有権者が賛同したというより、「左派」と「右派」の関係を鎮めるのに貢献した後、社会民主党とキリスト教社会党の連立政権を長期にわたって持続させ、オーストリアの制度全体を悪化させてしまった「比例配分」制を廃止したいという有権者の意志ゆえに、自由党は人気を集めたのであろう。このハイダー現象は、第一にオーストリアにおける民主主義の深刻な危機の兆候といえるだろう。それはまた、直前まで明確にネオ・ファシズム的傾向を示していた政党の党首が政権に参加することになった数年前のイタリアの危機を思い出させるものでもある。

当時、このイタリアの出来事はジャーナリズムで論評されるにとどまった。今回のオーストリアの場合は違う。オーストリアは、フランスの大統領と首相、ドイツとベルギーの首相といった公人によって非難された。さらに外交上の排斥の対象になり、その処置はブリュッセルの委員会にも認められた。しかし、世論が憂慮すべきと判断した出来事――この場合には正しい判断だろう――につよく反撥する権利をもつのは当然だが、その言動が国家やヨーロッパ連合の機関を拘束するような政治的責任者は、唾棄すべき意見を表明する政党が連立政権に入る結果になった選挙に対して、不正が行なわれたとは誰も疑わないにもかかわらず異議を唱えることができるだろうか。たしかにヨーロッパ連合は単一市場だけではない。それに加盟している国すべてがある種の価値を共有することを前提にしているだろう。しかし、それらの価値を列挙するのは容易だとしても、それに正確な内容を与えるのははるかに難しい。ある政党が表明するイデオロギーがそれらの価値に反すると決める資格が誰にあるだろうか。また、そのような価値に反するイデオロギーを唱えただけで、その政党が政権に参加することを排除するのに十分だろうか、それとも、諸協定の規約に従って制裁すべき行為がなされるまで待つべきなのだろうか。オーストリアの場合、この二者択一の前者が選ばれた。とくにフランスにおいて、この選択に政治的配慮が無関係ではなかった点はあえて強調しないでおくにせよ、ヨーロッパ連合への帰属で普通選挙の行使に限度が与えられるか否かという問題は残ったままである。限度が与えられるとした場合、その線を引けるのは誰なのか。限度とはどのようなものなのか。国会で過半数を占めてベルルスコーニが政権をとる結果となった最近のイタリアの選挙の後、ヨーロッパの指導者のなかで不満を表明した人々がいたことを思い出してみよう。オーストリアに対して以前にとられたような措置に達しはしなかったものの、イタリアの政府の方向をイタリアの有権者に代わって決めようとする暗黙裡の欲求をこの不満はあらわしているのである。また、ハイダーの党と本質的に変わらないイデオロギーをもつキアスゴーの党〔デンマーク国民党〕が人気を集めるデンマークや、オーストリアの連立政権の発想源であるバイエルン州のキリスト教社会同盟のシュトイバーが首相になるかもしれないドイツのことを考えてみれば、この問題がたんなる学術的な問題ではないことは分かるだろう。

すでにローマ条約以後、ヨーロッパ経済共同体とその後のヨーロッパ共同体は政治的な性格をもっていた。なぜなら、それらはソヴィエト連邦とその陣営に対立しており、サラザールのポルトガル、フランコのスペイン、軍事政権のギリシアといった強力な反共産主義であれ、独裁体制を拒否していたからである。解体しつつあった共産主義者の全体主義と伝統主義者の独裁制に対して、ヨーロッパ経済共同体とその後のヨーロッパ共同体はこうして、民主主義、法治国家、個人と集団の自由、全員に強制されるイデオロギーの欠如といったものを体現していた。したがって、その政治的性格は、加盟各国が共有する諸価値から生まれていたのである。それにはまた、すべての資本主義経済が機能するために必要な価値もつけ加えられていた。一方、ヨーロッパ連合の政治的性格は、それ自体が国家を超えた政治制度であるがゆえにこれまでとは異なっている。国家ではないにせよ、たんなる国際機関以上のものだからである。だからこそ新しい要求に直面せざるをえず、加盟国にはかつてない制約が課せられるのである。

（二〇〇二年二月十一日）

訳者あとがき

本書は、左記の本の全訳である。

Krzysztof Pomian, *L'Europe et ses nations*, Paris, Gallimard, 1990, collection《Le débat》, 252 pages.

ただし「日本語版への序文」を、著者の厚意によって邦訳に付け加えることができた。なお、訳出にあたっては、原著と同じ年に刊行された Matthias Wolf によるドイツ語訳（*Europa und seine Nationen*, Berlin, Wagenbach, 1990）も適宜参照した。

＊

クシシトフ・ポミアンの著作のうち、日本ではすでに『コレクション――趣味と好奇心の歴史人類学』が吉田城・吉田典子両氏によって訳出されている（平凡社、一九九二年）。ここでは、著者から送られてきた履歴・著作一覧をもとに、補足しながら彼の経歴と主要な業績を記しておく。

ポミアンは一九三四年、ワルシャワに生まれた。一九五二 - 五七年、ワルシャワ大学哲学部に学んだ後、同大学で教鞭をとりながら、一九六五年に博士号、一九六八年に大学教授資格を取得した。しかし一九六八年、その政治的立場ゆえに助教授の職を失ったため、一九六九 - 七一年はワルシャワ国立図書館において写本部研究員として働いた。その後、一九七三年にフランスに移り、国立科学研究センター（CNRS）主任研究員をつとめるかたわら、パリの社会科学高等研究院およびフィレンツェ、ジュネーヴ、ローマ（ラ・サピエンツァ）の各大学でも教えている。

自主連帯労組「連帯派」の指導者でもある中世史家ブロニスワフ・ゲレメクは、ワルシャワ時代からの政治的同志であり、ポミアンが大学を追われた一九六八年には共同のゼミナールを開いた僚友でもある（『リストワール』*L'Histoire* 一九九〇年十二月号、八八 - 九〇ページのベルナール・プーレによる記事を参照）。また、「アナール学派」を代表するフランスの歴史家で、今春刊行が開始された国際共同出版の歴史書シリーズ《Faire l'Europe》;

《The Making of Europe》（《ヨーロッパの形成》）の総監修もつとめるジャック・ルゴフとは、たんに学問的に近い立場にあるばかりでなく、個人的にも親しい間柄にあるという。

ポミアンの哲学者としての仕事は、おもに認識の問題にかかわるものであり、他方、歴史家としては、中世から二十世紀に至るヨーロッパ文化史、とりわけ哲学史・科学史との関連における〈歴史学の歴史〉ならびに、フランス・イタリアを中心とするコレクションと博物館の歴史を主要研究対象としている。

彼の業績は、以下の通りである。

Filozofia egzystencjalna, Warszawa, PWN, 1965（L. Kołakowski と共編『実存哲学』）

Przeszłość jako przedmiot wiary. Historia i filozofia w myśli średniowiecza, Warszawa, PWN, 1968（『信仰の対象としての過去——中世思想における歴史と哲学』）

Człowiek pośród rzeczy. Szkice historycznofilozoficzne, Warszawa, Czytelnik, 1973（『物の間の人間——歴史哲学試論』）

1956 Varsovie-Budapest. La deuxième révolution d'Octobre, Paris, Seuil, 1978（P. Kende と共編『一九五六年ワルシャワ＝ブダペスト——第二の十月革命』）

Pologne : défi à l'impossible ? De la révolte de Poznań à Solidarité, Paris, Éditions Ouvrières, 1982（『ポーランド、不可能への挑戦？　ポズナニの反乱から「連帯」へ』）

L'Ordre du temps, Paris, Gallimard, 1984（『時の秩序』）

Les mesures et l'histoire, Paris, CNRS, 1984（B. Garnier と共編『測定と歴史』）

Collectionneurs, amateurs et curieux. Paris-Venise, XVIe-XVIIIe siècle, Paris, Gallimard, 1987（邦訳、前掲『コレクション』）

Der Ursprung des Museums. Vom Sammeln, Berlin, Wagenbach, 1988（『博物館の起源——蒐集について』）

La querelle du déterminisme : philosophie de la science d'aujourd'hui, Paris, Gallimard, 1990（Stefan Asterdamski, Henri Atlan, Antoine Danchin ほかと共著『決定論論争——今日の科学哲学』）

Przeszłość jako przedmiot wiedzy, Warszawa, Aletheia, 1992（『認識の対象としての過去』）

L'Anticomanie. La collection d'antiquités aux 18e et 19e siècles, Paris, EHESS, 1992（A. -F. Laurens と共編『古代趣味——十八、十九世紀の古代遺物蒐集』）

これらの著書以外に、最近完結したフランス歴史学の集大成といえるピエール・ノラ編『記憶の場所』*Les Lieux de mémoire*（ガリマール社、一九八四‐九二年。全七巻）に、「『アナール』の時代」、「フランク族とガリア人」、「公文書館」の二篇を寄稿しているほか、ポンピドゥー・センター発行の『国立近代美術館研究帖』*Cahiers du Musée national d'art moderne* 第四十二号（一九九二年冬）に「視線の時」という講演記録を発表してもいる。

さらに、ポミアンみずから顧問をつとめる雑誌『ル・デバ』*Le débat* には、一九八〇年の創刊以来、彼の論文が多数掲載されている。彼の関心領域の広さを示唆する、その主要タイトルを列挙してみよう。「未来の危機」（第七号、一九八〇年十二月）、「ポーランドの奇蹟？」（第九号、一九八一年二月）、「過去――信仰から認識へ」（第二十四号、一九八三年三月）、「哲学的存在としての動物」（第二十七号、一九八三年十一月）、「六八年の思想は存在するか？　座談会」（第三十九号、一九八六年三・五月）、「考古学博物館――芸術・自然・歴史」（第四十九号、一九八八年三・四月）、「民族《ナシオン》の回帰」（第六十号、一九九〇年五・八月）、「中央・東ヨーロッパの歴史的特異性」（第六十三号、一九九一年一・二月）、「ヨーロッパとその国境」（第六十八号、一九九二年一・二月）。

＊

さて、一九九〇年に刊行された本書は、先に挙げたドイツ語訳以外に、イタリア語訳（*L'Europa e le sue nazioni*, Milano, Il Saggiatore, 1990, trad. di Maria Salerni Tardini）、オランダ語訳、ポーランド語訳があり、まさにヨーロッパ規模で話題を呼んだ本といえるだろう。各国の多数の書評のなかでは、ギゾー『ヨーロッパ文明史』（一八二八年。いみじくも本書の「日本語版への序文」でも挙げられている）、ドロイゼン『ヨーロッパの危機の特徴』（一八五四年）、ブルクハルト『世界史的考察』（一九〇五年）のような古典と比較されたり、あるいは、同じ頃出版された著書のうち、家族類型に基づく全体像を提出しているエマニュエル・トッド『新ヨーロッパ大全』（一九九〇年）、オーストリア史に関するピエール・ベアール『第一帝国から第四帝国へ――ある国民《ネイション》の持続性、ある国家《ステイト》の再興』（一九九〇年）のような著作と比べられたりしている。

ポーランド出身にしてフランスで活躍する著者らしく、多くの西ヨーロッパの歴史家とは異なり、中央・東ヨーロッパの存在をつねに視野に入れながら千五百年にわたるヨーロッパ史の包括的な概観を提出している点は、本書の特質といえるだろう。それはエティエンヌ・ジュイヤールも書評のなかで強調しているところである（*Bulletin du Centre protestant d'études et de documentation*, décembre 1990)。また、将来のヨーロッパ像をめぐって夢想を思いつくまま冗漫に語ったり、今世紀のヨーロッパ共同体の歴史を近視眼的に扱ったりする本が多いなかで、ローマ帝国の崩壊以降のヨーロッパ文化史・政治史を総合的に見直し、そこに三つの統合の試みを見出す手法は、われわれに新鮮な教訓を与えてくれるのではないだろうか。ヨーロッパの南北・東西、政治と文化の演じる役割などについてポミアンが提出した見取り図は、はっきりと名指されてはいないものの、原著刊行後に『エスプリ』*Esprit*（一九九一年十一月号）に掲載されたジャック・ドロール、ピエール・アスネル、ジャック・ルゴフ、アラン・トゥーレーヌの座談会「ヨーロッパ共同体と歴史の衝撃」のなかで有効な枠組みとして利用されている点を見るだけでも、すでにひとつの共有財産になっていることが理解できるであろう。

日本においても、本書は、ヨーロッパ文化史・政治史の全体像を得るために社会人・ジャーナリスト・学生・教養人の利になるばかりでなく、意欲ある生徒のために高等学校で教材として使われるにふさわしいと思われる。歴史上の年代・事件に関する断片的知識を包括的な視野のもとに統合するとはいかなることか、本書はひとつの模範を示しているからである。

なお、最後になったが、遅れがちな作業にもかかわらず、細かい点にまで助言と配慮を惜しまれなかった平凡社編集部の田邊道彦氏に、心から御礼申し上げる。

一九九三年六月

松村　剛

追記

平凡社ライブラリーに収められるにあたり、近年の状況を概観する「追記」をポミアン氏に執筆してもらうことができた。その「追記」は依頼者側が予想した以上に詳細で、一九九〇年に原著が刊行されてからの多様な変化を著者がどのようにとらえているかを見事に示している文章であろう。最近のヨーロッパ連合の動き、それが各国に引き起こす問題について、軽視されがちな点を鋭く指摘しているこの「追記」は日本語版にしかない部分であり、この文章がここにつけ加えられたことは嬉しい限りである。

二〇〇二年六月三日

解説――「周辺」から「内部」に浸透する眼

西谷　修

「ヨーロッパ」とは一地域の名であるというより、時と場所を超えて召喚されたひとつの希求だった。神話に語られたフェニキアの王女に因むこの名前は、ギリシア世界で「闇のアジア」に対する「文明のヘラス」を指す呼称として用いられたが、ギリシアの没落と共に忘却の淵に沈んでいた。それが千年の時を経て、エーゲ海を遠く離れたアルプスの北側で、ギリシアとはゆかりのないゲルマン系の人びとによって、ある祈念とともに呼び覚まされたものである。

その祈念とは、東のビザンツ帝国への対抗と、西のイスラム勢力の圧力によって枠組みを決められた、ラテン＝カトリック圏のありうべき結束だった。そのときには「ヨーロッパ」という地域はまだ存在しなかったが、やがて共通の文化や制度によって結ばれるひとつの地域が「キリスト教圏」として形成され、それが十字軍の遠征による「東方」とギリシアの

「再発見」を通じて「脱宗教化」し、近代のとば口でわれわれの知るような「ヨーロッパ」となったのである。

けれどもその「ヨーロッパ」も、ある統一的実体として存在したわけではない。それは輪郭も曖昧なある文明の求心性とも言うべきもので、現実に存在したのは分裂抗争し国境を構えて対抗しあう諸国家（諸国民）の集合だった。その集合は、ローマの法的遺産を再吸収して「主権国家」や「法治」のシステム、それに「国際法」や「国民国家」の観念を生み出すことになる。「力の均衡」といった考え方もそこから出てくる。そしてそれが、やがてヨーロッパの世界進出に際して形成される「国際秩序」という環境に拡大されてゆくことになる。

おそらく「ヨーロッパ」は、それ自身にとってよりヨーロッパ外の他者にとって明確な輪郭をもつ。分裂し対抗する諸国家も、その侵出を受けるところでは、単にひとつの国としてではなく「ヨーロッパ」というひとつの文明圏として意識されるからだ。そこでは「ヨーロッパ」は、その余の世界をみずからの原理にしたがって統合してゆく、抜きん出て強力で効果的な文明的実体として映る。

その「ヨーロッパ」は公式的に見れば二重の起源をもつ。ひとつは古代ギリシアであり、もうひとつはキリスト教の精神と制度だが、いずれもそれは「一」を原理とし、根拠や原因の「一」とその普遍性（カトリック性）とを主張する。それはおそらく「ヨーロッパ」が、歴史的にも地域的にも多様なものの統合としてしか存在しないことにも関係しているだろうが、その原理はヨーロッパが世界に自己を展開してゆく動力ともなった。理念としてのヨーロッパは、諸国家による征服と支配を通じて世界に浸透してゆくが、「世界化」という五世紀にわたる歴史的運動の果てに「諸国民戦争」を世界に拡大することで「世界戦争」を引き起こすにいたり、その「諸国家拮抗」のあり方の限界に立たされることになった。「世界化」の果てに、今や理念としてのヨーロッパ、価値としてのヨーロッパは世界に遍在し、その固有性を、共通性の中に溶解させてしまった。そのときに初めてヨーロッパは、地上に降り立って地域的なまとまりとして法的・制度的な実体を目指すようになったのである。それが「ヨーロッパ共同体」の形成であり、今日、「ヨーロッパ連合」として推進されている事態である。

ヨーロッパの中心に位置するところでは、ヨーロッパであることよりもたとえばフランスであることの方が意味をもつ。そこではヨーロッパであることは問うまでもなく自明である。けれども、周辺に位置する国や人びとにとってはそうではない。とりわけ小民族や近代に小国として独立した国々では、外部（スラヴ圏やトルコなど）の強い圧力や浸透にさらされ、みずからの独立やアイデンティティの確保のためにも、「共通の家」としてのヨーロッパを希求し、ありうべきヨーロッパを強く構想する傾向が見受けられる。彼らが不確かな祖国を奪われ、あるいはそこから追放されるとき、それでも彼らに自分の何たるかを教え、居場所を与えるのはヨーロッパだからだ。ヨーロッパが分裂し抗争する諸国家から成り立っているからこそ、ときにそのヨーロッパの犠牲になりながらも、周辺の人びとは強くヨーロッパを希求する。だからヨーロッパの理念、そして統一体としてのヨーロッパ実現への努力は、しばしば周辺の諸国から生まれてくる。

本書の著者クシシトフ・ポミアンも、今はフランスに住んでいるが、元はといえばポーランドの出身である。ポミアンの記述は、ヨーロッパをその中心にいて語る者の視点ではなく、周辺から全体の状況をくまなく（周辺にまで目を届かせながら）観る、それもあくまでヨーロッパの形成と変遷を「内部」から観る者の記述である。とはいえ理念を語るのではない。理念の空虚を知るのもまた周辺の人間だからだ。ここでは、ヨーロッパの内部的な形成と多角的かつ広域的な展開がきわめて冷静な筆致で描かれている。けれども、政治・経済・社会の変化は前提的にたどりながらも、むしろ諸制度や文化と全般的状況との関連に目をむけ、「ヨーロッパ」なるものの展開にとっての理念的なものの役割を着実にフォローする記述には、ある意味でヨーロッパをもっとも深く考える周辺からの意識の特質が表れていると思われる。

だからこの一見地味で堅実な記述がわれわれにとって貴重なのだが、「周辺」から「内部」に浸透する視点には、それと表裏の弱点もある。近代ヨーロッパ、というよりむしろ「近代」として成立したヨーロッパは、内的に展開・成熟してゆくと同時に外部にも展開し、「世界化」という大事業を実現していった。そこで何がいかに展開されたのかもまたヨーロッパの重要な一面なのだが、その部分は「内部」の目にはそれほど鮮やかには映らない。けれどもそれを描き出すのに適しているのは、たとえばわれわれ日本の読者の外からの視線だろう。

この本が書かれたのは、ベルリンの壁が崩壊し、新しい世界状況のなかでヨーロッパ統合への動きが新たな弾みを受けた一九九〇年である。その大きな転換点で本文を結んだポミアンの予見はきわめて的確なものであったし、その後の十年の歩みについては今回の平凡社ライブラリー版に寄せた「追記」（三二五ページ）に要を得た分析がある。

今、われわれの生きている世界、ひとつになった世界は、ヨーロッパの世界展開の所産である。もちろん今ではヨーロッパは世界の唯一の優勢な担い手ではない。けれどもヨーロッパは依然われわれの世界のベースになっている。その意味でヨーロッパの過去と現在、理念に導かれた形成の歴史と、世界に広まった諸原理の現在の帰趨とを知ることは、われわれ自身の現在を考える必須の要件である。そのためにも資するところが大きいのが、ヨーロッパ史であるとともにヨーロッパ論でもある、このポミアンの本である。

（にしたに　おさむ／フランス文学・思想）

2 vol.

J. G. A. Pocock, *The Machiavellian Moment. Florentine Political Thought and the Atlantic Republican Tradition*, Princeton, N. J., 1975.

J. G. A. Pocock, ed., *Three British Revolutions : 1641, 1688, 1776*, Princeton, N. J., 1980.

L. D. Reynolds and N. G. Wilson, *Scribes and Scholars. A Guide to the Transmission of Greek and Latin Literature*, Oxford, 1974.〔フランス語訳 *D'Homère à Erasme. La transmission des classiques grecs et latins*, Paris, Ed. du CNRS, 1988. 邦訳，L. D. レイノルズ，N. G. ウィルソン『古典の継承者たち――ギリシア・ラテン語テクストの伝承にみる文化史』西村賀子・吉武純夫訳，国文社，1996年〕

Silvana Seidel Menchi, *Erasmo in Italia 1520-1580*, Torino, 1987.

František Šmahel, *La Révolution hussite, une anomalie historique*, Paris, 1985.

Lawrence Stone,《The Results of the English Revolutions of the Seventeenth-Century》, in J. G. A. Pocock, ed., *Three British Revolutions*, pp. 23-108.

Jeno Szucs, *Les Trois Europe*, Paris, 1985.

Charles Wilson and Geoffrey Parker, ed., *An Introduction to the Sources of European Economic History 1500-1800*, Ithaca, N. Y., 1977.

V. M. Zhivov, B. A. Ouspenskij,《Car'i Bog. Semotičeskije aspekty sakralizacji monarcha v Rossii》, in B. A. Ouspenskij, ed., *Yazyki kul'tury i problemy perevodimosti*, Moskva, 1987, pp. 47-153.［「ツァーリと神――ロシアにおける君主の神聖化の記号論的諸相」『文化の言語と翻訳の諸問題』所収］

Warszawa, 1984. [『スラヴ・ヨーロッパ 14-15 世紀』]
Reinhart Koselleck, *Le Règne de la critique*, Paris, 1979.〔ドイツ語版 *Kritik und Krise : ein Beitrag zur Pathogenese der bürgerlichen Welt*, Freiburg, 1959. 邦訳，ラインハルト・コゼレック『批判と危機――市民的世界の病因論のための一研究』村上隆夫訳，未來社，1989 年〕
Jacques Le Goff, *Pour un autre Moyen Age. Temps, travail et culture en Occident*, Paris, 1978.
Emmanuel Le Roy Ladurie, *Montaillou, village occitan de 1294 à 1324*, Paris, 1975.〔邦訳，エマニュエル・ル＝ロワ＝ラデュリ『モンタイユー』井上幸治他訳，刀水書房，1990-1991 年〕
Bernard Lewis, *Islam et laïcité. La naissance de la Turquie moderne*, Paris, 1988.〔英語版 *The Emergence of Modern Turkey*, London, 1968〕
Daniel Ligou, éd.,《La franc-maçonnerie》, *Dix-huitième siècle*, n° 19, 1987.
Henri-Irénée Marrou, *Décadence romaine ou Antiquité tardive ? III e-VI e siècle*, Paris, 1977.
Karol Modzelewski, *Organizacja gospodarcza państwa piastowskiego X-XIII wiek*, Wrocław, 1975. [『ピアスト朝国家の経済組織――10-13 世紀』]
John M. Murrin,《The Great Inversion, or Court versus Country : A Comparison of the Revolutions Settlements in England (1688-1721) and America (1776-1816)》, in J. G A. Pocock, ed., *Three British Revolutions*, pp. 368-453.
Pierre Nora, sous la direction de, *Les Lieux de mémoire*, Paris, 1984-〔1992〕, 4 vol.〔7 vol. au total〕
Geoffrey Parker, *The Military Revolution. Military Innovation and the Rise of the West, 1500-1800*, Cambridge, 1988.〔フランス語訳 *La Révolution militaire. La guerre et l'essor de l'Occident 1500-1800*, Paris, Gallimard, 1993. 邦訳，ジェフリー・パーカー『長篠合戦の世界史――ヨーロッパ軍事革命の衝撃 1500～1800 年』大久保桂子訳，同文舘出版，1995 年〕
Agostino Pertusi, *La caduta di Constantinopoli*, Verona, 1976,

della guerra dall'età feudale alla grande rivoluzione, Firenze, 1982.〔フランス語訳 *La Culture de la guerre. X*^e^-*XVIII*^e^ *siècle*, Paris, Gallimard, 1992〕
Barry Cunliff, *Greeks, Romans and Barbarians : Spheres of Interaction*, London, 1988.
Georges Duby, *Les Trois Ordres ou l'imaginaire du féodalisme*, Paris, 1978.
R. J. W. Evans, *The Making of the Habsburg Monarchy 1550-1700. An Interpretation*, Oxford, 1979.
François Furet, *La Révolution. De Turgot à Jules Ferry 1770-1880*, Paris, 1988.
Marcel Gauchet, *La Révolution des droits de l'homme*, Paris, 1989.
Bronislaw Geremek, *La Potence ou la pitié*, Paris, 1988.〔邦訳，ブロニスワフ・ゲレメク『憐れみと縛り首――ヨーロッパ史のなかの貧民』早坂真理訳，平凡社，1993 年〕
Alexander Gerschenkron, *Europe in the Russian Mirror*, Cambridge, 1970.
Anthony Grafton and Lisa Jardine, *From Humanism to the Humanities. Education and the Liberal Arts in Fifteenth- and Sixteenth-Century Europe*, Cambridge, Mass., 1986.
Thomas P. Hughes, *American Genesis. A Century of Invention and Technological Enthusiasm, 1870-1970*, New York, 1989.
Pierre Jeannin, 《The Sea-Borne and Overland Trade Routes of Northern Europe in the XVIth and XVIIth Centuries》, *The Journal of Economic History*, n° 11, 1982, pp. 5-59.
Jerzy Jedlicki, *Jakiej cywilizacji Polacy potrzebują. Studia z dziejów idei i wyobraźni XIX wieku*, Warszawa, 1988. [『ポーランド人はいかなる文明を必要としているか――19 世紀の思想・想像力の歴史研究』]
Jacob Katz, *From Prejudice to Destruction. Anti-Semitism, 1700-1933*, Cambridge, Mass., 1980.
Hugh Kearney, *The British Isles : A History of Four Nations*, Cambridge, 1989.
Jerzy Kłoczowski, *Europa slowiańska w XIV-XV wieku*,

文献案内

ヨーロッパ史に関連のある著作の一覧を作成しようとすれば，本書よりも分厚い書物を何巻も必要とすることになるだろう。また，実際に私が利用し，生涯の一時期に私に影響を与えてくれた書物を列挙するだけでも，きわめて長大なリストになってしまうだろう。なぜなら，ほぼ四十年にわたる私の読書体験のほとんどすべてを含むことになるからである。それゆえ，以下の文献一覧には，長い時間をかけて本書を準備していたときに読んだ近年の出版物で，個々の点に関して示唆を与えてくれたと私が自覚しているものしか含まれていない。文献一覧というよりは，借用証書というほうがふさわしい。

Girolamo Arnaldi, *Le origini dello stato della Chiesa*, Torino, 1987.

Bronislaw Baczko, *Lumières de l'utopie*, Paris, 1978.〔邦訳，ブロニスワフ・バチコ『革命とユートピア』森田伸子訳，新曜社，1990 年〕

Daniel Beauvois, *Le Noble, le serf et le revizor. La noblesse polonaise entre le tsarisme et les masses ukrainiennes (1831-1863)*, Paris, 1986.

Istvan Bibo, *Misère des petits États d'Europe de l'Est*, Paris, 1986.

William J. Bouwsma, *Venice and the Defense of Republican Liberty. Renaissance Values in the Age of the Counter Reformation*, Berkeley, California, 1984（初版 1968 年）.

Fernand Braudel, *Civilisation matérielle, économie et capitalisme, XVe-XVIIIe siècle*, Paris, 1979, 3 vol.〔邦訳，フェルナン・ブローデル『物質文明・経済・資本主義』村上光彦・山本淳一訳，みすず書房，1986-1988 年〕

Franco Cardini, *Quell'antica festa crudele. Guerra e cultura*

ンダの都市. 148
ロートリンゲン(ロレーヌ)(Lothringen ; Lorraine) 55, 59, 239, 243, 260, 306
ローヌ河(Rhône) 61
ロバートソン(William Robertson 1721-1793)：スコットランドの歴史家. 5
『ロビンソン・クルーソー漂流記』(*The life and strange surprising adventures of Robinson Crusoe*)：デフォーの小説. 1719年作. 続篇 3 巻がある. 290, 291
ローマ(Roma) 27, 30, 35, 36, 42, 43, 47, 49, 50, 167, 233, 266
ローマ・カトリック教会→カトリック教会
ローマ条約(Traité de Rome)：1957年締結. 326
ローマ人, ローマ帝国(Romains, Empire romain) 19, 21-25, 28-33, 38, 41, 44, 45, 53, 56, 95, 97
『ローマ人の事績』(*Li Faits des Romains*)：1213-1214年, フランス語で書かれた古代ローマ史. 86
『ローマ法大全』(*Corpus Iuris*) 82
『ロミオとジュリエット』(*Romeo and Juliet*)：シェイクスピアの戯曲. 1594-1595年作. 290
『ロランの歌』(*La Chanson de Roland*)：1100年頃フランス語で書かれた武勲詩. 41
ロレーヌ→ロートリンゲン
ローレンツ(Hendrik Antoon Lorentz 1853-1928)：オランダの理論物理学者. 302
ロンドン(London) 61, 184, 248, 292
ロンバルディア(Lombardia)：イタリア北部の地方. 236, 238, 253

ワ行

『若きヴェルタ の悩み』(*Die Leiden des jungen Werthers*)：ゲーテの書簡体小説. 1774年作. 166
『我がシードの歌』(*Cantar del mío Cid*)：1140年頃書かれたスペインの叙事詩. 86
和協(Ausgleich)：1867年, オーストリア＝ハンガリー帝国を成立させた協定. 267, 269-271, 273
ワーグナー(Richard Wagner 1813-1883)：ドイツの作曲家. 292, 304
ワット(James Watt 1736-1819)：英国の機械技術者, 発明家. 252
ワーテルローの戦い(Bataille de Waterloo)：1815年6月18日, ベルギーのワーテルローでナポレオン1世の軍隊が英国・プロイセン軍に敗退. 241
ワルシャワ(Warszawa) 10, 11, 276

港町. 248
リヴォニア(Livonie)：バルト海に面した地域. 107,118,128
リヴォフ(L'vov; Lwów; Lemberg)：ウクライナの都市. 61
リシュリュー(Armand Jean du Plessis, Duc de Richelieu 1585-1642)：フランスの政治家. 125,186
リスト(Liszt Ferenc; Franz von Liszt 1811-1886)：ハンガリーのピアニスト，作曲家. 215
リチャードソン(Samuel Richardson 1689-1761)：英国の小説家. 著書『パミラ』,『クラリッサ・ハーロー』など. 166
リトアニア(人)(Lietuva; Litva; Lituanie, Lituaniens)：バルト海に面した地域. 52,62,114,118,268,269,272,306,333
リビア(Libye) 287
リューベック(Lübeck)：バルト海沿岸の港湾都市. 61
リヨン(Lyon)：フランス中東部ローヌ県の県庁所在地. 134,248,253
ルイ[14世](Louis XIV 1638-1715)：フランス国王(在位1643-1715). 135,154,155,185,187,191
ルイ[16世](Louis XVI 1754-1793)：フランス国王(在位1774-1792). 204,275
ルーヴル(Louvre)：美術館としては1791年公開. 207
ルクセンブルク朝(Luxemburg; dynastie des Luxembourg) 93
ルソー(Jean-Jacques Rousseau 1712-1778)：ジュネーヴ生まれの作家，思想家. 164,220,235
ルター(Martin Luther 1483-1546)：ドイツの宗教改革者. 106-109,111,113,114,117
ルター派(教会)(lutherische Kirche; Eglise luthérienne) 107,111,114,117,233,269
ルテニア人(Ruthènes) 272
ルネサンス(Renaissance) 93
ルーベンス(Peter Paul Rubens 1577-1640)：フランドルの画家. 152
ルーマニア(人)(România; Roumanie, Roumains) 200,272,281,282,292,306,322,334,335
ルール(Ruhrgebiet; Ruhr)：ドイツ北西部の地域. 253
レイデン(Leiden)：オランダの都市. 146
レーニン(Vladimir Iliich Uliyanov, Lenin 1870-1924)：ロシアの革命家，ボリシェヴィキの創設者. 205,307,327
レバント(Levant)：地中海東岸の地域. 176,236
レールム・ノウァールム(*Rerum novarum*)：1891年教皇レオ13世が発布した回勅. キリスト教的労働憲章といわれる. 264
ロシア(人，帝国)(Russie, Russes, Empire russe) 147,178,179,195-202,209,211,244,245,252,260,277-282,307,308
ロック(John Locke 1632-1704)：英国の哲学者，政治思想家. 158,168
ロッテルダム(Rotterdam)：オラ

海とバルト海の間に突出した半島. 48
ユトレヒトの和平会議(Traités d'Utrecht)：1713-1715年開催. 171
ユーフラテス河(Euphrate) 21
ヨーゼフ[2世](Joseph II 1741-1790)：神聖ローマ皇帝(在位1765-1790). 163,179,275
ヨルダネス(Jordanes 6世紀)：南ロシア生まれの修道士，歴史家. 著書『ゴート人の起源と活動について』,『ローマ民族史』. 37
ヨーロッパ(人)(Europe, Européens) 5-8,9-12,39,40,46,47,51,52,60,61,63,75-78,84-88,98-100,103,117,118,136,148,171,193-196,199-201,222,284-287,304,317-319
ヨーロッパ共同体(Communauté européenne) 6,321,323,326-331
ヨーロッパ経済共同体(Communauté économique européenne) 326
ヨーロッパ石炭鉄鋼共同体(Communauté européenne du Charbon et de l'Acier)：1951年発足. 326
ヨーロッパ連合(European Union; Union européenne) 331-352

ラ行

ライプツィヒ(Leipzig)：ドイツ中東部の都市. 147,241
ライプニッツ(Gottfried Wilhelm, Freiherr von Leibniz 1646-1716)：ドイツの哲学者，数学者. 142
ライン河(Rhein; Rhin) 19,61,107,211
ラインラント(Rheinland; Rhénanie) 33,70,87
ラヴェンナ(Ravenna)：イタリア北部エミリア＝ロマーニャ州の都市. 35,42
ラグランジュ(Joseph Louis Lagrange 1736-1813)：フランスの数学者，天文学者. 291
ラザフォード(Ernest Rutherford 1871-1937)：英国の実験物理学者. 303
ラテン人(Latins) 30,43
ラテン帝国(Empire latin d'Orient)：1204-1261年. 62,76
ラトヴィア(人)(Latvija; Latvia; Lettonie, Lettons)：バルト海に面する地域. 268,269,306,333
ラファエロ(Raffaello Santi 1483-1520)：イタリアの画家. 151
ラプラス(Pierre Simon, Marquis de Laplace 1749-1827)：フランスの数学者，天文学者. 142,220
ラブレー(François Rabelais 1494頃-1553頃)：フランスの医学者，人文学者，物語作家. 97
ランケ(Leopold von Ranke 1795-1886)：ドイツの歴史家. 291
ランゴバルド族(Langobarde; Lombards) 32,33,38,43
『リア王』(*King Lear*)：シェイクスピアの戯曲. 1605-1606年作. 290
リヴァプール(Liverpool)：イングランド北西部ランカシャー州の

都市. 99
メッテルニヒ(Klemens Wenzel Lothar, Fürst von Metternich 1773-1859)：オーストリアの政治家. 212
メディチ家(Medici) 139,154
メトディオス[聖](Methodios 815頃-885)：キュリロスの兄. 布教者. 50
メングス(Anton Raphael Mengs 1728-1779)：ドイツの画家, 美術批評家. 167
モア(Thomas More 1478-1535)：英国の政治家, 聖人. 著書『ユートピア』など. 138
毛沢東(Mao Tsê-tung 1893-1976) 205
モスクワ(Moskva) 195,196
モスクワ大公国(Moscovie) 119, 195,196
モーツァルト(Wolfgang Amadeus Mozart 1756-1791)：オーストリアの作曲家. 167,290
『モヌメンタ・ゲルマニアエ・ヒストリカ』(*Monumenta Germaniae Historica*)：1819年に刊行開始されたドイツ中世史料集成. 218
モムゼン(Theodor Mommsen 1817-1903)：ドイツの歴史家. 291
モラヴィア(Moravie)：ボヘミア東側の地域. 50,109,118,124, 267,272
モリエール(Jean Baptiste Poquelin, Molière 1622-1673)：フランスの喜劇作家, 俳優. 159,290
モリスコ(Morisques)：1492年グラナダのナスル朝が滅亡した後, カトリックに改宗してスペインに残留したムーア人. 227
モルダヴィア(Moldova; Moldavie)：現在のルーマニアの一部とモルドヴァ共和国(1991年8月独立)に当たる地域. 76,213
モロッコ(Maroc) 245
モンゴル人(Mongols) 60,196
モンテスキュー(Charles Louis de Secondat, Baron de la Brède et de Montesquieu 1689-1755)：フランスの哲学者, 政治学者. 6,158,189
モンテネグロ(Monténégro) 334
モンペリエ(Montpellier)：フランス南部エロー県の県庁所在地. 78,83

ヤ行

ヤギエウォ朝(Jagiełłonowie)：ポーランドの王朝. 1386-1572年. 93
ヤペテ(Jafet; Japhet)：旧約聖書の登場人物. ノアの第 3 子. 79
ユグノー(Huguenot) 135,136, 148,194
ユーゴー(Victor Hugo 1802-1885)：フランスの作家. 216
ユーゴスラヴィア(Jugoslavija; Yougoslavie) 7,322,325, 328,329
ユダヤ教(Judaïsme). 25,27
ユダヤ人(教徒)(Juifs) 161,195, 226,227,264,265,273-277,284, 301,314,317
『ユートピア』(*Utopia*)：トーマス・モアの著作. 1516年作. 138
ユトラント(Jylland; Jütland)：北

Aldus Manutius 1450頃-1515)：イタリアの印刷業者，古典学者．ギリシア古典のほかダンテ，ペトラルカなどを出版． 134
マネ(Edouard Manet 1832-1883)：フランスの画家． 295
マビヨン(Jean Mabillon 1632-1707)：フランスの聖職者，歴史家． 145
マフディー(Mohammad Ahmad 'Abd Allah, Mahdi 1844-1885) 287
マリア＝テレジア(Maria Theresia 1717-1780)：ドイツ女帝，ハンガリー・ボヘミア女王，オーストリア大公(在位1740-1780)． 179, 274
マルクス(Karl Marx 1818-1883)：ドイツの思想家． 256, 257, 263, 307, 312
マルセーユ(Marseille)：フランス南部の港町． 61, 248
マルタ(Malta ; Malte) 333, 335
マレーシア(Malaisie) 245
満州(Mandchourie) 287
マンチェスター(Manchester)：イングランド北西部ランカシャー州の都市． 248
ミケランジェロ(Michelagniolo Buonarroti, Michelangelo 1475-1564)：イタリアの彫刻家，画家，建築家，詩人． 151
ミツキェーヴィチ(Adam Bernard Mickiewicz 1798-1855)：ポーランドの詩人．コレージュ・ド・フランスでスラヴ文学を講義． 216
ミッテラン(François Mitterrand 1916-96)：フランスの政治家．大統領(1981-95)． 327
ミトラ崇拝(Mithra)：アーリア人の光明神ミトラの崇拝．ペルシア・小アジアを経て帝政期ローマに伝播． 25
南アフリカ(South Africa ; Afrique du Sud) 194, 244, 287
身分(Ordres) 63-66, 72, 73, 160
ミュールハウゼン(ミュルーズ)(Mülhausen, Mulhouse)：アルザス地方の都市． 108
ミュンスター条約(Traité de Münster)：1648年締結． 171
ミュンヘン(München)：ドイツ南部の都市． 293, 298
ミラノ(Milano)：イタリア北部ロンバルディア州の州都． 122, 167, 293
ミロシェヴィッチ(Slobodan Milosevic 1941-)：ユーゴスラヴィア連邦，セルビア共和国の政治家．大統領(1997-2000)． 329, 334, 344
民族大移動(Völkerwanderung ; Grande Invasion) 32, 33, 56, 59
ムソルグスキー(Modest Petrovich Musorgskii 1839-1881)：ロシアの作曲家． 215
ムッソリーニ(Benito Mussolini 1883-1945)：イタリアの政治家． 316
『命題集』(*Libri quattuor sententiarum*)：ペトルス・ロンバルドゥスの主著．4巻． 82
名誉革命(Glorious Revolution) 156, 167, 186-189, 248, 251
メッシーナ(Messina)：シチリアの

1989)　205
ホメーロス(Homeros)　215
ボランディスト(Bollandistes)：スペイン領ネーデルラントのイエズス会士集団.　145
ポーランド(人)(Polska; Pologne, Polonais)　7,51,56,59,65-67,71,75,77,81,93,107,108,114,118,126-131,135,163,174-176,179,182,187,198,204,211,213,267,268,270-273,298,322,328,333
ポーランド王国(Corona regni Poloniae)　65
ポルタ・ピア(Porta Pia)：ローマの門.　266
ボルドー(Bordeaux)：フランス南西部ジロンド県の県庁所在地.　248
ポルトガル(人)(Portugal, Portugais)　61,79,163,195,229
ボローニャ(Bologna)：イタリア北部エミリア＝ロマーニャ州の州都.　78,83
ポワティエの戦い(Bataille de Poitiers)：732年.　40
ポワンカレ(Henri Poincaré 1854-1912)：フランスの数学者，物理学者.　291,302
ポンバル侯爵(Sebastião José de Carvalho e Mello Pombal 1699-1782)：ポルトガルの政治家.　163
ポンペイ(Pompei)：イタリア南部カンパーニャ州の都市.　167
ポンメルン(Pommern; Pomorze; Poméranie)：バルト海に面する地方.　128,211

マ行

マインツ(Mainz; Mayence)：ドイツ中西部の都市.　99,211
マキアヴェッリ(Nicolò di Bernardo dei Machiavelli 1469-1527)：イタリアの政治学者，歴史家.　139-141
マクスウェル(James Clerk Maxwell 1831-1879)：スコットランドの物理学者.　296
マクファーソン(James Macpherson 1736-1796)：スコットランドの文学者.　168
『マクベス』(*Macbeth*)：シェイクスピアの戯曲. 1604-1605年作.　290
マケドニア(Macédoine)：バルカン半島の地域.　282,334
マジェラン(Fernão Magalhães; Fernand de Magellan 1480頃-1521)：ポルトガルの航海者.　119
マーシャル・プラン(Marshall Plan)：1947年6月の国務長官マーシャル(1880-1959)の提案に基づいて，1948年からアメリカ合衆国が行なったヨーロッパ経済復興援助計画.　320
マーストリヒト条約(Maastricht Treaty; Traité de Maastricht)：1992年締結.　331-333,348
マチャーシュ・コルヴィヌス(Mátyás Corvinus 1440-1490)：ハンガリー国王(在位1458-1490).　93
マドリッド(Madrid)　232
マヌッツィオ(Aldo Manuzio;

題集』. 82
ペトロドヴォレツ(Petrodvorets; Peterhof):サンクト・ペテルブルグ近郊の宮殿. 154
ベネディクトゥス[聖](Benedictus 480頃-550頃):西欧修道制度の創始者. モンテ＝カッシーノに修道院を創建. 37
ベラスケス(Diego Rodrïguez de Silva y Velázquez 1599-1660):スペインの画家. 151
ベーリング海(Mer de Béring) 245
ベール(Pierre Bayle 1647-1706):フランスの哲学者. 著書『歴史批評辞典』など. 136, 140, 147, 148, 160
ベルギー(België; Belgique) 33, 204, 211, 213, 239, 253, 301, 305, 306
ベルクソン(Henri Bergson 1859-1941):フランスの哲学者. 著書『物質と記憶』など. 298, 304
ヘルクラネウム(Herculaneum):イタリア南部カンパーニャ州の古代都市. 79年, ヴェスヴィオ火山の噴火で埋没. 18世紀に発掘開始. 167
ペルシア(人)(Perse, Perses) 31, 245, 286
ヘルムホルツ(Hermann von Helmholtz 1821-1894):ドイツの物理学者, 生理学者. 291, 295
ヘルメス・トリスメギストス(Hermes Trismegistos):エジプトのトート神のギリシア名. 半宗教的哲学書の著者に擬せられる. 95
ベルリン(Berlin) 7, 147, 213, 239, 276, 320
ベルリン大学(Universität Berlin) 219, 291, 293
ベルルスコーニ(Silvio Berlusconi 1936-):イタリアの実業家, 政治家. 首相(1994). 351
ヘンデル(Georg Friedrich Händel 1685-1759):ドイツ生まれの作曲家. 166
ヘンリ[8世](Henry VIII 1491-1547):イングランド国王(在位1509-1547). 108, 109, 184
封建制度(féodalité) 63-68, 73
ボエティウス(Boethius 480-524):イタリアの哲学者, 政治家. 著書『哲学の慰め』. 36, 82
ホーエンツォレルン家(Hohenzollern) 127
ボスニア(Bosnie) 76, 245, 282, 334
北海(Mer du Nord) 35
ボッカッチオ(Giovanni Boccaccio 1313-1375):イタリアの文学者. 著書『デカメロン』など. 88
北極海(Océan Arctique) 245
ポツダム(Potsdam):ベルリン南西の都市. 154
ポトシ(Potosí) 120
ボナヴェントゥラ[聖](Bonaventura 1221-1274):イタリアのスコラ哲学者. 82
ボニファティウス[聖](Bonifatius 672頃-754):イングランドの宣教者, 殉教者. 48
ボヘミア, チェック人(Bohème, Tchèques) 51, 56, 59, 75, 81, 93, 104, 105, 108, 113, 118, 123, 124, 174, 175, 267, 270-272
ホメイニ(Ruhollāh Khomeyni 1900-

1797)：プロイセン国王(在位1786-1797). 179
フリーメイソン(Freemason ; franc-maçon) 156-159
ブリュージュ(Bruges ; Brugge)：ベルギーの都市. 61
ブリュッセル(Bruxelles)：ベルギーの都市. 256
ブルガリア，ブルガル族(Bălgarija ; Bulgarie, Bulgares) 30, 51, 76, 200, 282, 334, 335
ブルグント(ブルゴーニュ)(Burgund ; Bourgogne) 55, 59
ブルグント族(Burgunder ; Burgondes) 32, 33
ブルゴーニュ(公領)(Bourgogne, Bourguignons) 75, 80, 149, 230
フレーゲ(Gottlob Frege 1848-1925)：ドイツの数学者. 303
ブレーメン(Bremen ; Brême) 61
プロイセン(人，公国)(Preußen ; Prusse, Prussiens) 52, 62, 107, 127-129, 131, 147, 177-180, 209, 211, 219, 221, 239, 260, 271
フロイト(Sigmund Freud 1856-1939)：オーストリアの神経病学者，精神分析学者. 304
プロヴァンス(Provence) 38
プロティノス(Plotinos 205-270)：ギリシアの哲学者. 26
プロテスタント教会(Eglises protestantes) 111, 113-118, 175, 186, 226
フローベール(Gustave Flaubert 1821-1880)：フランスの小説家. 295
フローベン(Joseph Froben 1460頃-1527)：ドイツの印刷・出版業者. エラスムスの著書などを刊行. 134
文芸共和国(Rêpublique des Lettres ; respublica litteraria) 133-148
『文芸共和国便り』(*Nouvelles de la Rêpublique des Lettres*)：1684-1687年にロッテルダムで刊行された雑誌. 148
フン族(Huns) 32
フンボルト(Wilhelm von Humboldt 1767-1835)：ドイツの言語学者，政治家，文人. 219
分離派(Sezession ; Sécession)：ドイツ・オーストリアの19世紀末美術・建築の一派. 299
ヘーゲル(Georg Wilhelm Friedrich Hegel 1770-1831)：ドイツの哲学者. 217, 218, 256
ベッカリーア(Cesare Bonesana Beccaria 1738-1794)：イタリアの法学者，経済学者. 著書『犯罪と刑罰』など. 162
ベッサラビア(Bessarabie)：ウクライナとモルドヴァにまたがる地域. 211, 282
『蔑世論』(*De contemptu mundi*) 91
ペテロ(Petros ; Pierre 67頃没)：十二使徒のひとり. 30, 43, 78
ベートーヴェン(Ludwig van Beethoven 1770-1827)：ドイツの作曲家. 217
ペトラルカ(Francesco Petrarca 1304-1374)：イタリアの詩人. 88, 93
ペトルス・ロンバルドゥス(Petrus Lombardus 1164没)：イタリア出身のスコラ学者. 主著『命

(Pfalz ; Palatinat) 211, 234
プーフェンドルフ(Samuel, Freiherr von Pufendorf 1632-1694)：ドイツの法学者，歴史家. 171
フュースリ(Johann Heinrich Füssli ; Henry Fuseli 1741-1825)：スイス生まれの画家. 221
フラクスマン(John Flaxman 1755-1826)：英国の彫刻家，挿絵画家. 167
プラトン(Platon 前427-前347)：ギリシアの哲学者. 82, 83
プラハ(Praha)：チェコの首都. 10, 61, 78, 99, 167, 213, 322
プランク(Max Planck 1858-1947)：ドイツの理論物理学者. 302
フランク族，フランク人(Francs) 32, 39, 43, 86
フランコ(Francisco Franco Bahamonde 1892-1975)：スペインの軍人，政治家. 351
フランシスコ会(Franciscains)：1209年創設の修道会. 81, 82
フランシュ＝コンテ(Franche-Comté)：フランス東部の地方. 122
フランス(人)(France, Français) 55, 150, 154, 155, 159, 162, 166, 173, 182-192, 204-214, 220, 221, 239, 243, 245, 246-254, 258, 260, 261, 339, 340
フランス革命(Révolution française)：1789年. 204-210, 223, 237
フランス(ガリカン)国民教会，国民教会主義(Eglise gallicane, gallicanisme) 105, 117, 181, 186
フランソワ[1世](François Ier 1494-1547)：フランス国王(在位1515-1547). 120
プランタン(Christophe Plantin 1514頃-1589)：フランスの印刷・出版業者. アントウェルペンで『多国語新訳聖書』(1569-1572)などを出版. 134
フランチェスコ[聖](Francesco d'Assisi 1181(1182)-1226)：イタリアの神秘家，フランシスコ会の創始者. 104
ブランデンブルク(選帝侯国)(Brandenburg) 128
フランドル(人)(Flandre, Flamands) 70, 87-89, 114, 153, 172, 293
フリシア，フリースラント(Friesland ; Frise, Frisons)：ドイツ北東部からオランダ北西部にかけての地域. 48, 59
ブリテン島(Britain, British Isles ; Bretagne, Île de Bretagne) 19, 38, 51
フリードリヒ[2世](Friedrich II 1194-1250)：ドイツ皇帝(在位1215-1250). ホーエンシュタウフェン朝. 80, 81
フリードリヒ[2世，大王](Friedrich II der Große 1712-1786)：プロイセン国王(在位1740-1786). 178, 179
フリードリヒ＝ヴィルヘルム[1世](Friedrich Wilhelm I 1688-1740)：プロイセン国王(在位1713-1740). フリードリヒ2世の父. 178
フリードリヒ＝ヴィルヘルム[2世](Friedrich Wilhelm II 1744-

Byzantins, Empire byzantin) 31, 38, 42-44, 46, 49, 50, 76, 195, 196
ビスマルク(Otto von Bismarck 1815-1898)：ドイツ(プロイセン)の政治家. 239
ヒトラー(Adolf Hitler 1889-1945)：ドイツの政治家. 316
ピネル(Philippe Pinel 1745-1826)：フランスの精神病医. 162
『百科事典』(*Cyclopaedia*)：1728年，チェンバーズ(1680頃-1740)が刊行. 160
『百科全書』(*Encyclopédie*)：1751-1772年刊行. 160, 162
『謬説表』(*Syllabus*)：1864年教皇ピウス9世が発布. 266
ヒューム(David Hume 1711-1776)：英国の哲学者. 143
ピューリタン革命(Puritan Revolution)：1642-1649年. 189
ピョートル[1世，大帝](Pyotr I 1672-1725)：ロシアのロマノフ朝の皇帝(在位1682-1725). 197-199
ヒルベルト(David Hilbert 1862-1943)：ドイツの数学者. 291
ピレネー山脈(Pyrénées) 151
ファウスト(Faust) 289
ブーア戦争(Boer Wars; Guerre des Boers)：1899-1902年，英国がトランスヴァール共和国・オレンジ自由国を植民地化するために行なった戦争. 287
フィリピン(Philippines) 244
フィレンツェ(Firenze)：イタリア中部トスカーナ州の州都. 61, 63, 69, 93, 139, 146, 293
フィンランド(人)(Suomi; Finlande, Finlandais) 107, 118, 211, 268, 269, 298, 306, 330, 333
フェラーラ(Ferrara)：イタリア北部エミリア＝ロマーニャ州の都市. 274
フェリーペ[2世](Felipe II 1527-1598)：スペイン国王(在位1556-1598). 181
フォード(Henry Ford 1863-1947)：アメリカの技術者，産業資本家. 309, 314
フォルスタッフ(Falstaff)：シェイクスピアの『ヘンリー4世』(1597-1598)などに登場する臆病武士. ヴェルディのオペラ『ファルスタッフ』(1893)がある. 290
福音書→聖書
ブコヴィナ(Bukovine)：ルーマニアとウクライナにまたがる地域. 282
フス(Jan Hus 1370頃-1415)：ボヘミアの教会改革家. 104, 109, 113, 114
ブダ，ブダペスト(Buda, Budapest)：ハンガリーの首都. 1872年，ブダとペストが合併してブダペストとなる. 61, 99, 276
プーチン(Vladimir Vladimirovich Putin 1952-)：ロシアの政治家. 大統領(2000-) 344
フッサール(Edmund Husserl 1859-1938)：ドイツの哲学者. 303
プトレマイオス(Ptolemaios Klaudios 2世紀)：ギリシアの天文学者，地理学者. 83, 142
プファルツ(地方，選帝侯国)

菌学者. 291, 296
バーゼル(Basel; Bâle):スイス北部の都市. 108, 134
バーゼル公会議(Baseler Konzil; Concile de Bâle):1431-1449年開催. 104
白海(Mer Blanche) 196
パドヴァ(Padova):イタリア北部ヴェネト州の都市. 78, 93, 146
パナマ運河(Panama Canal):1914年開通. 287
ハプスブルク家(Habsburg; Dynastie des Habsbourg) 122-126, 177, 267
ハプスブルク帝国(Empire des Habsbourg) 180, 211, 212, 236, 260, 269
『パミラ』(*Pamela*):リチャードソンの書簡体小説. 1740年作. 166
バーミンガム(Birmingham) 248
ハムスン(Knut Hamsun; Knut Pedersen 1859-1952):ノルウェーの作家. 著書『土地の成長』など. 295
『ハムレット』(*Hamlet*):シェイクスピアの戯曲. 1600-1601年作. 290
パラーディオ(Andrea Palladio 1508-1580):イタリアの建築家, 古代史研究家. 168
パリ(Paris) 78, 83, 154, 159, 207, 248, 258, 291
ハリウッド(Hollywood) 309
バルカン半島(Péninsule des Balkans) 76, 245, 283, 305
バルザック(Honoré de Balzac 1799-1850):フランスの小説家. 216
バルセロナ(Barcelona; Barcelone) 61
パルテノペ共和国(République parthénopéenne) 208
パルテノン神殿(Parthenon) 215
バルト海(Mer Baltique) 70, 128, 130, 196, 198, 234, 245, 320
バルト人(Baltes) 40
パレスティナ(Palestine) 31, 62, 277
バレンシア(Valencia):スペイン東部の港町. 61
バロック(Baroque) 152
ハンガリー(人)(Hongrie, Hongrois) 49, 51, 56, 59, 66, 77, 174, 175, 267-273, 277, 282, 322, 333
パンノニア(Pannonie):ドナウ河中流のハンガリー盆地一帯. 49, 51
ハンプトン・コート(Hampton Court):テムズ河畔の宮殿. 154
ハンブルク(Hamburg):エルベ河下流の港町. 61, 166
万里の長城(Grande Muraille) 23
ピウス[9世](Pius IX 1792-1878):教皇(在位1846-1878). 266
ピエモンテ(Piemonte):イタリア北部の地方. 213, 236, 238, 253, 274
ヒエロニムス[聖](Hieronymus 340(350)-420):キリスト教の教父. 36, 37, 102, 115
東ゴート族(Ostrogoths) 32
東フランキア(Francia orientalis) 55
ビザンティウム帝国(Byzance,

位1804-1815). 125,131,206-210,223,239
ナントの王令(Édit de Nantes):1598年アンリ4世が発布した王令. 1685年廃棄. 134,181,186
ニカエア公会議[第1回](1er concile de Nicée):325年コンスタンティヌス帝が召集して開催された公会議. 29,110
ニコラウス・クサヌス(Nicolaus Cusanus 1401-1464):ドイツの哲学者, 神学者. 105
西ゴート族(Visigoths; Wisigoths) 32
西フランキア(Francia occidentalis) 55
ニース(Nice) 211
ニーチェ(Friedrich Wilhelm Nietzsche 1844-1900):ドイツの哲学者. 304
『ニーベルンゲンの歌』(*Nibelungenlied*):ドイツ中世の叙事詩. 215
日本(Japon) 8,194,244,280,286,287,318
ニュージーランド(New Zealand) 194,244
ニュートン(Isaac Newton 1643-1727):英国の物理学者, 天文学者, 数学者. 142,156,167
ニュンフェンブルク(Nymphenburg):ミュンヘン近郊の宮殿. 154
ネーデルラント(Nederland; Pays-Bas) 107,108,117,211
ネーデルラント連邦共和国(Republiek der Verenigde Nederlanden; Provinces Unies):1579-1795年. 121,230 →オランダ
ノーベル財団(Fondation Nobel):1900年設立. 292
ノルウェー(Norge; Norvège, Norvégiens) 79,108,117,232,233,330,333
ノルマンディ, ノルマン公領, ノルマン人(Normandie, Normands) 49,59,70,86

ハ行

バイエルン公領→バヴァリア
ハイダー(Jörg Haider 1950-):オーストリアの政治家. 349
ハイデルベルク(Heidelberg):ドイツ南西部の都市. 78
ハイネ(Heinrich Heine 1797-1856):ドイツの詩人. 276
バイロイト(Bayreuth):ドイツ南部の都市. 293
バイロン(George Byron 1788-1824):英国の詩人. 213,221
バヴァリア, バイエルン公領(Bayern; Bavière) 48,66,234
ハーヴィ(William Harvey 1578-1657):英国の医者, 生理学者. 141
ハウプトマン(Gerhart Hauptmann 1862-1946):ドイツの劇作家. 295
バーク(Edmund Burke 1729-1797):英国の政治家, 著述家. 204
白ロシア人(Biélorussiens) 272,280
バスク(人, 地方)(Basques, pays basque) 229,232,253
パストゥール(Louis Pasteur 1822-1895):フランスの化学者, 細

東方(Orient)　20, 30, 43, 46, 50
東方教会(Eglise d'Orient)　64
ドゥンス・スコトゥス(Johannes Duns Scotus 1266頃-1308)：スコットランド生まれのスコラ哲学者，神学者．82, 92
トスカナ大公国(Granducato di Toscana)　69, 236
ドストエフスキー(Fyodor Mikhailovich Dostoevskii 1821-1881)：ロシアの作家．295
ドナウ河(Donau; Danube)　19, 23
トマス・アクイナス[聖](Thomas Aquinas 1225(1227)-1274)：イタリアの神学者，哲学者．82, 83, 92, 264
ドミニコ会(Dominicains)：1215年創設の修道会．81, 82
トムソン(William Thomson, 1st Baron Kelvin 1824-1907)：ケルヴィン男爵．英国の物理学者．295
トラキア(Thrace)：バルカン半島東部の地方．30
トランシルヴァニア(Transilvania, Ardeal; Erdély; Transylvanie)：ルーマニアのカルパティア山脈に囲まれた地域．77, 109, 114, 118, 126, 272, 282, 306
トリエント公会議(Concile de Trente)：1545-1549年，1551-1552年，1562-1563年，南ティロルのトリエント(Trient)で開かれた公会議．115, 145, 169
トルヴァルセン(Bertel Thorvaldsen 1768-1844)：デンマークの彫刻家．167
トルコ(人)，オスマン・トルコ(Türkiye; Turquie, Turcs, Empire ottoman)　60, 76, 126, 176, 198, 200, 240, 281, 282, 334-336
トルストイ(Lev Nikolaevich Tolstoi 1828-1910)：ロシアの作家．295
トレド(Toledo)　83
ドレフュス(Alfred Dreyfus 1859-1935)：フランスの軍人．265
トロイア人(Troyens)　79
ドロットニングホルム(Drottningholm)：ストックホルム郊外の宮殿．154
ドロール(Jacques Delors 1925-)：フランスの政治家，経済学者．338
『ドン・キホーテ(才気溢るる郷士ドン・キホーテ・デ・ラ・マンチャ)』(*El ingenioso hidalgo Don Quijote de la Mancha*)：セルバンテスの小説．前篇1605年，後篇1615年．289
『ドン・ジュアン』(*Dom Juan ou le Festin de pierre*)：モリエールの戯曲．1665年作．290
ドン・フアン(Don Juan)　290

ナ行

ナッサウ[マウリッツ・デ](Maurice de Nassau 1567-1625)：オランイェ公．ホラント・ゼーラント総督(在位1585-1625)，フロニンゲン・ドレンテ総督(在位1620-1625)．173
ナバラ(Navarra)　61
ナポリ(王国)(Napoli)　70, 167, 208, 236, 291
ナポレオン(Napoléon Bonaparte 1769-1821)：フランス皇帝(在

76, 126, 130
チャップリン(Charles Spencer Chaplin 1889-1977)：英国の映画俳優，監督. 309
チャールズ[1世](Charles I 1600-1649)：英国スチュアート朝国王(在位1625-1649). 184
チャールズ[2世](Charles II 1630-1685)：英国スチュアート朝国王(在位1660-1685). 182, 185
中近東(Proche et Moyen Orient) 282, 318
中国(Chine) 22, 23, 194, 286, 318
中東→東方
チューリヒ(Zürich)：スイス北部の都市. 108
朝鮮(Corée) 287
『町人貴族』(*Le Bourgeois gentilhomme*)：モリエールの舞踏喜劇. 1670年作. 290
ティエポロ(Giovanni Battista Tiepolo 1696-1770)：イタリアの画家. 151
ティエリ(Augustin Thierry 1795-1856)：フランスの歴史家. 216, 251
ディオクレティアヌス(Diocletianus 230頃-316頃)：ローマ皇帝(在位284-305). 31
ディケンズ(Charles Dickens 1812-1870)：英国の小説家. 295
ディジョン(Dijon)：フランス東部コート＝ドール県の県庁所在地. 61, 134
ティツィアーノ(Tiziano Vecelli 1490-1576)：イタリアの画家. 151
ティトー(Tito 1892-1980)：ユーゴスラヴィアの政治家. 大統領(1953-80). 329
『ティマイオス』(*Timaios*)：プラトンの著作. 82
テイラー(Frederick Winslow Taylor 1856-1915)：アメリカの機械技師. 309, 314
ティルソ・デ・モリナ(Tirso de Molina 1571(1583)頃-1648)：スペインの劇作家. 290
ティロル(Tirol) 209, 211
デヴェンテル(Deventer)：オランダの都市. 134
デカルト(René Descartes 1596-1650)：フランスの哲学者，数学者，自然科学者. 142, 275
デフォー(Daniel Defoe 1660-1731)：英国の小説家. 290
テューダー朝(Tudor)：英国の王朝. 1485-1603年. 184
デュナン(Henri Dunant 1828-1910)：スイスの国際赤十字創立者. 241
テュニジア(Tunisie) 245
テューリンゲン(Thüringen)：ドイツ中部の地域. 48
テルトゥリアヌス(Tertullianus 160頃-222以後)：カルタゴ生まれの教会著述家. 91
デンマーク(人)(Danmark; Danemark, Danois) 56, 66, 108, 117, 124, 142, 182, 232, 233, 239, 333, 351
ドイツ(Deutschland; Allemagne) 55, 234-239, 243, 245, 260, 266, 271, 272, 282, 287, 306, 316, 317, 320, 327-329, 340
ドイツ騎士団(Deutscher Orden; Chevaliers teutoniques) 62, 107, 268

セビーリャ(Sevilla)：スペインの都市. 99
セポイの乱(Revolt of Sepoy; révolte des Cipayes)：1857-1859年インドで傭兵(セポイ)が中心となって起こした民族的反乱. 287
セルバンテス(Miguel de Cervantes y Saavedra 1547-1616)：スペインの小説家. 289
セルビア(人)(Serbie, Serbes) 7, 76, 200, 267, 281, 282, 306, 329, 334, 344
ソヴィエト社会主義共和国連邦(Soiuz Sovetskikh Sotsialisticheskikh Respublik) 10, 308, 309, 317, 319, 320, 322, 323, 325-327, 330, 334, 335
ソシュール(Ferdinand de Saussure 1857-1913)：スイスの言語学者. 303
ソッツィーニ派(Sociniens)：ポーランドとトランシルヴァニアの宗教改革派. 反三位一体派ともいう. 109, 114, 137
ゾラ(Emile Zola 1840-1902)：フランスの小説家. 295
ソルフェリーノの戦い(Bataille de Solferino)：1859年6月24日, 北イタリアのソルフェリーノ(Solferino)でナポレオン3世の軍隊がオーストリア軍を破った戦い. 241

タ行

第一次世界大戦(Première Guerre mondiale) 5, 251, 278, 288, 305, 307, 309, 310, 317, 318
大英博物館(British Museum)：1753年創設. 215
第三のローマ(Troisième Rome) 127, 196
大西洋(Atlantique) 131, 305
第二次世界大戦(Seconde Guerre mondiale) 320
第二帝政(Second Empire)：1852-1870年のフランスの政体. 239
大分裂(Grand schisme)：1378-1417年, ローマとアヴィニョンにそれぞれの教皇がたてられた時期を指す名称. シスマ. 65, 105
太平洋(Océan Pacifique) 244
大砲(Canon) 172, 287
ダヴィッド(Jacques Louis David 1748-1825)：フランスの画家. 167
ダーウィン(Charles Darwin 1809-1882)：英国の博物学者, 進化論者. 285, 295, 304
『タルチュフ』(*Tartuffe ou L'hypocrite*)：モリエールの性格喜劇. 1664年作. 290
ダルマティア(Dalmatie)：アドリア海に面する地域. 204
タレス(Thales 前640(624)頃-前546頃)：ギリシアの哲学者. 26
ダンテ(Dante Alighieri 1265-1321)：イタリアの詩人. 88, 237
チェコ(Tchèque) 175, 333
チェチェン(Chechnya; Tchétchénie) 344
チェック人→ボヘミア
チェーホフ(Anton Pavlovich Chekhov 1860-1904)：ロシアの作家, 劇作家. 295
地中海(Méditerranée) 19, 34, 62,

Suédois)　56, 107, 128, 177, 178, 180, 182, 196, 211, 226, 233, 253, 268, 330, 333
スエズ運河(Suez Canal)：1869年開通.　286
スカンディナヴィア(人)(Scandinavia; Scandinavie, Scandinaves)　40, 49, 56, 59, 81, 102, 114, 130, 135
スキタイ(Scythae; Scythie)　20
スコット(Walter Scott 1771-1832)：英国の詩人，小説家.　214, 221
スコットランド(Scotland; Ecosse)　40, 108, 114, 183, 226, 227
スターリン(Iosif Vissarionovich Dzhugashvili, Stalin 1879-1953)：ロシア・ソ連の政治家，党書記長(1922以降).　308, 322
スーダン(Soudan)　287
スダンの戦い(Bataille de Sedan)：普仏戦争中，1870年9月1日，プロイセン軍がフランス軍を破った戦い.　241
ステファヌス[2世](Stephanus II 在位752-757)：教皇.　43
ステュアート朝(The House of Stuart)：1371-1603年スコットランドを，1603-1714年英国を統治した王家.　182-185, 188
ストックホルム(Stockholm)：スウェーデンの首都.　99
ストラスブール→シュトラースブルク
スパルタ(Sparta)　165
スピノザ(Baruch de Spinoza 1632-1677)：オランダの哲学者.　143, 275
スペイン(España)　32, 61, 119-122, 150, 151, 168, 174, 183, 193-195, 211, 227, 229, 230, 244, 301
スペイン内乱(Guerre civile espagnole)：1936-39年.　232
『スペクテイター』(*The Spectator*)：1711-1714年に刊行された雑誌.　156
スマトラ(Sumatra)　22
スミス(Adam Smith 1723-1790)：スコットランド生まれの経済学者，道徳哲学者.　168
スメタナ(Bedřich Smetana 1824-1884)：チェコの作曲家.　215
スラヴ人(Slaves)　30, 40, 49, 56, 126
ズールー(Zoulous)：南アフリカ，バントゥー族の戦士国家.　287
スロヴァキア(人)(Slovensko; Slovaquie, Slovaques)　107, 268, 269, 272, 333
スロヴェニア(人)(Slovenija; Slovénie, Slovènes)　267, 268, 306, 333
正教，正教会(Eglise orthodoxe)　127, 195, 200, 226, 277, 278, 336
聖書，旧約聖書，福音書，新約聖書(Bible, Ancien Testament, Ecritures, Evangiles, Nouveau Testament)　25, 36, 37, 45, 54, 82, 84, 106, 112, 115, 146, 169
聖地(Terre sainte)　62, 76
聖マルコ共和制論(République de saint Marc)　65
赤十字(Red Cross; Croix-Rouge)：デュナンにより1864年のジュネーヴ和約をもって発足.　241, 284
セザンヌ(Paul Cézanne 1839-1906)：フランスの画家.　295

289
サン＝モール会(Congrégation de Saint-Maur)：1618年パリに創設された修道会. 145
シェイクスピア(William Shakespeare 1564-1616)：英国の劇作家. 221, 290
ジェイムズ(Henry James 1843-1916)：アメリカ生まれの小説家. 295
ジェノヴァ(Genova)：イタリア北部リグリア州の州都. 61, 63, 69, 76, 119, 131, 211
シェンゲン協定(accord de Schengen) 338
シェーンブルン宮殿(Schönbrunn)：ウィーンの宮殿. 154
七年戦争(Guerre de Sept Ans)：1756-1763年. 179, 201
シチリア(Sicilia) 59, 66, 80, 83
シトー会(Ordo Cistereiensis; Citeaux)：1098年創設の修道会. 64
シベリア(Sibérie) 129
シャイロック(Shylock)：シェイクスピアの喜劇『ヴェニスの商人』に登場するユダヤ人の高利貸. 290
シャフハウゼン(Schaffhausen)：スイス北端の州およびその州都. 108
シャルルマーニュ(カール大帝)(Charlemagne; Karl der Große 742-814)：カロリング朝のフランク王(在位768-814), 西ローマ皇帝(在位800-814). 39, 44, 48, 55, 207
十字軍(Croisades) 62, 76
シュトイバー(Edmund Stoiber 1941-)：ドイツの政治家. 351
シュトラースブルク(ストラスブール)(Straßburg; Strasbourg) 108
ジュネーヴ(Genève) 108, 114, 134
シュライエルマッハー(Friedrich Schleiermacher 1768-1834)：ドイツの哲学者, 神学者. 218
『ジュルナル・デ・サヴァン』(*Journal des Sçavans*)：1665年パリで創刊された雑誌. 147
シュレージエン(Schlesien; Slask; Silésie)：ポーランド南部の地方, 旧ドイツ領. 179, 253
ショパン(Frédéric Chopin 1810-1849)：ポーランドの作曲家. 215
『ジョルナーレ・デイ・レッテラーティ』(*Giornale dei Letterati*)：1668年ヴェネツィアで創刊された雑誌. 147
シリア(Suriya; Syrie) 31
『神曲』(*Divina Commedia*)：ダンテの詩篇. 1307-1321年作. 88
神聖同盟(Sainte-Alliance)：1815年締結. 171, 212, 239
神聖ローマ帝国(Heiliges Römisches Reich Deutscher Nation; Empire, Saint-Empire romain germanique) 66, 75, 123, 125, 177, 233, 234
新世界→アメリカ
新約聖書→聖書
スイス(人)(Suisse, Suisses) 108, 229-231, 233, 330, 333
スウィフト(Jonathan Swift 1667-1745)：英国の作家. 291
スウェーデン(人)(Sverige; Suède,

327
コロンブス(Christophorus Columbus; Christoforo Colombo 1446頃-1506)：イタリアの航海者. 119
コンスタンツ(Konstanz)：ドイツ南部の都市. 108
コンスタンツ公会議(Konstanzer Konzil; concile de Constance)：1414-1418年開催. 106
コンスタンティヌス(Constantinus I 274頃-337)：ローマ皇帝(在位306-337), 1世. 28-31, 43, 95
『コンスタンティヌス帝寄進状』(*Constitutum Constantini*) 43, 49, 64, 95, 105, 143
コンスタンティノス→キュリロス
コンスタンティノポリス(Konstantinou polis; Constantinopolis; Constantinople) 29, 30, 36, 46, 49, 50, 62, 76, 195
——陥落：1204年, 十字軍により征服. 62, 76
——陥落：1453年, トルコ軍により征服. 76, 195
コント(Auguste Comte 1798-1857)：フランスの哲学者. 221
コンラッド(Teodor Jőzef Konrad Nalecz Korzeniovski, Joseph Conrad 1857-1924)：ポーランド生まれ, 英国の小説家. 288, 295

サ行

『サイクロペディア』→『百科事典』
サヴォア(Savoie) 211
サヴォイア公国(Savoie) 130
サクソニア, ザクセン公領, ザクセン選帝侯, サクソン族(Sachsen, Sachse; Saxe, Saxons) 32, 38, 48, 66, 106, 125
サッチャー(Margaret Thatcher 1925-)：英国の政治家. 首相(1979-90). 327
サドヴァの戦い(Bataille de Sadowa)：1866年7月3日, ボヘミアのサドヴァ(Sadová)でプロイセン軍がオーストリア軍を破った戦い. ケーニヒグレーツ(Königgrätz)の戦いともいう. 241
サマイテン(Samogithie)：バルト海東部の地域. 62
サラザール(Antónin de Oliveira Salazar 1889-1970)：ポルトガルの政治家. 351
サラマンカ(Salamanca)：スペインの都市. 78
ザルツブルク(Salzburg)：オーストリアの都市. 167
サルデーニャ(Sardegna) 130, 131, 211
サレルノ(Salerno)：イタリア南部カンパーニャ州の都市. 83
サンクト・ペテルブルグ(Sankt Peterburg; Saint-Pétersbourg) 147, 198, 213
三十年戦争(Guerre de Trente Ans)：1618-1648年. 125, 171, 182, 235
サンチアゴ・デ・コンポステラ(Santiago de Compostela)：スペイン北西端, ガリシア地方の巡礼地. 78
サンチョ・パンサ(Sancho Pansa)：ドン・キホーテの従者.

グレゴリウス[2世](Gregorius II 669-731)：教皇(在位715-731)，聖人． 42
グレゴリウス[7世](Gregorius VII 1020頃-1085)：教皇(在位1073-1085)，聖人． 64
クロアティア(人)(Hrvatska; Croatie, Croates) 267-269, 272, 281, 282, 306, 329, 334
クローチェ(Benedetto Croce 1866-1952)：イタリアの思想家． 5
グロティウス(Hugo Grotius; Huig(h) de Groot 1583-1645)：オランダの法学者，政治家．著書『戦争と平和の法』など． 171
クロムウェル(Oliver Cromwell 1599-1658)：英国の軍人，政治家． 185, 205
ゲッティンゲン(Göttingen)：ドイツ中部の都市． 219, 291
ゲーテ(Johann Wolfgang von Goethe 1749-1832)：ドイツの詩人，作家． 166, 217, 235, 289
ケトレ(Adolphe Quételet 1796-1874)：ベルギーの統計学者，天文学者，気象学者． 220
ケープ植民地(Cape Colony; République du Cap) 287
ケプラー(Johannes Kepler 1571-1630)：ドイツの天文学者． 141
ゲルマニア，ゲルマン民族(Germania, Germanus) 20, 30, 34, 40, 41, 44, 49, 79
ケルン(Köln)：ドイツ西部の都市． 134
ケンブリッジ(Cambridge) 291
国際連合(United Nations) 339
コサック(Cosaques) 127, 128
コーシー(Augustin Cauchy 1789-1857)：フランスの数学者． 291
コシュトゥニツァ(Vojislav Kostunica 1944-)：ユーゴスラヴィア連邦，セルビア共和国の政治家．大統領(2000-)． 334
コソヴォ(Kosovo) 344
コソヴォの戦い(Bataille de Kosovo)：1389年6月15日，トルコ軍が南スラヴ諸族を破った戦い． 7
古代将軍(Caesar; Césars) 78
黒海(Mer Noire) 19, 129, 282
国家理性(ragion di Stato; raison d'État) 140, 182
コッホ(Robert Koch 1843-1910)：ドイツの細菌学者． 296
ゴート族(Gote; Goths) 30, 32, 33, 38
コペルニクス(Mikołaj Kopernik; Nicolaus Copernicus 1473-1543)：ポーランドの天文学者．著書『天球の回転について』． 141, 142
コメニウス(Johann Amos Comenius; Jan Amos Komenský 1592-1670)：ボヘミアの教育学者． 135
ゴヤ(Francisco José de Goya y Lucientes 1746-1828)：スペインの画家，版画家． 220
コール(Helmut Kohl 1930-)：ドイツの政治家．首相(1982-98)． 328
ゴルバチョフ(Mikhail Sergeevich Gorbachev 1931-)：旧ソ連の政治家．初代大統領(1990-91)．

48-50, 58, 64, 65, 73, 77, 79, 89, 103-105, 109-111, 144, 175
教皇座(Saint-Siège)　237
教皇領(Etat pontifical)　42, 43, 66, 124, 131, 237, 266, 274
教父(Pères de l'Eglise)　46, 91, 92, 94, 102, 103
極東(Extrême-Orient)　282, 305
ギリシア(人)(Ellás, Hellas ; Grèce, Grecs)　30, 43, 79, 83, 200, 213, 282, 288, 293, 322, 336
ギリシア正教会→正教
キリスト→イエス・キリスト
キリスト教(Christianisme)　25-31, 45, 51, 52, 89, 91, 92, 95, 103-106, 112, 116, 143, 162, 169, 254, 274
義和団運動(Révolte des Boxers)：1898-1900年に山東から起こって，河北・河南・山西に波及した，キリスト教と外国の侵略に反対する蜂起．　287
クスコヴォ(Kouskovo)：モスクワ近郊の宮殿．　154
グダニスク(ダンツィヒ)(Gdańsk ; Danzig)：ポーランドの港町．　61, 99
グノーシス(Gnose)　25
クラウジウス(Rudolf Clausius 1822-1888)：ドイツの理論物理学者．　295
クラクフ(Kraków ; Cracovie)：ポーランドの都市．　61, 78, 99, 134
グラティアヌス(Gratianus 1158没)：イタリアの教会法学者．　82
グラナダのナスル朝(Granada ; émirat de Grenade)：1238-1492年．スペイン南部のイスラム教徒最後の拠点．　62, 120
『クラリッサ・ハーロー』(*Clarissa Harlowe, or a history of a young lady*)：リチャードソンの小説．1747-1748年作．　166
グランド・ツアー(Grand Tour)：英国上流階級子弟のヨーロッパ大陸巡遊旅行．　153
グランハ宮殿(La Granja)：セゴビア近郊，スペイン王室の宮殿．　154
グリーグ(Edvard Hagerup Grieg 1843-1907)：ノルウェーの作曲家．　215
クリストフォルス[聖](Christophorus ; Christophe)：3世紀頃の殉教者．巨人の姿をもちキリストを奉持する．　72
クリミア戦争(Crimean War ; guerre de Crimée)：1853-1856年，ロシアと英国・フランス・オーストリア・トルコ・プロイセン・サルデーニャが行なった戦争．　240, 260, 278
クリム汗国(Krym Khan)：1430頃-1783年．キプチャク汗国の分家．　126
クリュニー(Cluny)：910年創設の修道院．　64
グリーンランド(Groenland)　62
グルック(Christoph Willibald Gluck 1714-1787)：ドイツのオペラ作曲家．　167
クルド(人)(Kurde)　336
クールベ(Gustave Courbet 1819-1877)：フランスの画家．　295
グレゴリウス[1世](Gregorius I Magnus 540頃-604)：教皇(在位590-604)，聖人．　42

ガリレオ(Galileo Galilei 1564-1642)：イタリアの物理学者，天文学者．141
カール[5世](Karl V 1500-1558)：ハプスブルク家の神聖ローマ皇帝(在位1519-1556)．5,120
カール[11世](Karl XI 1655-1697)：スウェーデン国王(在位1660-1697)．178
カルヴァン(Jean Calvin 1509-1564)：フランスの宗教改革者．108,111,113,114,117,138,235
カルケドン公会議(Concilium Universale Chalcedonense; concile de Chalcédoine)：451年開催．29
カール大帝→シャルルマーニュ
カルタゴ(Cartago; Carthage) 27
ガレノス(Galenos 129頃-199)：ギリシアの医学者，解剖学者，哲学者．83
カロリング朝(Karolinger; Carolingiens, Empire carolingien) 40-47,55-59,80,93,94
ガン(Gand; Gent)：ベルギーの都市．61
『カンツォニエーレ』(*Canzoniere*)：ペトラルカの詩集．94
カント(Immanuel Kant 1724-1804)：ドイツの哲学者．143,235,236,296,299
キアスゴー(Pia Kjærsgaard 1947-)：デンマークの政治家．351
キエフ・ルーシ(Kievskaya Rus') 51
キェルケゴール(Sören Aabye Kierkegaard 1813-1855)：デンマークの哲学者．290
ギゾー(François Guizot 1787-1874)：フランスの政治家，歴史家．5,221,251
北大西洋条約機構(NATO; pacte de l'Atlantique)：1949年調印．320,326
キップリング(Joseph Rudyard Kipling 1865-1936)：インド生まれ，英国の小説家，詩人．288
『気で病む男』(*Le Malade imaginaire*)：モリエールの笑劇．1673年作．290
キプロス(Cyprus, Chypre) 333,335,336
キャヴェンディシュ研究所(Cavendish Laboratory)：1874年，英国の物理学者，化学者ヘンリ・キャヴェンディシュ(1731-1810)を記念してケンブリッジ大学内に設立．291,292
キュヴィエ(Georges Cuvier 1769-1832)：フランスの博物学者．220
宮廷(court) 149-156
旧約聖書→聖書
キューバ(Cuba) 244
キュリー(Marie Curie, 旧 Marja Skłodowska 1867-1934)：ワルシャワ生まれの物理学者，化学者．303
キュリー(Pierre Curie 1859-1906)：フランスの実験物理学者，化学者．303
キュリロス(コンスタンティノス)[聖](Kyrillos, Konstantinos 827頃-869)：ギリシアの司祭．兄メトディオスとともに布教．〈スラヴ人の使徒〉といわれる．50
教会(Eglise chrétienne) 27,28,34,

国(Österreich ; Autriche) 75, 77, 118, 122, 123, 126, 131, 177-179, 211, 266, 267, 271-275, 306, 330, 333, 349, 350
オーストリア＝ハンガリー帝国(Österreich-Ungarn ; Autriche-Hongrie 1867-1918) 245, 267, 300, 306
オスナブリュック条約(Traité d'Osnabrück)：1648年締結. 171
オスマン・トルコ→トルコ
『オセロ』(*Othello*)：シェイクスピアの戯曲. 1604-1605年作. 290
オッカム(William of Occam 1300頃-1349頃)：イングランドのスコラ学者. 84
オックスフォード(Oxford) 78, 99
オペラ(opéra) 146, 152, 167
オランイェ公ウィレム(ウィリアム[3世])(Willem van Oranje ; William III Prince of Orange 1650-1702)：英国国王(在位1689-1702)，オランダ総督(在位1672-1702). 185
オランダ(人)(Olanda ; Hollande, Hollandais, Néerlandais) 142, 152, 229-231→ネーデルラント連邦共和国

カ行

ガウス(Karl Friedrich Gauss 1777-1855)：ドイツの数学者，物理学者，天文学者. 291
カヴール(Camillo Benso Cavour 1810-1861)：イタリアの政治家. 238
カエサル(Gaius Julius Caesar 前102-前44)：ローマの政治家. 154
カスティーリャ(Castilla) 61, 66
カセルタ(Caserta)：イタリア南部カンパーニャ州の都市. 154
カタリ派(Cathares) 104
カタルーニャ(Catalunya) 229, 232, 253
カッシオドルス(Cassiodorus 487頃-583頃)：ローマの著述家. 36, 37
合衆国→アメリカ合衆国
カトリック教会，ローマ・カトリック教会(Eglise catholique romaine) 111, 115-118, 123-125, 127, 128, 133, 134, 144, 151-153, 177, 226, 233, 264, 266, 270, 271
カナダ(Canada) 195, 244
カノーヴァ(Antonio Canova 1757-1822)：イタリアの彫刻家. 167
カフカス(Caucasse) 21
ガマ[ヴァスコ・ダ](Vasco da Gama 1469頃-1524)：ポルトガルの航海者，インド航路発見者. 119
カメルーン(Cameroun) 287
ガリア(Gallia ; Gaule) 32-34, 38, 39, 41, 49
『ガリヴァー旅行記』(*Gulliver's travels*)：スウィフトの諷刺作品. 1726年作. 291
ガリカン→フランス国民教会
ガリツィア(Galicie)：ポーランドとウクライナに分割されたカルパティア山脈北部の地域. 211
カリブ海(Caribbean Sea ; Mer des Caraïbes) 119

1901)：イタリアのオペラ作曲家． 290
ヴェルヌ(Jules Verne 1828-1905)：フランスの科学的空想小説家． 296
ヴェローナ(Verona)：イタリア北部ヴェネト州の都市． 93
ヴォルテール(François Marie Arouet, dit Voltaire 1694-1778)：フランスの思想家． 158, 160, 162, 164, 165, 167, 189
ウクライナ(人)(Ukraina; Ukraine, Ukrainiens) 269, 272, 279, 280
ウトラキスト教会(Eglise utraquiste) 104
ヴュルテンベルク(Württemberg)：ドイツ南西部の地方． 234
ウラル山脈(Oural) 131
ヴロツワフ(Wrocław; Breslau)：ポーランド南西部の都市． 99
英国(Great Britain; Grande-Bretagne) 122, 131, 142, 167, 168, 184-192, 221, 228, 245-252, 260, 261, 332, 338-340
英国国教会(Anglican Church; Eglise d'Angleterre) 108, 111, 117, 183
英仏海峡(English Channel; Manche) 61
エウクレイデス(Eukleides 前300頃)：アレクサンドリアの数学者． 83
エクス＝アン＝プロヴァンス(Aix-en-Provence)：フランス南部の都市． 135
エジプト(Miṣr; Egypte) 22, 27, 31, 176, 245
エストニア(Eesti; Estonie)：バルト海に面した共和国．旧ソ連． 268, 269, 333
エストニア人(Estoniens) 306
エティオピア(Ethiopie) 287
エラスムス(Desiderius Erasmus; Didier Erasme 1465頃-1536)：オランダの人文学者． 97, 100-102, 134, 136, 160
エリザベス[1世](Elizabeth I 1533-1603)：英国女王(在位1558-1603)． 183, 184
エルベ河(Labe; Elbe)：ボヘミアから北海に至る河． 132
エルミタージュ美術館(Musée de l'Ermitage)：1764年サンクト・ペテルブルグにエカチェリーナ2世が創設，1863年一般公開． 199
エンリケ航海王子(Henrique o Navegador 1394-1460)：ポルトガルの王子． 119
オイラー(Leonhard Euler 1707-1783)：スイスの数学者，物理学者． 291
王のふたつの身体(Deux corps du roi; King's two bodies) 65
『王立学士院会報』(*Philosophical Transactions*)．1666年創刊． 147
王立協会(Royal Society)：1660年結成． 147
オシアン詩篇(*Ossian*)：3世紀頃のアイルランドの英雄が作った詩を英訳したと称したマクファーソンの作品． 168
オーストラリア(Australia; Australie) 194
オーストリア(人)，オーストリア帝

295
イラク(Irak)　282
イラン(Iran)　205
イリュリウム，イリュリア(Illyrie)：アドリア海に面したバルカン半島北西部．31,211
イル＝ド＝フランス(Île-de-France)：パリを含むフランス中心部．71
インカ族(Incas)　194
イングランド(England; Angleterre)　35,40,59,61,65-67,86,93,105,107,113,117,121,125,135,145,156
インディオ(Indiens)　194
インド(Bhārat; Inde)　22,194,287
インド航路(Route des Indes)　119
インドシナ(Indochine)　22,245,286
ヴァイキング(Vikings)　62
ヴァッテル(Emmerich de Vattel 1714-1767)：スイスの法学者，外交官．171
ヴァッラ(Lorenzo Valla 1406-1457)：イタリアの人文主義者．95,97,105
ヴァティカン公会議[第1回](Concilio vaticano I; 1er concile du Vatican)：1869年に開催．266
ヴァラキア(Valachie)：ルーマニア南部の地方．76,157,213,281
ヴァンダル族(Vandal; Vandales)　32,33
ヴァンデー(Vendée)：フランス西部の地方．1793-1795年の王党派の反乱の舞台．208
ヴィッテンベルク(Wittenberg)：ドイツ東部の都市．107,130
ウィリアム[3世](William III)→オランイェ公ウィレム
ヴィリニュス(Vilnius)：リトアニアの首都．276
ウィーン(Wien; Vienne)　61,126,276,292,299
ウィーン会議(Wiener Kongreß; congrès de Vienne)：1814年9月-1815年6月開催．211,239,242
ヴィンケルマン(Johann Joachim Winckelmann 1717-1768)：ドイツの美術史家，美学者．167
ヴェサリウス(Andreas Vesalius; André Vésale 1514-1564)：ベルギーの解剖学者，外科医．141
ウェストファリア条約(Treaty of Westphalia; Westfälische Friede)：1648年に締結された三十年戦争の講和条約．125,230,242
ヴェトナム(Viêt-Nam)　318
ヴェネツィア(Venezia)：イタリア北部ヴェネト州の州都．41,61,63,65,69,76,77,93,117,131,134,146,147,168,236,238,274,293
ヴェネト(Veneto)：イタリア北部の地方，州．35
ヴェルサイユ(Versailles)　149,154,188
ヴェルサイユ条約(Traité de Versailles)：1919年．306,316
ウェールズ(Wales; pays de Galles)　232
ヴェルディ(Giuseppe Verdi 1813-

アベラール(Pierre Abēlard ; Petrus Abaelardus 1079-1142)：フランスの神学者. 82
アメリカ，新世界(Amērique, Nouveau Monde) 119, 120, 170, 173, 175, 176, 193, 194
アメリカ合衆国(United States of America) 131, 193, 201, 202, 244, 286, 287, 309, 340
アーメルバッハ(Johannes Amerbach 1445-1514)：バーゼルの印刷業者. 134
アラゴン(Aragón ; Aragon) 61, 66
アラブ人(Arabes) 31, 34, 38, 40, 62, 79, 94, 120
アラン人(Alains) 32
アリウス主義(Arianisme) 28, 33
アリストテレス(Aristoteles 前384-前322)：ギリシアの哲学者. 82, 83, 95, 101, 142
アルキメデス(Archimedes 前287頃-前212)：ギリシアの天文学者，数学者，物理学者，技術者. 83
アルザス(Alsace) 130, 182, 239, 243, 260, 275, 306
アルジェリア(Algērie) 245, 287
アルバニア(Shqipëria, Albanie) 76, 334
アルプス(Alpes) 80
アレクサンドリア(Alexandrie) 27
アングリカン・チャーチ→英国国教会
アングル(Jean Auguste Dominique Ingres 1780-1867)：フランスの画家. 220
アングル族(Angles) 32, 38
『アンシクロペディ』→『百科全書』
アンジュー家(Dynastie d'Anjou, 13-15世紀)：フランス西部アンジュー地方を領有した伯家. 86
アントウェルペン(Antwerpen ; Anvers)：ベルギーの都市. 134, 152
イヴァン[雷帝](Ivan IV Vasilievich Groznyi 1530-1584)：ロシアのモスクワ大公(在位1533-1584)，ツァーリ(1547以降). 196
イエス・キリスト(Iesous Christos ; Jēsus-Christ) 28, 65, 72, 101
イエズス会(Societas Jesu ; jēsuites)：1534年イグナティウス・デ・ロヨラとその同志によって設立された修道会. 97, 115, 117, 123, 145, 152
イェルサレム(Jērusalem) 26, 62, 165
イェルサレム王国(Royaume franc de Jērusalem)：1099-1291年. 62
イシドルス[セビーリャの](Isidor' da Sevilla ; Isidorus Hispalensis 560頃-636)：教会博士. 聖人.『語源』の著者. 36
イストリア(Istria, Istrie)：アドリア海に面したイタリアとクロアティアの国境地帯. 205
イタリア(人)(Italia, Italiano ; Italie, Italiens) 33, 34, 38, 41, 47, 55, 69, 80, 86-89, 93, 94, 97, 114, 115, 125, 126, 139, 146, 149-154, 167, 195, 236-239, 317, 325, 351
イプセン(Henrik Ibsen 1828-1906)：ノルウェーの劇作家.

索引

ア行

アイスランド(人)(Iceland, Icelandic ; Islande, Islandais) 62, 108, 117, 232
アイルランド(人)(Ireland, Irish ; Irlande, Irlandais) 35, 38, 40, 59, 185, 195, 232
アインシュタイン(Albert Einstein 1879-1955)：ドイツ生まれの理論物理学者. 302
アヴィケンナ(イブン・スィーナー)(Abū 'Alī al-Ḥusain b. 'Abdullāh al-Qānūnī Ibn Sīnā, dit Avicenna ; Avicenne 980-1037)：アラビアの哲学者, 医学者. 83
アヴィニョン(Avignon)：フランス南部ヴォークリューズ県の都市. 65, 78, 93, 105
アヴェロエス(イブン・ルシュド)(Abū 'l-Walīd Muḥammad b. Aḥmad ibn Rushd, dit Averroès 1126-1198)：スペインのアラブ系哲学者, 医学者. 83, 101, 102
アウグスティヌス[聖](Augustinus 354-430)：古代キリスト教の教父. 36, 83, 91, 92, 102
アウグストゥス(Augustus 前63-後14)：ローマ帝政初代の皇帝(在位前27-後14). 154
アウクスブルク(Augsburg)：ドイツ南部バイエルン地方の都市. 134
アウスグライヒ→和協
アカデミー(académie) 146
アカデミー・フランセーズ(Académie française)：1635年創設. 186
アキテーヌ(Aquitaine)：フランス南西部地方. 38, 70
『アクタ・エルディトールム』(*Acta Eruditorum*)：1682年ライプツィヒで創刊された雑誌. 147
アジア(人)(Asie, Asiatiques) 120, 170, 176, 244, 245, 286, 305
アステカ人(Aztèques) 194
アゼルバイジャン(Azerbaidzhan ; Azerbaïdjan)：カスピ海西部の地域. 279
アテネ(Athenai ; Athene ; Athènes) 26, 165
アドリア海(Mer Adriatique) 236
アフガニスタン(Afghanistan) 245, 286
アブー・マアシャル(Abū Ma'shar, dit Albumasar 786-886)：アラビアの天文学者. 83
アフリカ(人)(Afrique, Africains) 22, 27, 32, 34, 119, 170, 194, 244, 245, 286, 287

平凡社ライブラリー　437

増補《ぞうほ》　ヨーロッパとは何《なに》か

分裂と統合の1500年

発行日 ………… 2002年7月10日　初版第1刷
2016年4月5日　初版第5刷

著者 ………… クシシトフ・ポミアン

訳者 ………… 松村剛

発行者 ………… 西田裕一

発行所 ………… 株式会社平凡社
〒101-0051 東京都千代田区神田神保町3-29
電話 東京(03)3230-6579[編集]
東京(03)3230-6572[営業]
振替 00180-0-29639

印刷 ………… 株式会社東京印書館＋創栄図書印刷株式会社

製本 ………… 株式会社東京印書館

装幀 ………… 中垣信夫

ISBN978-4-582-76437-6
NDC分類番号230
B6変型判(16.0cm)　総ページ398

平凡社ホームページ http: //www. heibonsha. co. jp/

落丁・乱丁本のお取り替えは小社読者サービス係まで
直接お送りください(送料,小社負担)。

平凡社ライブラリー　既刊より

【世界の歴史と文化】

白川　静……文字逍遥
白川　静……文字遊心
川勝義雄……中国人の歴史意識
竹内照夫……四書五経入門——中国思想の形成と展開
アンリ・マスペロ……道教
マルコ・ポーロ……完訳　東方見聞録1・2
姜在彦……増補新訂　朝鮮近代史
安宇植　編訳……増補　アリラン峠の旅人たち——聞き書　朝鮮民衆の世界
川北　稔……洒落者たちのイギリス史——騎士の国から紳士の国へ
角山　榮＋川北　稔　編……路地裏の大英帝国——イギリス都市生活史
清水廣一郎……中世イタリア商人の世界——ルネサンス前夜の年代記
良知　力……青きドナウの乱痴気——ウィーン1848年
ナタリー・Z・デーヴィス……帰ってきたマルタン・ゲール——16世紀フランスのにせ亭主騒動
ドニ・ド・ルージュモン……愛について——エロスとアガペ　上・下
小泉文夫……音楽の根源にあるもの

小泉文夫……日本の音──世界のなかの日本音楽
小泉文夫……歌謡曲の構造
小泉文夫＋團伊玖磨……日本音楽の再発見
藤縄謙三……ギリシア文化と日本文化──神話・歴史・風土
北嶋美雪 編訳……ギリシア詩文抄
河島英昭……イタリアをめぐる旅想
饗庭孝男……石と光の思想──ヨーロッパで考えたこと
H・フィンガレット……孔子──聖としての世俗者
野村雅一……ボディランゲージを読む──身ぶり空間の文化
多田智満子……神々の指紋──ギリシア神話逍遙
矢島 翠……ヴェネツィア暮し
今橋映子……異都憧憬 日本人のパリ
中野美代子……中国の青い鳥──シノロジー雑草譜
小池寿子……死者たちの回廊──よみがえる〈死の舞踏〉
E・E・エヴァンズ＝プリチャード……ヌアー族
E・E・エヴァンズ＝プリチャード……ヌアー族の宗教 上・下
川田順造……口頭伝承論 上・下

黄慧性＋石毛直道……韓国の食

斎藤　眞……アメリカとは何か

クシシトフ・ポミアン……増補 ヨーロッパとは何か――分裂と統合の1500年

ジェローラモ・カルダーノ……カルダーノ自伝――ルネサンス万能人の生涯

オウィディウス……恋の技法［アルス・アマトリア］

L・フェーヴル……歴史のための闘い

三浦國雄……風水 中国人のトポス

前嶋信次……アラビアン・ナイトの世界

前嶋信次……アラビアの医術

二宮宏之……全体を見る眼と歴史家たち

毛沢東……毛沢東語録

J・A・コメニウス……世界図絵

谷　泰……牧夫フランチェスコの一日――イタリア中部山村生活誌

鶴岡真弓……ジョイスとケルト世界――アイルランド芸術の系譜

川崎寿彦……森のイングランド――ロビン・フッドからチャタレー夫人まで

J・J・ヨルゲンセン……アシジの聖フランシスコ

山形孝夫……砂漠の修道院